大学生责任担当素养培育研究

谷菲菲 ◎著

九州出版社
JIUZHOUPRESS

图书在版编目（CIP）数据

大学生责任担当素养培育研究 / 谷菲菲著. -- 北京: 九州出版社, 2023.3
ISBN 978-7-5225-1712-4

Ⅰ. ①大… Ⅱ. ①谷… Ⅲ. ①大学生－责任感－研究－中国 Ⅳ. ①G641.7

中国国家版本馆CIP数据核字(2023)第068107号

大学生责任担当素养培育研究

作　　者	谷菲菲　著
责任编辑	杨鑫垚
出版发行	九州出版社
地　　址	北京市西城区阜外大街甲 35 号（100037）
发行电话	(010)68992190/3/5/6
网　　址	www.jiuzhoupress.com
印　　刷	北京四海锦诚印刷技术有限公司
开　　本	787 毫米 ×1092 毫米　16 开
印　　张	14
字　　数	327 千字
版　　次	2023 年 3 月第 1 版
印　　次	2023 年 3 月第 1 次印刷
书　　号	ISBN 978-7-5225-1712-4
定　　价	58.00 元

前　言

随着社会经济不断发展，我国对人才提出了更高的要求。高校作为人才培养主要阵地，承担着培养社会主义接班人的重任。核心素养是指学生应具备的、能够适应终身发展和社会发展需要的必备品格和关键能力，是知识、技能和情感态度的综合体，其以科学性、时代性和民族性为基本原则，以培养“全面发展的人”为核心，以“立德树人”为根本任务。与此同时，当代中国青年肩负着建设社会主义强国和民族复兴的重担，这就要求他们必须具有强烈的责任担当意识，并在实践中主动地承担起对自己、他人、社会和国家的责任担当。

基于此，本书以“大学生责任担当素养培育研究”为题，全书共设置九章：第一章围绕责任担当素养的理论溯源展开，主要内容包括责任担当素养与西方的责任观、责任担当素养与中华优秀传统文化、责任担当素养与马克思主义思想；第二章探讨大学生责任担当素养的内涵解读、主要特点、基本内容、重要意义；第三章讨论大学生责任担当素养的培育原则，主要包括坚持知行合一的原则、坚持历史主动精神涵养的原则、坚持马克思主义时代价值的原则；第四、五、六章主要探索大学生责任担当素养的培育内容，主要包括大学生社会责任担当教育、大学生道德责任担当教育、大学生自我责任担当教育、大学生家庭责任担当教育、大学生集体责任担当教育、大学生国家责任担当教育；第七章探讨大学生责任担当意识培育的内涵与内容、基本特征、重要意义、策略分析；第八章探究疫情背景下大学生责任担当素养培育，探索以抗疫精神丰富大学生责任担当素养培育的时代内涵、以抗疫精神强化大学生责任担当素养培育的实践维度；第九章探究中国式现代化道路下大学生责任担当素养培育的时代内涵与实践维度。

本书力图比较系统、深入地探讨大学生核心素养与责任担当教育，坚持科学性与针对性、准确性与可读性的统一，紧密联系大学生的思想实际，将理论阐释提升至实践应用高度。

本书的撰写得到了许多专家学者的帮助和指导，在此表示诚挚的谢意。由于笔者水平有限，加之时间仓促，书中所涉及的内容难免有疏漏与不够严谨之处，希望各位读者多提宝贵意见，以待进一步修改，使之更加完善。

目　录

第一章　责任担当素养的理论溯源

第一节　责任担当素养与西方的责任观

一、西方责任观的历史流变

在西方思想史上，“责任”是一个古老的话题。从古希腊的思想家苏格拉底、柏拉图、亚里士多德，到近现代的哲学家康德、黑格尔、列维纳斯等都有所论及，从未间断，研究成果散布于政治学、社会学、管理学、教育学、心理学等不同的学科。不同的研究者对于责任的理解存有极大的分歧，不仅东西方理论界对责任概念的阐释不同，即便是西方理论界对于责任的理解也大相径庭。因此，要理解和把握责任概念，最好的办法是从责任思想的演变中来加以认识。通过历史梳理和展示，就可以大致把握责任理论的来龙去脉。基于此，以下将对西方哲学史上对责任研究具有代表性的思想家的观点做简要回顾。

（一）亚里士多德的责任思想

在西方，早在古希腊时期就有贤哲开始思考和讨论责任的问题。苏格拉底把责任看作“善良公民”服务国家和人民所应具备的本领和才能。柏拉图认为“各司其职”就是个人在城邦社会结构中所要承担的责任。在他设计的理想国中，人被分成不同的等级，处于城邦不同阶层的统治者、士兵和生产者具有不同的责任，正义的城邦就是一个理想国，是一个和谐有序的社会。作为古希腊时期“百科全书式”的思想家，亚里士多德虽然没有明确提出责任的概念，但却是第一个明确建构责任理论、阐述责任实现条件的思想家。在《尼各马可伦理学》中，亚里士多德分析了正义与意愿行为、意愿与选择以及意愿与行为责任的关系问题，他在分析有关正义、职责和对过失的惩罚时使用了责任的概念。他从行为者内部原因，如知识性和意愿性选择等方面来研究责任，系统地论证责任与知识、责任与意愿之间的关系，并对负责任的条件和免责的理由进行了分析。他从人作为理性主体的角度，确定了一个责任行为者必须具备的两个条件——知识与自由，开启了日后哲学领域关于自由意志与道德责任之间关系的探讨。亚里士多德认为，一个行为是不是一个公正的的行为，取决于它是出于意愿还是违反意愿。

判断行为是不是出于意愿，亚里士多德的标准如下。

第一，是否在一个人能力范围之内。区别行为是否出于意愿的一个标准就是行为是否处于外部的强制或胁迫。

第二，是否在知情的情况下，即知道行为将会影响到谁、会采用什么样的手段及产生什么样的后果。

第三，是否行为出于选择，即行为是否是经过行为者的事先考虑而做出的。

在亚里士多德看来，只有同时满足以上三个条件的行为才算是出于意愿的行为，只有出于意愿的行为才能被判断为一个公正的行为，才需要对该行为承担责任。

针对“意愿”，亚里士多德还特意对“出于无知而做出的行为”和“处于无知状态的行为”进行了区分。他认为前者属于知识上的不完善而导致的错误，是不可避免的，是否应承担责任视情况而定；而后者则是因疏忽导致的错误，是可以避免的，需要承担责任。他认为，个人道德目的的确定和手段的选择都是由自己决定的，人们的善恶是由于自己的意志借助于理性选择的结果，任何人都应对自己的行为负责任，包括对可能逃避责任的偶然行为负责。在亚里士多德看来，人因无知而可以对其不负责任的行为是非常少见的。论及至此，在亚里士多德的责任体系里，个人意愿起着非常重要的作用。其有关责任的基本推演逻辑是：行动者的行为是基于其行为之前的考虑之下而去做的，而正由于这样，选择是出于自身的意愿，这样的行为就构成了因果关系，即人需要对其行为负责任，包括行为的表面自由以及对事态真相的了解。

在论证了责任与知识、责任与意愿等各种关系后，亚里士多德最终将落脚点归于人的品质上。亚里士多德认为，品格本身就是行为的充足理由。责任，作为根据行动和品格的伦理性质所做出的判断，是与在世道变化过程中个人或行为是否可能改变完全无关。此外，亚里士多德还强调城邦对人教化的重要作用，即道德与城邦是一致的，一个人脱离了城邦也就脱离了道德，因为个人的善是与城邦的善联系在一起的。因此，亚里士多德主张让人们从小进行符合美德的行为训练，养成具有美德的习惯，同时在城邦中过一种合乎理智、遵守正确秩序的生活，服从城邦的法规和习俗。这实际上论述的就是个体应遵从社会规则、承担社会责任的问题。亚里士多德将责任的来源归为人的“意愿”和“品格”，并将责任建立在“公正、节制、勇敢和智慧”等美德之上，他的责任观点为西方近现代责任思想的发展提供了一种思路。

（二）斯多葛派的责任思想

古希腊后期，斯多葛派①的芝诺②首次使用了“责任”的概念。他曾设计过一种理想的智者模式，认为智者无欲、温和善良、责任心强、好交友等，尤其是有判断力和正义感。与古希腊早期的思想家相比，处于希腊晚期的斯多葛派不再认为“人自然是趋向城邦的动物”，也不再将实现自我寄希望于社会和城邦，而是致力于如何逃避外部世界，走进人自身。斯多葛学派强调普遍的宇宙理性决定着人的本性、活动和价值取向，人是宇宙的一部分，人的灵魂也是宇宙灵魂的一部分，所以，人的本性决定于宇宙灵魂。

斯多葛派将责任的来源归于自然。他们普遍认为，既然人的权利是自然赋予的，那么人也相应地主动承担顺应自然的义务和责任。如果人们不履行这些责任，就意味着违背宇宙万物运行的自然规律。在斯多葛派的观念里，责任是对自然秩序的恪守和遵从，责任是指一旦完成，就可做出一个合理论述的事物，是一种美德。他们还区分了无条件的责任和被环境所迫的责任。无条件的责任是指关心健康、保护感觉器官及诸如此类的事情；被环境所迫的责任是指使自己变成残废或牺牲财产。合乎德性地生活是一种责任，而有责任的行为是理性指导我们去做的行为。此后，这种责任思想逐渐发展成为美德责任观念。在这种责任观下，人的幸福和完善不可外求于那些变化不定而又不可控制的事物，而应让其回归自我，反求诸己，因为通过个体内在的静观活动，就能达到内心逍遥而又恬静的状态。

斯多葛学派强调：在外，顺从自然即是善；在内，静观自我则是德。斯多葛派及古希腊晚期的哲学家们通过自己的理论和实践为西方文化注入了另一种血液，将责任归为是个体对自然秩序的恪守和遵从，强调个体的责任美德，引领了近代西方哲学的复兴。

（三）西塞罗的责任思想

马尔库斯·图利乌斯·西塞罗③是古罗马时期最有才华的政治家之一，同时也是当时最伟大的伦理学家和演说家。其伦理思想集合了柏拉图、亚里士多德、斯多葛学派、伊壁鸠鲁学派④的观点，在伦理学上独树一帜。责任观是其伦理思想体系的重要组成部分，他以书信体的方式撰写了重要的伦理学著作《论责任》，对道德责任、责任的起源及责任的

---

① 斯多葛派，又称斯多葛主义，是古希腊的四大哲学学派之一，也是古希腊流行时间最长的哲学学派之一。

② 芝诺，古希腊数学家、哲学家，以芝诺悖论著称。芝诺悖论是一系列关于运动的不可分性的哲学悖论。由于量子的发现，芝诺悖论已经得到完善的解决。

③ 马尔库斯·图利乌斯·西塞罗，古罗马著名政治家、哲学家、演说家和法学家。

④ 伊壁鸠鲁学派作为最有影响的哲学学派之一延续了4个世纪。伊壁鸠鲁的学说广泛传播于希腊—罗马世界。罗马时，伊壁鸠鲁学派的著名代表有菲拉德谟和卢克莱修。卢克莱修写的哲学长诗《物性论》，系统地宣传和保存了伊壁鸠鲁的学说。

类型进行了系统的论述。在西塞罗的责任理论体系中既可以找到亚里士多德时期强调的个体对城邦的责任，也可以发现斯多葛学派的美德责任观点。他认为责任就是干什么事情都不应当过分仓促或草率；也不应当去做任何自己说不出充分理由的事情。关于道德责任这个问题所传下来的那些教诲似乎具有最广泛的实际用途。因为任何一种生活，无论是公共的还是私人的，事业的还是家庭的，所作所为只关系到个人的还是牵涉他人的，都不可能没有其道德责任，因为生活中一切有德之事均由履行这种责任而出，而一切无德之事皆因忽视这种责任所致。

西塞罗把责任分成两类：普通的责任和绝对的责任。绝对的责任也可以叫作“义”，普通的责任只是关于可以提出某种适当理由的行为的责任而已。绝对的责任就是人们今天所说的“义务”，而普通的责任则是人们在日常生活中需要遵从社会规范和规则的责任。

在责任的来源上，西塞罗提出了“四美德说”，他认为一切责任都来源于四种美德，分别是：①充分地发现并明智地发展真理；②保持一个有组织的社会，使每个人都负有其应尽的责任，忠实地履行其所承担的义务；③具有一种伟大的、坚强的、高尚的和不可战胜的精神；④一切言行都稳重而有条理，克己而有节制。四种美德关系密切并各自衍生出相应的道德责任，如具有保持一个有组织的社会，使每个人都负应尽的责任，忠实地履行其所承担的义务的美德，会让人产生公正、博爱、仁慈、宽容以及诚信等社会责任。此外，西塞罗还分别论述了个体道德责任、团体道德责任和国家道德责任，又按照先后顺序将责任划分为四个层次：对神的道德责任，对自我的道德责任，对国家的道德责任，对父母、儿女以及亲戚等他人的道德责任。其中，对国家的道德责任和对他人的道德责任可以划归为社会责任。

在对国家的道德责任上，西塞罗认为对国家的负责是人们重要的责任之一，具体表现在三个方面：①对国家忠诚，个体必须竭尽全力维护国家的安全、荣誉和利益，在必要时可以不惜牺牲私人利益甚至生命；②勇敢，必须为了公众的利益勇往直前；③积极参与政治生活，参与政治不仅是公民的基本权利，更是公民的基本责任，公民有责任积极参与国家事务的管理，为国家发展出谋划策。

在对他人的道德责任上，西塞罗认为个人对他人所负有的责任包括：①公正，公正是美德至高无上的荣耀和人之所以被称为“好人”的基础。公正可以让人不做伤害他人的事情，也可以引导人们明确公利和私利的界线，将公共财产用于公益，将私有财产用于私利，达到个人不将公共财产用于私利，政府也不将私人财产强行用于公利。②行善，即倡导人们行善。③真诚，人们对待朋友要真诚，任何缺乏真诚的友谊都是不能持久的。④诚信，有道德、有责任的公民必须诚信、信守诺言。

（四）康德的责任思想

康德的哲学在近代欧洲哲学史上具有承前启后的作用，其哲学思想中有关道德责任的思想对于道德责任理论的发展贡献巨大。他对国家和他人的道德责任的论述有助于人们理解西方文化中的社会责任概念，其对责任概念、责任起源和责任划分的研究也为研究社会责任提供了坚实的理论铺垫。在康德伦理学中道德责任处于核心地位。康德对责任高度重视，并将之作为道德价值的基础，认为责任是一切道德判断的根本。在其责任思想体系里，康德系统地分析了责任的前提、责任与道德的关系，并对责任进行了分类。其中，他“对他人的责任”的分析对于理解个体的社会责任具有较大启示。

在康德的责任思想体系里，意志自由、自律被认为是道德责任的两个重要前提。在康德看来，自由是人的重要属性，与其他存在相比，人为自身立法。所谓“人为自身立法”，可以从两个方面来认识：一方面，从人类整体来看，从荒蛮时代进入文明礼制社会，为了保证社会秩序的稳定和行为规范，以及促进社会与人的双向发展，立法可以使人明确各自的职责；另一方面，从个体角度来看，从社会对行为者的自律规范发展到主体行为自觉自愿地履行道德责任，可以说自觉就是法官和审判官，对自我行为进行评判和责任追究。换言之，人要服从自己颁布的规律。通过道德的自律，人们便获得了自由，也获得了做人的基本尊严和价值，并具有了真正的人格，从而可以实现理性对感性的限制与超越。因此，自由是一切理性存在者的属性。但同时，人一旦将自己当作本体的存在，在享受自由的同时也必须承认自由的后果，即道德。承认作为理性的人对作为感性的人的约束，自由的行为必然要对行为的后果承担责任。责任是自由行为的必然结果和对行为是否为善的判断标准。

道德行为不是人的一般目的的实现，也不是人的差别功能的发挥，而是符合普遍理性形式的理性命令的执行。即，德行之为德行在于德行的责任化。如果德行不能责任化，它就成为不了德行。在康德看来，责任就是由于尊重规律而产生的行为必要性。换言之，对人来说，责任具有一种必要性，是个体必须要做的事情。德行所起到的主要作用是将来自爱好和欲望的障碍排除，以便让个体担负起自己的责任。在分析了责任与道德关系的基础上，康德最终提出了道德的三个命题：①行为的道德价值不取决于行为是否合乎责任，而在于它是否出于责任；②一个出于责任的行为，其道德价值不取决于它所要实现的意图，而取决于它所被规定的准则，从而它不依赖于行为对象的现实，而依赖于行为所遵循的意愿原则，与任何对象无关；③责任就是由于尊重规则而产生的行为必要性。

除了提出责任的三个命题外，康德还对责任从不同的角度进行了划分。按照责任的对象和它的约束程度差异，将责任划分为四种不同的责任，分别是：对自己的完全责任、对他人的完全责任、对自己的不完全责任和对他人的不完全的责任。其中，对他人的责任体现的是一种社会责任。具体来讲，对他人的完全责任又可划分为对他人的终身责任和由对他人应有的尊重而来的德行责任。对他人的终身责任包括与人为善的责任、感恩的责任和在人们生活中反对怨恨恶习的责任。个体要践行对他人的完全责任，需要在为人处世的过程中信守诺言、担负责任。对他人的不完全责任，是一种人们相互之间的伦理责任，分为由于尊重自身处境而产生的人们相互之间的伦理责任以及在友谊之中的爱和尊重的内在一致性，其主旨是乐善好施、济危扶困以及爱和尊重的内在一致性，如助人为乐。人们助人为乐的行为是值得褒奖和肯定的，但是却不能强迫所有的人都必须如此。概括来讲，康德的责任观念已经自成一体，将德行与责任有机地结合在一起。

（五）列维纳斯的责任思想

从本质上倡导社会责任的典型代表是法国哲学家伊曼努尔·列维纳斯。他的哲学思想致力于思考自我与他者的伦理关系，故而被称为“他者伦理学”。在列维纳斯的他者伦理学里，责任是一个重要概念，也是维系自我和他者的关键。概括来讲，列维纳斯对责任的思考主要集中在两个方面：第一，责任观——为己还是为他；第二，责任的践履——如何为他。

1. 责任观——为己还是为他

传统上，伦理学视域里的责任观主要包括以下两种。

一种责任观是主客体层面上的，是主体对客体的负责。这种观点是以培根为代表的近代很多西方哲学家所秉承的，主客体层面上的主体性是与客体相对的主体性，主体能动地认识和改造世界，化自在之物为我之物。在该层面上还可以进一步将责任观划分为自我责任和集体责任。在自我责任方面，“我”被假设为一个理性自觉、意志自由的主体，“我”的选择、“我”的决断出于意志的自由，因此“我”必须为“我”的选择与行为担负责任，这样的“我”是一个自我负责的主体；在集体责任方面，个人为所属的集体负责，把集体责任看作个人价值追求的一个内在向度，为了集体也为了“我”自己的利益，“我”必须和集体或别的成员共处，遵守集体的规范，履行集体的责任。也就是说，无论是自我责任还是集体责任，他们的出发点都是“自我”，最终也都走向“化他者为自我，化异在为己在”，区别只是在于是为了“小我”还是“大我”。

另一种责任观着眼于主体间层面上。在主体间层面上谈责任，强调的是一个主体对另一个主体负责，是“我”对“他”或“他们”负责，强调主体（他者）具有不可占有性和不可奴役性。他者问题并非列维纳斯的首创，但他却赋予了“他者”新的内涵。西方现代哲学对“他者”问题的研究可以追溯到现象学对走出“唯我论”立场的构想。

列维纳斯认为责任不单是为己的，而且是为他的，责任在本质上是一个主体间性的事件，而且就自我和他者的关系而言，他者优先于自我，他者的需求是第一位的，我是第二位的。也正是这种为他者的责任构成了我存在的一个理由，是我之成为我的理由。我负责，所以我就存在。由此，人与人之间的伦理关系也就变成一种为他者负责的关系，人的道德性不是由自我意志或普遍意志构建的，而是由他者的伦理命令和在为他者负责的过程中建构起来的。这就是列维纳斯构建的著名的他者伦理学。他者伦理学的形成源自列维纳斯对西方传统哲学“同一化”特点的批判。

在同一性思维模式下，主体我通过各种手段，如概念化、客体化压制他者或占有他者，把外在于我的一切都纳入我的意向性框架之中，如以不同名义或形式出现的极权主义就是同一性哲学在政治领域对“他者”暴政的体现。因此，人类需要重新面对他者、重塑自我与他者的关系。

2. 责任的践履——如何为他

借助于对他者问题的细致分析，列维纳斯将为他者的精神赋予个体，建构了为他者负责的主体。列维纳斯借助“面貌”的概念来解释他者，通过对“面对面”相遇的分析阐释了自我与他者的责任关系。

首先，每个人都有面貌，面貌所表征的不仅仅是我们所见到的人的表情，还包含着我们无法直接看到的东西。因此，面貌具有非同一性和不可见性。在列维纳斯看来，面貌不能成为认识的根据，也不是被看见的形象，它是一种外在的无限，是他者的全部，我与他者的面对面关系即是我与他人的真实关系。

其次，他者的面貌是独特的，在面对面关系中，面貌的意义只属于他者，是不能被自我左右的，当然也就不能被自我所同一。他者是与自我完全不同的，是在自我之外的另一个主体。在自我与他者的“面对面”关系中，自我借助他者获得伦理的责任，在自我承担责任的过程中，自我的主体性才得以生成。因此，可以说是他者赋予了自我以正式的主体性，自我的主体性依赖于他者，他者的他性构成了主体性概念的前提。当然，列维纳斯强调他者，并没有否定主体的价值和存在。相反，他认为在为他者的伦理境遇中，主体存在的伦理意义和价值得到更大的凸显。

此外，列维纳斯还从自我与他人的伦理关系角度重申了自由与责任的关系。他认为，没有他者，自由就没有目的或基础。在面对面中，他者给予自我的自由以意义，因为自我被赋予了真正的选择：对他者承担责任和义务，或者充满仇恨和暴力地拒绝他者。他者授予自我真正的自由，并且将因自我如何行使这种自由而受益或受害。在列维纳斯的自由观里，自由是处于自我与他者的责任关系中的自由，责任优先于自由，自由是有限度的。当然，列维纳斯的责任理论也存在一些问题，如他没有解释自我为什么能够承担起对他人的责任。此外，在观点上也存在片面性和极端性，因此，其责任理论在引发人们思考的同时也受到了很多的批判。

概括来讲，列维纳斯的为他责任观直接将自大的主客体层面上的对他责任转向为主体间的对他责任，这对于我们理解今日个体在担负社会责任中自我的所得有很大的帮助，即自我担负了社会责任，事实上不仅仅是一种单向度的付出，更是一种双向度的收获，因为他者赋予了自我以主体性。

二、西方责任观与现代社会

（一）现代利益社会中的类理性责任

伴随现代社会结构转型，人愈发关涉自身的利益、自由等问题，责任的重心由外在事物转向人类本身，围绕着自由与责任的关系展开探讨。“人”是抽象的、作为类层面的人，“自由”是虽摆脱外在结构却仍束缚于普遍意志的自由，这里的普遍意志则是指依靠理性克服个体偏私性后形成的道德原则。因此，此类责任统称为“类理性责任”，以康德、功利主义者及韦伯等人的责任思想为代表。这一时期的西方责任研究，开始试图摆脱自然事物对责任的外在规定性，将责任回归到人类之中，以普遍的理性道德意志构造责任价值体系，实现责任伦理研究的现代转型。

（二）后现代社会中意志自由的责任

19 世纪六七十年代社会运动思潮，西方学者将目光从“类”层面的道德责任转至“个体”责任之上，由之前的强调外在责任（社会结构或普遍意志）及过失惩罚的消极责任转变为强调内在责任（个人主体意志）及尊重鼓励的积极责任，如居友、萨特、列维纳斯等人的责任思想。

较之以往，后现代社会的责任思想摆脱了外在结构束缚，强调责任的主体性和特征，使之趋于个体内在的道德责任，缺乏普遍道德共识的社会，人的行为规则也会模糊。换言之，这可能会让社会从负责走向失责的一面。因此，我们需要辩证分析、科学对待西方的责任伦理思想，对其理论要素进行合理的扬弃与变式。

第二节　责任担当素养与中华优秀传统文化

一、中华优秀传统文化概述

（一）中华优秀传统文化的溯源与界定

1. 中华优秀传统文化的溯源

中华文化“源远流长，博大精深，其中包含的优秀传统文化更是灿若星辰、灿烂辉煌，蕴含着中华民族在长期历史演进过程中积淀的思想智慧和经验的精华，是支撑民族和国家生生不息日久弥新的精神动力”①，对当代中国人的精神世界产生着潜移默化的影响。中华文化也称“华夏文化”，在延绵数千年的时段中，在与不同文化的交融和冲突中，它不断发生着变化，并逐步形成自己的特色，即华夏文化是在华、戎、夷、狄等部落的融合中形成的。随着中华最早的文字记录甲骨文的出现，文、史开始肇始于中华文化之中，这是真正的文明史的开端，也是经典文化的起源。

在有文字记载之前（或称“史前史”），华夏文化中就有很多神话传说。自有了文字记载之后，文化的积累才逐步形成体系，而且传承的作用日益增大，内容也越来越系统化，有记载的历史才真正开始。

文化是伴随人而产生的，从古人类学和考古学的角度来看，今天所说的中国人属蒙古人种，从元谋人、蓝田人到马坝人、柳江人，再到山顶洞人和资阳人等，展示了在中华大地上古人类演化以及最终彻底与猿类分手的过程，其间也是中华先民学会制造和使用经简单加工的石器的时代。在旧石器时代，火的使用是一项具有划时代意义的文化创造。随着人们制造石器工艺水平的提高，更为精致的石器取代了以前粗糙的石器，中华先民进入新石器时期。该时期在物质文化层面最为显著的成就是农业和畜牧业取代了采集和狩猎的原始生产及生活方式，最为典型的文化类型有仰韶文化、大汶口文化、红山文化、良渚文化、龙山文化、半山—马厂文化等。

在上述原始社会的物质文化水平上，诞生出与之相匹配的制度文化与精神文化，如母系社会、陶雕、骨雕、木雕、石雕、陶绘、原始歌舞和原始宗教崇拜等。以中华先民的原

① 佘双好．中华优秀传统文化与思想政治理论课教学［J］．理论与改革，2021（01）：30.

始宗教崇拜为例，它大致分为自然崇拜、祖先崇拜和图腾崇拜三大类。中华先民对太阳、对天父、对地母和对大自然中万物表现出虔诚的崇拜；他们对故去的亲人以隆重礼节埋葬并定期举行祭祀以寄托后人之哀思；他们对奇鸟异兽的崇拜最终产生了龙的图腾，而这些奇鸟异兽多被运用于汉族建筑中，起到祈福的作用。

随后，中华大地上取代母系社会和原始社会的父系社会与私有制度出现了，夏、商、周三代随之而来。从时间或文化序列上讲，夏、商、周三代的史官文化是中华传统文化的源头，因为这是汉字的前身甲骨文产生的时代（文字是文化的最重要载体），也是礼乐文化萌生的时代。与国外其他民族的文化一样，中华文化也起源于巫官文化（即神话时代），但真正转型为具有中华民族特色的文化还是在进入文明社会之后，以人伦为本的史官文化如“孝”“礼”“德”等字样开始出现在殷商文献里。到了商末周初，儒学奠基人周公制礼作乐，于是“天命”以“人德”为转移，“敬德”“保民”成了施政纲领。

到了周代，强力不再受人崇拜，德行被抬到至高无上的地位，原始社会的非理性精神即“神本”逐渐为文明社会的理性精神即“人本”所驱逐。到了东周春秋战国时期，百家争鸣，百花齐放，中华传统文化进入成熟期，且达到第一次空前繁荣，尤其是儒、墨两家显学全盘继承了史官文化的“隆礼”“敬德”的传统，并将“仁”“义”之类的新道德精神注入礼乐形式之中，增加理性成分。

从地理方位的角度出发，可以将中华文化的源头归于黄河流域。这种观点实际上构成了一种“墨渍发散式”的一元的文化发生学模式：中华文化先从黄河中游地区萌生，然后向四方扩散，在它的影响带动下，其他地区的文化才得以生长起来。现在通行的说法是：中华文化在史前满天星斗、多元发生，其中长江与黄河流域是文化发生最多的地区，而关中平原、燕山南北和环太湖区域是三个最重要的文化发祥地。这种多元发生的文化与中华民族的多元组成是一脉相通的。

此外，从中华传统文化的主流方向来看，齐鲁文化既是中华传统文化的主要源头之一，又是中华传统文化的重要组成部分。齐鲁文化是齐文化和鲁文化的合称，也是两种文化在历史发展进程中逐渐有机地融合在一起的、具有丰富历史内涵的主流文化之一，均肇始于先秦。由于鲁国的特殊地位以及周公是“制礼作乐”者，才使得周族的礼乐典章制度在鲁国被完整地保存下来，乃至于其后的鲁国统治者继承了这份遗产，以礼乐治国相标榜。在周王室的权威衰微后，鲁国便成了礼乐文化的中心。春秋战国时期，鲁国还以孔孟为代表的思想学说闻名于天下，致使以周、孔为代表的儒学传统的影响力和渗透力贯穿后世两千年，并在中华传统文化的内核即三大精神文化（儒、释、道）中占据首位，凸显了鲁文化尊民、崇礼、明德、喜乐、爱诗、重文、尚仁的文化特色。另外，东临滨海的齐国在地理环境上位于半岛之上，它吸收了东夷文化并发展出具有自身特色的齐文化。在经济结构上形成了士农工商一体化的复合式经济，在政治思想领域内是以忠君爱民相统一、礼法结合、义利并重为特色的互补式政治。

相对而言，齐文化重商，尚功利，讲求务实，主张变革；鲁文化重学，尚伦理，讲礼仪，尊传统。由于两种文化在发展中逐渐有机地融合在一起，形成了具有丰富历史内涵的齐鲁文化。

从两千年来儒家文化在中华传统社会的牢固地位来看，“齐鲁文化是中华优秀传统文化的主干”。传统文化是当代人精神家园的源头，当代知识分子不仅应成为传统价值的弘扬者，更应成为传统价值的真诚践履者，因为以儒家思想为代表的传统文化本身就是一种以道德理想主义为主要特征的思想体系和价值体系。

追溯到儒家思想里的“德治”和“仁政”，就找到了中国人的精神家园或信仰的源头。“德治”与“仁政”的出现是中华文化史上具有里程碑意义的重大事件；它们之所以历经千年，是因为它们对于中华民族文化心理的构建与中华文化形象的塑造起到了基础和骨架的作用，反过来也成为中华文明是世界古文明中唯一未中断的文明原因之一。

2. 中华优秀传统文化的界定

传统文化这个概念非常大，其是由“传统”和“文化”两个概念构成的。“传统”是指从历史沿传下来的精神、制度、风俗、艺术等，其对人们的社会行为有着无形但深刻的影响。“文化”从词源上讲，原意为耕作、培养、教育、发展、尊重。文化是一种社会现象，也是一种历史现象，是人类创造出来的所有物质和精神财富的总和。

广义的“文化”着眼于人类与一般动物、人类社会与自然界的本质区别，着眼于人类卓立于自然的独特生存方式，其涵盖面非常广泛，所以称作“大文化”；狭义的“文化”是指人们普遍的社会习惯，是意识层面的精神文化，被称作“小文化”。

中国文化即中华民族在中国所创造的文化，涵盖古今。这又引申出一个纵横发展的概念一“传统”。“传统”由“传”和“统”两个字构成。纵向曰“传”，是指时间上的历时性、延续性，是指那些过去有的，现在仍然在起作用的东西，是一代代传下来的“活”的东西；横向曰“统”，其有两层含义：空间的拓展性和权威性。

传统是历史发展继承性的表现，它无处不在，时时刻刻影响着我们的社会和生活。最深刻的传统表现形式为先秦诸子百家尤其是儒家所提出的各种思想，奠定了华夏民族基本的思维方式、行为方式甚至情感态度，深刻影响了此后两千多年的中国历史。这种生存模式和价值系统以生物遗传和社会遗传的形式世代延续，已深深地融入中华民族的血液之中，内化为人们的心理性格并渗透到政治、经济以及精神生活的各个领域，成为影响人们思想行为和日常生活的强大力量。由此可以看出，中华优秀传统文化影响着民族发展进程中所有的物质形态与精神状态。纵向来看，中华优秀传统文化主要指我国传统社会的文化，横向来看，指中国传统社会中中华民族的整体生活方式和价值系统，其内容包括自然科学、人文科学中的各个门类。

“传统”代表着一种历史沿袭与演进，有“传承”之意，中华优秀传统文化则是指中华文明经过五千年的演化而形成的具有民族特质和风貌的民族文化，是民族历史上各种思想文化、观念形态的总体表征。具体来说，中华优秀传统文化指在中国的疆域内，中华民族经过漫长岁月积淀下来的民族文化，并且为中华民族的世世代代传承并发展。中华优秀传统文化博大精深、源远流长，值得每一个中国人骄傲，它把广大中华儿女紧紧地团结在了一起。与此同时，中华优秀传统文化是发展变化的，与现在的中国一起历经现代化，与当今社会的精神文明建设紧密相连。

中华优秀传统文化的涵盖范围很广，既包括诸子百家的学术研究、琴棋书画的传统艺术、蕴含深厚的传统文学，又包括中国的汉字汉语、传统中医、宗教哲学、民间工艺、地域文化、中华武术、民风民俗、古玩器物、神话传说、音乐戏曲，甚至名川大山。这些中华优秀传统文化相互影响、相互作用，对中国社会的发展产生了重大影响。

中华优秀传统文化包含于中华优秀传统文化的范畴内，是中国文化的重要内容。中华优秀传统文化就是指中华优秀传统文化的精华与灵魂，体现着民族精神的价值。这部分优秀文化在中华民族的发展史上，在中华民族思想发展史上起到过积极的推动作用，对于现代社会来说也有其相对的价值，于文化思想层面上来说，能够促进社会进步和民族发展。归根结底，中华优秀传统文化即在中华民族漫长的发展史中形成的、在促进历史的发展上发挥着积极推动作用，并且至今仍具有重要价值的一类思想文化。以爱国主义为核心的中华民族精神、君子和而不同的宽恕思想、勤劳勇敢的品德、不屈不挠的奋斗精神、克己奉公的人生态度等都是中华优秀传统文化，是中华民族历史发展中创造出的精神财富，生生不息，代代相传。

（二）中华优秀传统文化的现代解读

弘扬中华优秀传统文化不仅是当代中国文化建设的重要内容，也是国家治理体系和治理能力建设的重要方针。一个国家选择什么样的治理体系，是由这个国家的历史传承、文化传统、经济社会发展水平决定的，是由这个国家的人民决定的。我国今天的国家治理体系，是在我国历史传承、文化传统、经济社会发展的基础上长期发展、渐进改进、内生性演化的结果。我们所选择的中国特色社会主义道路、所培育和践行的社会主义核心价值观、所传承的中华优秀传统美德都属于国家治理体系范畴，都得益于中华优秀传统文化的有效滋养。

1. 滋养中国特色社会主义

“中国特色”是自古以来中国独有的、彰显中国风格气派的、由中国这个特定的具体的环境所创造的。中国共产党人积极自觉地把中华优秀传统文化与中国特色社会主义有效对接起来。独特的文化传统，独特的历史命运，独特的基本国情，注定了我们必然要走适合自己特点的发展道路。这就是中国特色社会主义道路。这条道路，是中国共产党带领中国人民历经千辛万苦、付出巨大代价开辟出来的，是被实践证明了的符合中国国情、适合时代发展要求的正确道路。

建设中国特色社会主义，是深深植根于人民群众的历史创造活动，是继承发扬中华优秀传统文化的表现，通过吸收世界文化精华，形成了社会主义内容和中华民族形式相结合的全新的文化。中国特色社会主义理论源于中华优秀传统文化，是马克思主义基本原理同中国实际即社会主义建设实践、中国历史文化相结合的产物。

2. 社会主义核心价值观的源泉

每一个民族及其所建立的国家，在一定阶段内都会形成与其根本制度、社会发展相适应的并能主导和维系全社会思想和行为的核心价值观。一个民族、一个国家的核心价值观必须同这个民族、这个国家的历史文化相契合，同这个民族、这个国家的人民正在进行的奋斗目标相结合，同这个民族、这个国家需要解决的时代问题相适应。社会主义核心价值观引领并支撑着中国特色社会主义事业的建设，实现中华民族的伟大复兴。中国共产党人明确指出了社会主义核心价值观根植于中华优秀传统文化，中华优秀传统文化为培育社会主义核心价值观提供了丰富的思想资源的辩证关系。

社会主义核心价值观之所以源于中华优秀传统文化，不仅因为中华优秀传统文化内涵丰富，更因为其适合中华民族的发展并与时俱进，持久地维系着中华民族。因此，培育和践行社会主义核心价值观必然折射出中华优秀传统文化。

中华优秀传统文化中“实干兴邦”的治国理念，“兼听则明”的民主思想，“以和为贵”“和而不同”的发展道路，“天下大同”的社会理想，“礼法合治”的治国策略，“精忠报国”的爱国情怀，“敬业乐群”的职业操守，“己所不欲勿施于人”“与人为善”的处世之道，“择善而从”“仁者爱人”的道德修为，这些都为倡导和践行的社会主义核心价值观提供了思想基础与力量源泉。培育和弘扬核心价值观，有效整合社会意识，是社会系统得以正常运转、社会秩序得以有效维护的重要途径，也是国家治理体系和治理能力的重要方面。构建具有强大感召力的核心价值观，关系社会和谐稳定，关系国家长治久安。社会主义核心价值观发源于我国的优秀传统文化，为中国建设特色社会主义、健全治理体系、提高治理能力服务。中华优秀传统文化和社会主义核心价值观在治国理政中的重要作用在此凸显出来。

3. 中华传统美德的资源宝库

道德是文化的一种，属于精神层面，以文化为载体。所以，中华优秀传统文化里必然蕴藏着中华传统美德。中华文化源远流长，积淀着中华民族最深层的精神追求，代表着中华民族独特的精神标识，为中华民族生生不息、发展壮大提供了丰厚滋养。中华传统美德是中华文化精髓，蕴含着丰富的思想道德资源。中国共产党人不仅强调道德建设的重要性，而且指出道德建设要充分借鉴中华传统美德的必要性；不仅列举中华传统文化熏陶下的伟大思想家，也总括他们影响深远的思想理念。这种层层递进的逻辑论证，意在强调当下在社会主义道德建设的进程中必须充分汲取中华传统美德的丰厚养分，以此彰显中华优秀传统文化在当代的重大价值。

二、中华优秀传统文化中的责任思想

（一）家国情怀

家国情怀是个人对国家、民族的深沉大爱，在漫长曲折的历史演变和统治王朝的繁荣兴衰中不断产生、巩固和发展，体现着国家富强、人民幸福的理想追求。夏到战国后期已开始萌生家国主义情怀，主要表现为对故土邦国的热爱。爱国诗人屈原就是当时的典型代表，“长太息以掩涕兮，哀民生之多艰”“带长剑兮挟秦弓，首身离兮心不惩”诉尽对贫苦民胞的深悲疾痛和为国浴血百死不悔的家国情怀。自秦始皇建立起统一的多民族国家后，仁者志士的国家情怀不仅表现在对祖国山河的忠贞赤诚、对故土家乡的眷恋热爱、更表现在忧国忧民、精忠报国的责任担当。曹植的“捐躯赴国难，视死忽如归”的奋勇献身、杜甫的“安得广厦千万间，大庇天下寒士俱欢颜”的民生期盼、陆游的“王师北定中原日，家祭无忘告乃翁”的殷殷嘱托、文天祥的“人生自古谁无死？留取丹心照汗青”的为国尽忠，无不表现出对民族国家的前途命运的担当精神与无限牵挂。

中华传统思想中的责任担当，是一种对家国坚定不移的理想信念，更是为国家使命、民族大义实现而不畏牺牲的行为践行，成为中华民族生生不息的文化基因和精神支柱。

（二）社会追求

仁爱思想贯穿于中华民族精神之中，成为礼乐文化的重要依据、价值观念的是非标准和伦理规范的道德所依，并指向和谐至善的社会理想状态追求。子曰：“仁者，人也”，把“仁”看作为做人的根本；又言：“仁者爱人”，把“爱人”看作人之为人的道德义务，“唯仁者能好人，能恶人（《论语·里仁》）”，正确认识社会人伦关系，并承担相应的责任担当。

首先，恪守孝悌是“仁”的根本，“孝悌也者，其为仁之本与（《论语·学而》）”，在“不得乎亲，不可以为人；不顺乎亲，不可以为子”“兄弟叔侄，须分多润寡”中表达了为亲、为子、为兄、为弟的互相扶持与担当，提出“夫义妻贤”“父慈子孝”“兄友弟恭”的家庭责任伦理思想。

其次，爱君忠君是“仁”的要求，“爱之，能勿劳乎？忠焉，能勿悔乎？（《论语·宪问》）”，爱当劝劳、忠当劝告，作为臣子就应辅佐君主、以明视听，非但为君，亦为己责。另外，爱众亲民是“仁”的体现，“博施于民而能济众（《论语·雍也》）”，在个人利益与他人利益冲突中，“先人后己”“舍生取义”，以“己欲立而立人，己欲达而达人”的忠恕之道，将我心推人心，在自我价值实现中促成他人价值的达成。

最后，克己复礼是“仁”的保障，强调恪守内心良知，遵循人伦纲纪，抑制因一己私欲而危害他人与社会的行为。从而，以爱己之意爱人，以达己之意利人，主动担负起对社会、对他人的责任。

（三）人格实践

“修齐治平”以修身为本，讲求“博学于文，并约之以礼”，在内省慎独中，实现对“齐家、治国、平天下”的责任践行。儒家经典《大学》有云：“古之欲明明德于天下者；先治其国；欲治其国者，先齐其家；欲齐其家者，先修其身……身修而后家齐，家齐而后国治，国治而后天下平”，则无论天子或庶人皆要以修身为本。何为修身？《周易》言：“天行健，君子以自强不息；地势坤，君子以厚德载物”；《论语》曰：“躬自厚而薄责于人，则远怨矣”；《中庸》道：“好学近乎知，力行近乎仁，知耻近乎勇”；《诫子书》中“静以修身，俭以养德。淡泊以明志，宁静以致远”。这也就是说，要深明法度真义，以刚毅坚卓、以容载万物、以自躬薄责、以宁静致远，提升自身的修养身心，从而才能以法度行事，承担责任而不逾矩。

而内省慎独，是对修齐治平的反省内求，是所谓“诚其意者，毋自欺也。如恶恶臭，如好好色，此之谓自谦。故君子必慎其独也”。朱子从修身角度对其注解：“独者，人所不知，而已所独知之地也”，这说明要对自身存在意义作出正确的价值判断，即使不受外界的监督也能够自觉践履道德规范，不断追求人性的完善与卓越。

因此，修身是道德责任的基础，慎独是道德选择的前提，是外在道德规范内化为主体道德意识，并以修身慎独指导着齐家治国平天下的责任实践，实现知行合一的道德人格。

第三节　责任担当素养与马克思主义思想

一、马克思主义思想概述

（一）马克思主义的当代性

1. 超越形而上学的新哲学

人与自然、人类史与自然史的辩证统一是马克思主义的重要前提。在马克思那里，不能撇开历史谈论自然，也不能撇开自然谈论历史，这构成马克思批判以实证主义为代表的近代知性科学和建构新哲学的立论根基。马克思主义是关乎社会理论的，马克思的“自然”是一个社会范畴。

马克思主义的核心是“实践”，在马克思的表达中，即“感性活动”，这才是其思想的主体和基础，革命性和批判性的源泉之所在。历史唯物主义有足够的理由把自己与资产阶级的思维习惯截然划清界限。它的基本概念不是进步，而是现实化。“现实化”这个词，指的即是历史唯物主义的实践品格。

正是以“实践”为基石，马克思成功颠覆了包括费尔巴哈的唯物主义在内的一切旧唯物主义和唯心主义，跳出了近代形而上学的窠臼，掀起了西方哲学史上的一场重大的哲学变革。由此，人类历史是感性活动的历史，是人与自然在这种活动中被改变的历史，是自然向人生成的历史，同时又是人类社会产生发展的历史。

只有认清马克思开辟的是新哲学这一马克思主义当代价值的源泉，才能更好地领会它是依旧焕发着当代生命力的。因此，一定要坚持从经典文本的原初意义出发，发掘和阐明马克思主义的当代性，捍卫它的科学性和真理性。

2. 文化阐释视域的实践力量

马克思认为“最强大的一种生产力是革命阶级本身”。因而他阐明了无产阶级革命的感性意识的形成与觉醒是推翻资本主义的重要条件，而且也认为这种感性意识能够完全转化为革命的实践，但并未对它具体的形成过程进行过充分而深入的探究。作为马克思的传承者，早期西方马克思主义理论家在革命的政治契机十分匮乏的境况中，从总结革命失败的经验教训寻求现实出路的角度出发，洞察到如果不能突破资产阶级意识形态和文化意识的遮蔽和侵蚀，欧洲的社会主义革命将难以达到主体性的自觉。时代赋予马克思主义者的使命是，去唤醒和激发无产阶级突破资产阶级的意识形态和文化价值观，批判资本原则的感性的阶级意识，使之充分释放改变世界的革命性力量。基于这一考量，他们以当代社会文化作为切入口，着力开创了从文化维度发展马克思主义的路向，将理论聚焦在涉及文化工业、技术统治、意识形态国家机器、消费主义、大众文化、生态危机等各种异化的文化意识的批判上，试图从资本主义社会劳动生产过程的辩证法中，将具有解放力量的感性意识挽救出来，以之作为他们革命事业开展的着眼点。

具体而言，马克思主义者们提出了“总体性文化革命观”，认为应该重视政治、经济、文化作为总体性的存在所引导的社会革命的关键作用。强调无产阶级争取“文化领导权”的斗争等观点，从心理学、哲学、历史学、社会学、美学、艺术等角度对资本主义社会进行了全方位的文化意识批判。另外，英国的伯明翰学派的文化研究则在日常生活世界中挖掘工人阶级文化与大众文化价值，探求在文化与社会之间，结构和动力之间，经验和意识之间，以及理论与实践之间的关系建构，后马克思主义者还开辟了从性别、权力、语言、身体、种族的视角彰显出马克思文化阐释视域的当代生命力的路径。

3. 批判精神的时代穿透力

西方马克思主义理论家着眼于技术与工业时代人的全面异化的生存处境，从人性和社会的对立对资本主义社会和工业文明展开了内容丰富而独具特色的批判。应当说，在马克思主义发展史上，西方马克思主义代表了对马克思主义的批判特质领会得极为透彻的思想学派，在对资产阶级意识形态和文化价值观以及资本主义制度和生产方式的双重维度的批判中，深化和发展了马克思的资本批判理论，为我们深刻领会马克思主义的精神品质提供了新颖而开阔的理论视域。

4. 理论空间的拓展

西方马克思主义理论家在对当代资本主义社会现实问题的研究中，不仅基于时代立场，秉承批判精神，还深入而广泛地借鉴了当代西方涌现的新社会思潮，分别从存在主义、结构主义、弗洛伊德主义、新实证主义、分析哲学、生态学等理论视角去补充和完善马克思的思想，在与这些新思潮的融合中拓展了马克思主义的理论空间，推动和实现了马克思主义在当代的发展与创新。这些新视角的出场，是应对时代变迁对马克思主义的现实挑战的一种考量，还基于对马克思主义保持开放性特点的高度认同。

可以说，西方马克思主义理论家在新的历史境遇当中，大都坚持了马克思的理论初衷和原初路向，不仅进一步继承和延续了其思想的真精神，还在某种程度上形成了对马克思的思想视域和理论内容的建设性补充，为其当代发展作出了不可忽视的重要贡献。因此，不可否认的是，这一当代发展有力地印证了马克思主义的当代性。

（二）马克思主义的基本特征

1. 科学性

马克思主义正确反映了自然、社会和人类思维发展的本质和规律，是由马克思主义哲学、马克思主义政治经济学和科学社会主义学说共同组成的科学理论体系。它是在总结无产阶级斗争经验和人类自然科学、社会科学优秀成果的基础上产生的，并在自身发展过程中不断总结实践经验，吸取自然科学和社会科学发展的最新成就。马克思主义的发展具有科学探索性，是一个不断探索和掌握客观规律的过程。

马克思主义具有科学的世界观和方法论基础，即辩证唯物主义和历史唯物主义，这是马克思主义的一个突出特征和理论优势，也是马克思主义科学性的重要体现。马克思主义坚持辩证唯物主义和历史唯物主义的世界观和方法论，用生产力和生产关系、经济基础和上层建筑的矛盾运动来解释人类历史的发展变化，把生产力作为推动社会前进最活跃、最革命、最根本的力量，科学分析了资本主义社会的内在矛盾，深刻揭示了历史发展的客观规律，创立了科学社会主义，为人类社会发展进步指明了正确方向。

马克思主义理论是一个逻辑严密的有机整体，它的形式是主观的，但内容是客观的，它以事实为依据、以规律为对象，并以实践为检验标准。事实依据、规律概括、实践检验，是马克思主义作为科学的主要标志。

2. 实践性

马克思主义来自实践，并在实践中不断得到证明和发展。实践的观点是马克思主义首要的和基本的观点，这一基本观点体现在马克思主义全部思想内容之中。马克思指出："哲学家们只是用不同的方式解释世界，问题在于改变世界。"马克思主义不是书斋里的学问，而是为了改变人民历史命运而创立的，是在人民求解放的实践中形成的，也是在人民求解放的实践中丰富和发展的科学理论。马克思主义具有突出的实践精神，它始终强调理论与实践的统一，始终坚持与社会主义实际运动紧密结合。可以说，以马克思主义为指导的世界社会主义运动，本身就是马克思主义的实践形态。实践推动理论的发展，理论又指导实践的深入，理论和实践相互作用、相互促进，不断促进马克思主义理论走向成熟，不断引导实践的深化和成功。

3. 革命性

马克思主义的革命性，集中表现为以下两个方面。

（1）坚持唯物辩证法，具有彻底的批判精神。辩证法在对现存事物的肯定理解中同时包含对现存事物的否定理解，即对现存事物的必然灭亡的理解；辩证法对每一种既成的形式都是从不断的运动中，因而也是从它的暂时性方面去理解；辩证法不崇拜任何东西，按其本质来说，它是批判和革命的。

（2）具有鲜明的无产阶级立场。马克思主义的阶级基础是革命的无产阶级。它是指引无产阶级革命斗争、指引无产阶级政党进行社会革命和自我革命，以及指引社会主义建设与改革事业不断发展的行动指南。在无产阶级解放斗争和社会主义事业发展的任何时期，都必须始终坚持马克思主义的革命性，发扬马克思主义的革命精神。

马克思主义的革命性是建立在科学性基础上的，是与科学性高度统一的。马克思主义对世界各国社会主义者所具有的不可遏止的吸引力，就在于它把严格的和高度的科学性（它是社会科学的最新成就）同革命性结合起来，并且不仅仅是因为学说的创始人兼有学者和革命家的品质而偶然地结合起来，而是把二者内在地和不可分割地结合在这个理论本身中。

4. 人民性

马克思主义政党的一切理论和奋斗都致力于实现以劳动人民为主体的最广大人民的根本利益，始终把人民放在心中最高位置。这是马克思主义最鲜明的政治立场。之所以如此，是因为人民群众是历史的创造者，是社会主义事业的依靠力量。马克思主义之所以具有跨越国度、跨越时代的影响力，就是因为它植根人民之中，指明了依靠人民推动历史前进的人间正道。

需要指出的是，马克思主义的人民性是以阶级性为深刻基础的，是无产阶级先进性的体现。在马克思之前，社会上占统治地位的理论都是为统治阶级服务的。马克思主义第一次站在人民的立场探求人类自由解放的道路，以科学的理论为最终建立一个没有压迫、没有剥削、人人平等、人人自由的理想社会指明了方向。马克思主义是无产阶级的世界观，是关于无产阶级解放的学说。无产阶级解放和全人类解放是完全一致的。只有无产阶级这样的先进阶级，才能领导全人类解放的伟大事业；而无产阶级也只有解放全人类，才能最后解放自己。反对私有制社会特别是资本主义社会的经济剥削和政治压迫，建立社会主义社会，最终实现共产主义，这既是无产阶级解放的事业，也是广大人民群众和全人类解放的事业。

5. 发展性

马克思主义是不断发展的理论，始终站在时代前沿，具有与时俱进的理论品质。马克思一再告诫人们，马克思主义理论不是教条，而是行动指南，必须随着实践的变化而发展。在马克思主义的理论体系中，马克思、恩格斯关于马克思主义理论的科学成果，是这个体系的源头，它规定了马克思主义的基本框架、基本逻辑、基本原则、基本方向，但这不是马克思主义的全部。这个理论体系还包括许多社会主义政党把马克思主义同具体国情相结合产生的一系列科学理论成果，这个体系随着时代的发展而不断得到丰富和发展。

马克思主义是开放的理论，不断吸取人类最新的文明成果来充实和发展自己。马克思主义形成过程中吸收和改造了几千年来人类思想和文化发展中一切有价值的成果。马克思主义发展过程中，借鉴和吸收人类对自然、社会历史及人的思维自身认识的新观念、新思想、新学说、新理论，以保持自身理论的先进性和发展性。

马克思主义在指导中国革命、建设、改革的过程中，形成了一系列马克思主义中国化的理论成果，鲜明地体现了马克思主义创新发展的品格。在新的时代条件下，我们面临着许多新情况新问题，需要从理论和实践上对这些问题做出回答并加以解决。为此，我们必须坚持与时俱进，继续丰富和发展马克思主义。我们既要坚持马克思主义基本原理，又要谱写新的理论篇章；既要发扬优良传统，又要创造新鲜经验，善于在解放思想中统一思想，用发展的马克思主义指导新的实践。

一部马克思主义发展史就是马克思、恩格斯及他们的后继者们不断根据时代、实践、认识发展而发展的历史，是不断吸收人类历史上一切优秀思想文化成果丰富自己的历史。因此，马克思主义能够永葆其美妙之青春，不断探索时代发展提出的新课题、回应人类社会面临的新挑战。

（三）马克思主义哲学思想

马克思主义哲学是科学的世界观和方法论。那么，在人们的认识和实践活动中，谁掌握了马克思主义哲学的基本理论和基本观点，并能够运用它去正确地观察问题和处理问题，谁就会取得成效。因此，完全可以这样说，学好马克思主义哲学，将会受益终身。

1. 马克思主义哲学的功能

马克思主义哲学的主要功能，就是它作为一种科学的世界观和方法论，能够指导人们的认识和实践，使人们正确地认识世界和有效地改造世界。它具体表现为以下四方面。

（1）提高人的综合素质。人的素质是多方面的，有政治素质、专业素质、文化素质、身体素质、心理素质等。但其中一个很重要的方面，应该是哲学素质，它渗透到各种素质的培养之中。哲学不同于具体科学的专业知识，它是对自然科学、社会科学和思维科学知识的概括和总结，马克思主义哲学则是科学的概括和总结。因此，学习马克思主义哲学能够提高人的思想和道德境界，增加人的智慧和才华，培养人的辩证思维能力，使人考虑问题具有哲理性，能够洞察事物的本质或联系，通晓世事，深明大义，从而有利于政治、人文和专业等素质的提高，有利于对德才兼备、知识广博和一专多能的现代化人才的培养。

（2）树立科学的世界观、人生观和价值观。科学的世界观、人生观和价值观是建立在通晓世界发展规律的基础之上的。而马克思主义哲学科学地揭示了世界发展的普遍规律和共同本质，正确地回答了人在世界中的地位、作用和意义，为人们正确处理人与自然的关系、人与社会的关系提供了最一般的原则。

人既然生活在这个世界上，就不能脱离与自然、与社会的关系。要正确地理解、处理它们，就要学习掌握马克思主义哲学这个最一般的原则。一个人要在自己所从事的实践活动中树立起解放思想、实事求是的思想，做到想问题、办事情既能从实际出发，尊重客观规律，又能勇于创新、敢于开拓进取，就要经过马克思主义哲学的学习，弄清楚主观和客观、认识和实践的辩证统一关系。同时，还要重视人生观和价值观的问题。人生观和价值观是个哲学问题，而不是科学问题，数学、物理、化学、医学、生物学等具体科学都不能回答这个问题。所以，无论是从事什么专业工作的人，首先都要学会做人，即明确人生的目的、意义和价值以及对其的评价，使自己既要成为懂专业技术的人，又要成为思想品德高尚、能对社会有所贡献的人。这也只有通过马克思主义哲学的学习才能做到。如果一个人经过马克思主义哲学的学习，树立起了正确的世界观、人生观和价值观，对其一生事业的发展都是至关重要的。

（3）提高贯彻执行党的路线、方针、政策的自觉性。马克思主义哲学是无产阶级政党制定路线、方针、政策的理论基础。学习马克思主义哲学能够加深对党的路线、方针、政策的理解，抵制各种错误思潮的影响，创造性地运用党的路线、方针、政策，做好本地区、本部门、本单位的各项工作。

（4）掌握正确的思维方法和研究方法。要进行正确的理论思维，就不能没有正确的思维方法。人们的认识和实践的成败在很大程度上也取决于有没有正确的思维方法。而马克思主义哲学为我们所从事的各项实际工作和科研工作提供了最一般的科学的思维方法和研究方法，是我们观察、分析和处理各种问题的“伟大的认识工具”。因此，学好马克思主义哲学，能够使我们掌握正确的思维方法和研究方法，提高理论思维能力，在实际工作和科研工作中少犯错误、少走弯路，促使自己所从事的事业健康发展。否则，没有正确的思维方法和研究方法，往往就会犯主观性、片面性和表面性的错误，进而妨碍实际工作和科研工作的正常开展。由此可见，有没有一个正确的思维方法和研究方法，对于人们认识和实践的成败是何等的重要。

在科学史上，随着科学的进步和发展，哲学对自然科学研究所起的方法论的作用愈来愈被人们所重视。尤其是在现代，自然科学迅猛发展，学科既不断分化又日益高度交叉综合，呈现出整体化的趋势。在这种条件下，任何科学成果的取得，更离不开马克思主义哲学方法论的指导。实际上，任何科学成果的取得都是自觉或不自觉地运用唯物辩证法思维指导实践的结果。然而自发的唯物主义缺乏系统的科学理论的指导，因而是不自觉、不稳固的。作为一名自然科学工作者，应自觉地学习马克思主义哲学，使自己成为一名真正的现代辩证唯物论者。

思维方法问题，对于大学生来说也是非常重要的。在学习过程中，大学生要使自己成才，就要把自己的头脑培养成善于获取知识、运用知识、更新知识的头脑。做到这一点的关键就是要有一个正确的思维方法。譬如，学哲学就不应是单纯地背书本，在掌握每个基本理论和观点的同时，还应把它变成自身分析问题和解决问题的能力和方法。

2. 马克思主义哲学的原则

马克思主义哲学是科学，因此，学习马克思主义哲学要坚持科学的态度，运用科学的方法。而理论联系实际，是马克思主义哲学的最基本的原则，也是学好马克思主义哲学的根本方法。理论联系实际的基本要求如下。

（1）学，就是要看书学习，努力做到系统地而不是零碎地、全面地而不是片面地、认真地而不是敷衍地学习马克思主义哲学的基本原理和精神实质。这就需要下一番苦功，勤奋刻苦地钻研。这是学好马克思主义哲学的前提条件。

（2）用，就是运用马克思主义哲学的基本原理和基本观点，去分析和解决实践中的各种问题。这是更为重要的一点。一个人哲学水平的高低不完全取决于读书的多少，而主要看他在学习、工作中能否结合实际学会应用，把书本上的真理转变为生活实践中的能力。这是学好马克思主义哲学的重要标志。

理论联系实际，在当前最主要的就是要联系我国建设中国特色社会主义的实际，联系世界新科技革命迅猛发展、经济全球化正在实现的实际，这是当前最大的实际。只有与当代中国的实际和时代特征相结合，才能以马克思主义哲学为指导，来分析、说明和解决现实问题，做到有的放矢、学以致用，学会在生活实践中应用马克思主义哲学的本领。

理论联系实际，还应当与各门具体科学知识联系起来。一方面，要善于用马克思主义哲学的基本原理和观点，指导自己所从事的具体实践活动；另一方面，还要善于从各门具体科学知识中概括提炼哲学观点。这样做，既有利于马克思主义哲学的学习，又有利于具体科学知识的掌握。

总之，学习马克思主义哲学，既要有明确的目的，又要有科学的方法和端正的学风，他们缺一不可。

二、马克思主义思想中的责任思想

（一）个人与社会关系的理论

在马克思看来，人的本质并不是单个人所固有的抽象物，在其现实性上，它是一切社会关系的总和。人的本质是考量人的所有属性和综合素质的整体表现，是“人以一种全面的方式”，作为一个总体的人，占有自己全面的本质，这也是现实的人的任务规定，它深深烙印在社会关系之中。因此，现实的人生来就具有使命与责任，在个人与社会关系的辩证统一中，体现着自身需要与社会利益实现的责任取向。

首先，个人与社会相互依存、不可分割。一方面，现实的个人推动社会历史的发展，人在某种生产关系中产生相应的社会关系，而社会结构和国家起源于群体的生活过程，人要基于自身生产劳动的责任，将原始的自然资源转化为社会价值，以生产活动推动社会关系的产生发展。另一方面，社会是个人赖以生存与发展的基础。人类社会一经形成就代表着某种联合活动模式或某个社会阶层联系在一起，这种联合活动形式就是“生产力”，社会为个体生存与发展提供生产资料和劳动资料，也为现实的人的责任实现奠定了物质基础和条件保障。

其次，正确协调和处理个人与社会的利益关系。个体要将自身利益与集体利益紧密联系起来，在满足自身利益的同时，也要肩负起实现社会长远发展的责任，从而，个体对社会的贡献成为每个社会成员都自觉履行的责任担当。

（二）关于自由与责任的理论

作为现实的人，自由是其在认识活动、实践活动中所表现出的一种状态：他有做一件事情的自由，而所做的这件事情就成为他的责任；同样，他也有选择不做这件事的自由，但要承担不做这件事情的后果。自由的限度受责任的约束。换言之，没有无义务的权利，也没有无权利的义务，自由在一定责任范围内才是真正的自由，脱离了责任界限的自由没有任何意义。在自由与责任的关系辩证中，包含着以下两方面的内容。

第一，自由是有限度的自由，责任是自由的基础。自由就是从事一切对他人无害的活动，而这种活动的界限是有规定的，就像地界是由界标确定的一样，责任连接自然的必然性和意识的自由性的对立统一，人在自我价值的目标追求中，要采取合乎规律、合乎道德的行动，抵达理想与现实相契合范围内的责任自由。

第二，责任是自由选择的责任，自由是责任的前提。拥有自由意志的主体必须承担因意志选择所产生的责任，但因精神障碍或不可抗力等因素而超出个体自由之外的责任则可以不必承担。因此，要在具体情境下，正确认识自由与责任的辩证关系，反对片面的“无责任论”和“无限责任论”，提升自我的是非辨别能力和责任担当能力，成为对自己负责、对他人负责以及对社会负责的人。

第二章　大学生责任担当素养的基本认识

第一节　大学生责任担当素养的内涵解读

中国传统文化源远流长，从古至今都渗透着责任担当的思想理念，同时，责任担当也是中华民族精神的重要组成部分。古汉语以“责”字表达汉语中的“责任”之意，共包含索要、非难、义务、处罚、债五层含义。现代文化中多使用其中的“非难、义务、处罚”三种含义。在《辞海》中，对“任”的解释较多，其中与“责任”相关的有职责、担当、负担、堪用等含义。《现代汉语词典》对责任的解释分为分内该做的事和由于没做好份内的事而应当承担的过失两方面。

传统文化历经时代变迁，在现代社会中仍有许多值得学习借鉴的内容。“传”即传承，“统”意为事物的连续关系。传统就是指从古到今一直保留下来的思想与文化习俗，并在现代社会仍然具有重要价值与积极意义。中国古代的责任担当思想与当代社会提出的中国学生核心素养中的责任担当素养存在着必然的共通之处，当代责任担当素养也在诸多方面弥补了古代责任担当思想的不足。

中国学生发展核心素养是贯彻中国共产党的精神，落实教育部“立德树人”工程的重大成果。中国学生发展核心素养的研究与提出是全面实施素质教育、深化教育领域综合改革的迫切需要。中国学生发展核心素养是将培养学生全面发展的总体要求和社会主义核心价值观的相关内容进一步具体、细化，从而构建成为学生发展核心素养体系，明确体现了学生应具备的适应个人终身发展和社会发展需要的必备品格和关键能力。

中国学生发展核心素养由文化基础、自主发展、社会参与三个部分组成。社会参与素养强调个体与社会关系的处理，要求学生能够遵守现代公民所必须遵守和履行的道德准则和行为规范，增强社会责任感，同时具备创新精神和实践能力，促进个人和社会的共同发展进步，是培养“全面发展的人”具备积极坚定的理想信念，敢于担当品质的重要素养。

“青年兴则国家兴，青年强则国家强。大学生是宝贵的人才资源，承担着中国特色社会主义建设事业、实现中华民族伟大复兴的历史重任。”① 责任担当素养是社会参与素养中的重要部分，明确反映了当代社会对个人发展所提出的要求与方向，意在指明个体对他人、家庭、集体、国家和社会所应承担的责任与要做出的贡献，处于核心素养指标体系的中心位置。责任担当素养是学生在处理与社会、国家、国际等关系时所应具备的情感态度、价值取向和行为方式的标准与框架。责任担当素养具体由社会责任、国家认同和国际理解三个基本素养组成，每个基本素养下均设置了 8~20 个相关要点的具体表现，整体上形成了由抽象到具体、从宏观要求到微观实践的四级框架体系。

第二节　大学生责任担当素养的主要特点

大学生责任担当素养面向的群体，是已具备一定的认知能力和文化基础的当代大学生，大学生责任担当素养是可以在高等教育阶段进行培育与提升的素养。责任担当素养作为中国学生发展核心素养的六大模块之一，其内容包含了学生应当如何承担好个人、社会、国家和国际责任，同时，在处理个体与各方面关系时应具备的情感态度、价值取向和行为方式上也起到了重要的指导与规范作用。责任担当素养具有以下基本特征。

一、大学生责任担当素养的民族性特点

大学生责任担当素养以中华民族五千年文化精华为底蕴，以“中国梦”为目标导向，以社会主义核心价值观为价值追求，具体体现在社会责任、国家认同和国际理解三个方面。

在社会责任方面，儒家思想所提倡的“温、良、恭、俭、让”和“仁民爱物”和道家思想所倡导的“包容天地、泛爱众生”都与社会主义核心价值观有着密切的关联。

国家认同方面，爱国主义和民族精神始终是中华文化的核心，“苟利国家生死以，岂因祸福避趋之”的历史名言亦是责任担当素养在民族性特征上的传承。

在国际理解层面，中华民族自古以来热情好客，早在西汉就通过丝绸之路架起了东西方经济与文化的桥梁，时至中共十八届三中全会，“丝绸之路经济带”的建设与施行成为我国内政外交中的重大国家战略。

大学生责任担当素养的民族性特征，是中华传统文化与当代中国精神的融合与升华。

---

① 王琦．中华优秀传统文化对大学生社会责任感培育的启示［J］．青春岁月，2014（22）：480.

二、大学生责任担当素养的动态性特点

大学生责任担当素养的动态性特征，主要体现在大学生主体的动态发展性和社会环境的动态发展两个方面。

一方面，大学生个体的情感心智、思维方法、行为方式等会随着认知能力和社会经验的增长而成长变化。个人层面上，大学生责任担当素养对学生的要求由自尊自律、文明礼貌、诚信友善发展到更符合社会需求的热心公益和志愿服务、敬业奉献、履职尽责，这是责任担当素养与大学生主体动态发展特性的适应与体现。

另一方面，社会是不断发展与进步的，大学生责任担当素养也被赋予了新的时代内涵，具有鲜明的时代特征。伴随时代的发展，全球化程度也日益加深，世界各国在各领域上的竞争也愈发激烈，同时，互联网新媒体的大量涌现也促使跨文化交流和多元文化的交织与碰撞越来越多。大学生责任担当素养要求学生具备明辨是非的能力，能主动自觉地捍卫国家主权、尊严和利益，具有文化自信，努力传播和弘扬中华优秀传统文化和社会主义先进文化，有较强的国际理解能力等，主动地适应社会和时代的变化发展。

大学生责任担当素养的动态性特征，是其能够积极适应个体与社会动态变化的重要能力。

三、大学生责任担当素养的朴素性特点

朴素性是指没有经过任何修饰或外在事物的影响，事物或人本身自发的特性，大学生责任担当素养的朴素性特征，主要体现在素养的基本表现方面。在个人责任担当和社会责任层面上，文明礼貌、孝亲敬长、有感恩之心、崇尚自由平等、理解接受社会主义核心价值观等基本上是每个人应有的意识与能力，大学生责任担当素养中也包含了该部分内容，并且有一定程度的补充和完善。

大学生责任担当素养的朴素性特征，促使其更容易被学生主动接受，在潜移默化中达成内化，能够在大学生已有的认知理念和价值观的基础上渗透责任担当素养的相关内容，提高其责任担当素养水平。高等教育阶段的大学生是国家重要的人才储备，本身已具备了一定朴素的责任担当理念，大学生责任担当素养的朴素性特征，促进了双方之间的融会贯通。

第三节 大学生责任担当素养的基本内容

一、大学生责任担当素养中的社会责任

社会责任是大学生责任担当素养中的重要素养，从核心素养的整体框架上来看，社会责任居于价值观素养的核心位置，也是使个人发展与社会发展互相促进、相互统一的关键素养。社会责任素养阐明了大学生在个人责任、集体责任、国家责任和人的可持续发展方面应有的责任和贡献，同时也是学生的个人认知水平、情感伦理和行为能力的综合体现。“社会责任意识是指在一定的社会历史条件下形成的社区或个人的自律素质。这些特质鼓励他们为了建设更好的社会而承担责任，履行义务。大学生的社会责任意识是指大学生群体应当承担的社会责任和义务的自觉意识和心理活动。大学生必须认清自己对社会发展和人类生存的责任，并将自己的成长与人类进步联系起来。”①

大学生社会责任素养在个人责任和对他人的责任方面，要求学生具有文明诚信、宽和待人、懂得感恩的品质；在集体责任方面，要求学生具备团队合作、团队管理、敬业奉献的能力和抱负；在国家责任方面，要求学生具备爱国守法、弘扬中华优秀文化、崇尚自由平等、维护公平正义的认知与实践；在人类可持续发展方面，要求学生能够热爱并尊重自然、践行绿色生活方式。

大学生社会责任素养内容与要求贴近当下社会生活与社会环境，从学生的社会责任认知、情感和责任实践能力三个层面对大学生应具备的社会责任素养提出明确要求，从而使素养的培育有章可循，是责任担当素养价值观层面的主心骨和重要基础素养。

二、大学生责任担当素养中的国家认同

国家认同是中国学生责任担当素养中的政治核心素养部分，也是大学生在受教育阶段接受的思想政治教育中所形成的有关国家的核心知识、政治素养和情感态度的综合体现。

大学生国家认同素养是指具有国家公民身份的大学生在心理上认为自己归属于国家这一政治共同体，并进一步对国家产生归属感和忠诚感，尊重和热爱国家的历史与文化，在政治制度、法律法规方面支持国家，捍卫国家的主权、尊严和利益。

大学生国家认同素养表现为公民身份认同、国家文化认同、思想情感认同和行为倾向

---

① 李姝奕．探究新时代大学生责任担当意识培养［J］．百科论坛电子杂志，2021（6）：1001.

与实践四个方面，具体如下。

第一，公民身份认同方面，要求大学生具有国家意识、了解国情历史，珍惜并自觉主动履行公民的权利与义务，认同我国社会主义国家性质和根本政治道路，具有中国特色社会主义共同理想。

第二，国家文化认同方面，要求大学生具有文化自信，尊重和弘扬中华优秀传统文化与社会主义先进文化。

第三，在思想认同和情感认同方面，要求大学生热爱祖国，爱党、拥护党，接受并且自觉实践社会主义的核心价值观。

第四，行为倾向与实践方面，要求大学生在实际行动中体现对国家的认同，能够把对国家的认同体现在实际行动中，主动捍卫国家安全、荣誉和利益。

国家认同素养的更深层目的在于提高当代大学生积极维护民族团结和祖国统一的积极性，引导其树立为实现中华民族伟大复兴中国梦而不懈奋斗的信念，指引正确的行动方向。大学生国家认同素养是国家稳定、社会和谐的基础和前提，也是国家繁荣发展的保障，是连接个人与国家的坚实桥梁，可以使当代大学生成为国家的栋梁、社会的中流砥柱，真正担当起中华民族伟大复兴的历史使命。

三、大学生责任担当素养中的国际理解

国际理解素养是个体在当今全球化社会中生活的必备素养，也是深化与提高大学生责任担当素养中社会责任素养、国家认同素养的必由之路，是“全面发展的人”不可或缺的基本核心素养。培育大学生的国际理解素养不仅是学生发展基本核心素养的基本要求，也是落实国家政策的必然要求。

联合国教科文组织提出了国际理解教育的基本目标，分为知识和理解、技能和能力、态度和价值观三个维度，与我国的社会主义核心价值观在价值取向上基本一致，因此，中国学生发展核心素养中的国际理解素养可从这三个维度进行分析，具体如下。

第一，在知识和理解维度下，要求大学生了解人类的文明进程和世界的发展动态，关注人类现阶段所面临的全球性挑战，尊重世界文化的多样性和差异性。

第二，在技能和能力维度下，要求大学生积极参与跨文化交流，具有批判性思维。

第三，在态度与价值观维度下，要求大学生具有全球意识和开放的心态，自我尊重和尊重他人，理解人类命运共同体的内涵与价值。

大学生国际理解素养旨在将当代大学生培养成为具有全球视野的世界公民，使其树立人类命运共同体的意识，努力推动世界和平与人类的可持续发展。同时，对我国而言，国

际理解素养的培育与提升，使大学生在面对多元文化的浪潮时能够融汇不同文化之长，创造出更具魅力的中国文化。

第四节 大学生责任担当素养的重要意义

一、对培养全面发展的大学生人才具有重要意义

“当代中国青年肩负着建设社会主义强国和民族复兴的重担，这就要求他们必须具有强烈的责任担当意识，并在实践中主动地承担起对自己、他人、社会和国家的责任担当。”① 责任担当素养对当代大学生的重要意义体现在，大学生是促进中国经济发展、社会进步、提高国家文化软实力的后备军，也是推动中国发展的中坚力量，他们肩负着实现“中国梦”的社会责任与中华民族伟大复兴的历史使命。然而，当代大学生在责任担当素养方面的不足之处也是不容忽视的。

大学生责任担当素养的培育与提升从价值观的树立、政治素养的健全和国际化人才的培养三方面对大学生提出了明确要求，分别对应了社会层面、国家层面和国际层面的责任担当素养要求，是实现培养“全面发展的人”根本目标的必由之路。在当代大学生的教育与培养层面，大学生责任担当素养的培养具有如下重要意义。

第一，在社会责任层面引导学生树立正确的社会责任观，健全学生的责任心理和认知能力，指导学生理性对待现实社会中存在的问题，培养学生的现代公民意识。

第二，在国家认同层面根植和激发大学生的爱国主义精神和对国家的归属感和忠诚感，齐心共筑中华民族伟大复兴的中国梦。

第三，在国际理解层面引导大学生形成全球意识，培养其正确对待多元文化，理解并认同人类命运共同体的内涵与价值。

综合上述因素，大学生责任担当素养的培育，不仅是大学生个体社会化过程中的必备素养，也是其未来工作与发展的内在动力，在促成个人发展和社会发展统一方面发挥着重要作用，对培养全面发展的大学生人才具有重要意义。

二、对国家凝聚和社会健康进步具有重要意义

中国正经历着全球化深入发展的时代，不仅有更多的机遇，也面临着更多的竞争与挑

---

① 肖俊英．当代大学生责任担当现状研究［J］．西部学刊，2021（22）：20.

战。世界各国之间不仅在经济、政治领域多有交锋，在文化、教育方面也产生着全面、纵深的交流与碰撞，随着互联网和新媒体的蓬勃发展，以西方价值观为主导的文化也使人们的思想呈现出多元化的趋势。大学生是我国重要的人才储备，也是国家发展的后备军，但其心智和思维尚未成熟，还面临着愈发纷繁复杂的新兴文化，部分学生容易出现价值观、世界观和人生观扭曲的问题，这无疑会对国家和社会的发展产生严重的负面影响。此外，在我国的社会主义市场经济条件下，以培育大学生社会责任担当、国家认同理念和国际理解能力为核心的大学生责任担当素养也是社会主义市场经济健康发展的重要伦理基础，具有完备的责任担当素养是人们在市场竞争中，获得他人信任和最终取得成功的关键。

大学生责任担当素养的培育，对国家政策落实也有着重要意义。2001 年国务院颁布《公民道德实施纲要》，2016 年教育部发布《中国学生发展核心素养》体系并将核心素养的培育置于教育改革和课程改革的核心位置，期间“立德树人”“培养国际化人才”“培养全面发展的人”等一系列相关国家政策与纲要，都在督促与助力着大学生责任担当素养的培育和提升。

综上所述，在国家与社会层面，大学生责任担当素养的培育具有如下意义。

第一，当代大学生具备责任担当素养是我国应对全球化时代挑战与机遇的必然要求。

第二，我国社会主义市场经济的稳定与健康发展，需要大学生具有优秀的责任担当素养。

第三，培育大学生责任担当素养是国家相关政策与纲要落实的必然要求。

大学生具备较高的责任担当素养水平，有助于其主动担当起社会责任，可以积极、主动地投身于国家建设之中，为国家奉献力量，为社会创造价值，从而成为具有国际竞争力的综合型人才。

第三章　大学生责任担当素养的培育原则

第一节　坚持知行合一的原则

大学生责任感培育是思想道德素质建设的重要环节，是高校德育工程不可分割的一部分，也是新时代大学生本领和担当的重要体现，是新时代发展素质教育、培养时代新人的重要抓手。立足新时代培育大学生的责任感，能够进一步帮助大学生肩负起实现中华民族伟大复兴的中国梦的历史使命，厚植家国情怀，将个人前景与国家、民族、社会的发展紧密结合，积极服务人民、奉献社会，同时在实践中明确责任内容，强化责任意识，主动承担责任，提高判断能力，形成责任品质。新时代大学生责任感培育要从“知”与“行”的理论逻辑出发，“知与行是相互依存的辩证关系”①，明确坚持知行合一原则，将大学生责任感培育落到实处。

一、知行合一基本原则的理论逻辑

大学生责任感培育与知行合一思想具有一定程度的内在关联。大学生责任感培育是“知”与“行”的有机结合，其中“知”是大学生责任感培育之基础，“行”是大学生责任感培育之归宿，“知行合一”是大学生责任感形成之确证。

（一）“知”是大学生责任感培育的基础

“知”从马克思主义哲学的角度来看，属于认识论范畴，是认识主体对客观事物的能动反映。以知统行是认识主体行为方式的基本特点，其对客观事物的认识越深刻，对实践活动的指导意义也就越大。大学生责任感培育的先决条件是大学生对责任感“知”的程度。大学生对责任感的“知”是指大学生这一特殊群体对责任对象的认知，其涵盖的范围相对而言是比较广泛的，既包括对国家和社会的责任感，也包括对家庭、自我、职业等的

① 陶本真．浅议知行合一的教育［J］．上海师范大学学报（哲学社会科学版），2000，29（9）：117.

责任感，是诸多层面的统一。因此，在将责任感落实到行动之前对其内容进行整体把握，是培育大学生责任感的基础。

（二）“行”是大学生责任感培育的归宿

“行”即诉诸实践，是认识主体以外在行为方式对客观事物的能动反映。培育大学生责任意识仅凭“知”是远远不够的，实践才是检验“知”的试金石。大学生要根据对责任感的已有认知，通过情感、意志和信念将外化的具体行为在实践中表现出来，并固化为日常行为习惯。因此，实践指向才是大学生责任感培育的最终目的和落脚点。

（三）“知行合一”是大学生责任感形成的确证

“知是行之始，行是知之成”，认识是行为产生的前提，实践是检验行为的手段。基于认识活动和实践活动的同构性实现知行合一，是大学生责任感形成的关键所在。把认知转化为具体行为是获得真知的根本途径，大学生对责任感的认知通过具象的行为表现出来，外化为自觉行为，才是形成责任感的标志。由此可知，大学生责任感的生成是在实践与认识相统一的基础上，从知到行，以行得知，最终实现知行合一的过程。

二、坚持知行合一基本原则的策略

大学生责任感培育是知与行辩证统一的过程，必须坚持知行合一原则，以责任认知理念、责任担当精神、责任践履能力三个维度为着力点，实现全员、全程、全方位精准覆盖。

（一）构筑责任认知理念

1. 加强责任认知教育

学校教育是大学生获得系统性知识的主要途径，责任感培育属于价值观层面的教育，因而构筑大学生的责任认知理念离不开课堂教学，这对高校思想政治理论课与专业课教师提出更高要求。

（1）思想政治理论课教师要立足于课堂教学主渠道，充分发挥社会主义核心价值观的引领作用，用马克思主义哲学的世界观和方法论解读知行观，从而使大学生在认知层面明确责任感培育的价值目标、具体内容和现实要求，以科学的知行观为出发点，把培育责任感作为实现人生价值的重要选择。

（2）专业课教师要将专业教育与责任认知教育有机结合，挖掘专业课程中的责任认知教育资源，积极引导大学生将专业知识技能和社会发展联系起来，提升责任意识。

2. 培养责任认知观念

作为社会“细胞”的家庭是大学生责任感培育的起点，要发挥家庭在大学生责任认知观念培养中的基础性作用，对大学生进行正向引导。

（1）转变传统的家庭教育理念与方式，家长既要关注大学生的专业知识学习情况，又要重视其道德与人格的完善，有意识地培养其责任意识。

（2）树立家庭榜样，家长应当首先具备责任意识，在日常生活中规范自我，以言传身教的方式引导大学生自觉履行对个人、家庭、社会、民族、国家的责任，深化大学生的责任认知。

（3）注重家风建设，优良的家风对于大学生责任认知观念的塑造具有持久的积极影响，是对大学生进行责任感培育的重要途径。

3. 提升责任认知能力

个人提升责任认知能力是实现大学生责任感培育的先决条件，强调大学生的主观能动性与主体地位。一方面，大学生要继续强化专业知识技能的学习，夯实基础，在这个过程逐渐明确自身职责所在，并锻造出履行相应职责的能力；另一方面，大学生要进行客观公正的自我评价，正确、充分地认识自身社会角色与对国家、集体的价值，增强责任意识，厚植家国情怀。

（二）弘扬责任担当精神

弘扬责任担当精神可以勉励当代大学生毅然肩负起实现中华民族伟大复兴的中国梦的历史使命，将个人发展与国家前途命运更好地结合起来，坚定理想信念，找准人生定位，服务社会，实现自身价值。

弘扬责任担当精神要根植于中华优秀传统文化。责任担当精神孕育于中华民族发展的历史进程，因其精神内核与文化基因于潜移默化之中影响着中国人的思想和行为方式，从而在某种程度上成为我们的民族性特征。要使大学生在中华优秀传统文化的浸润下，自觉形成知行联动的作风，在实践中感悟践行责任担当。

弘扬责任担当精神要考虑到作为“网络原住民”的当代大学生的信息接收习惯，充分利用各类互联网信息传播渠道，摸索出当代大学生喜闻乐见的传播手段与话语体系。

第一，丰富责任担当精神的具体内容与表达方式，将其融入时代语境、生活语境，譬如宣扬全国劳动模范和先进工作的事迹等，从而提升贴合度，加强宣传效果。

第二，打造全媒体传播矩阵，建立资源共享平台，让大学生更加方便快捷地获取相关信息资讯，同时形成健康的互联网意识形态与正确的舆论导向。

（三）提升责任践履能力

将责任意识付诸实践并形成行为自觉是新时代大学生责任感培育的落脚点，因此，要进一步提升大学生践行、履行责任的能力。

1. 拓宽实践渠道

大学生责任感培育效果的直观呈现离不开具体实践行为。课内课外各种各样的实践活动，是大学生脚踏实地履行责任的最佳渠道。

（1）丰富课堂实践教学的内容和形式，以当代大学生的身心发展规律为出发点，开展主题鲜明突出、形式丰富多样的课堂实践活动，使大学生基于亲身体验更好地认知、践行责任。

（2）打造好课外实践活动“第二课堂”，将课外实践活动常态化、全员化，以社会实践、志愿服务等活动形式强化大学生的责任意识，号召他们积极履行责任，在实践中加深对社会的认知，从而更好地服务社会。

2. 注重榜样教育

先进人物、榜样人物的示范教育作用，是鞭策大学生积极向上的直接动力，是引领大学生将责任感落到实处的重要方法。

（1）树立先进典型，宣传各行各业的杰出人物、时代楷模与道德模范，引导大学生从先进典型的光辉事迹中领悟责任担当，产生思想情感共鸣，并在实践中学习效法。

（2）树立朋辈榜样，朋辈榜样贴近大学生的日常学习生活，更具感染力与号召力，更易产生强大的带头示范作用，让大学生于平凡细微之处体察责任，履行责任。

综上所述，新时代大学生责任感既包括自我责任感，又涵盖广义的社会责任感。大学生责任感培育是一个基于对责任感的合理认知认同并最终回归到实践的完整过程，在“知”与“行”的相互作用中生成，与“知行合一”思想双向耦合。大学生责任感培育并非一蹴而就，而是一个系统性、长期性工程，一方面需要学校、家庭和社会三者的有机协同，形成强大合力，为培育大学生责任感营造良好氛围，创造有利的外部条件；另一方面，需要大学生主体自身的努力，充分发挥主观能动性，在树立科学知行观、坚持知行合一原则的基础上切实践行责任，形成良好的责任风范，成为自觉投身社会主义现代化建设的时代新人。

第二节 坚持历史主动精神涵养的原则

时代进步不仅是发展生产更是淬炼精神的历史进程。历史主动精神是以习近平同志为核心的党中央立足全球发展大势和中国特色社会主义事业提出的崭新命题。“历史主动精神，与一定历史时代的发展主题密切相关，与历史主体的责任和使命密切相关。”① 青年是社会中最有生气、最有闯劲、最少保守思想的群体，蕴含着改造客观世界、推动社会进步的无穷力量，集中体现了一个国家的核心竞争力。以历史主动精神涵养青年责任担当不仅是建成社会主义现代化强国的战略要求、培养时代新人的现实要求，而且是新时代解决青年发展问题的重要法宝。当前我国正处于实现中华民族伟大复兴的关键时期，迫切需要广大青年担当责任、奋勇争先。深入研究历史主动精神对青年责任担当的涵养作用及其实现路径，有助于发挥历史主动精神的育人功能，助推新时代青年自觉担当时代责任。

一、历史主动精神涵养的内涵阐释

精神的形成和发展是时代发展、实践磨炼和人类理智、情感、意志等多种要素共同作用的结果，是能动性和受动性、依赖性和传承性、观念性和活动性的统一。历史主动精神内涵丰富，意蕴深远，主要包括顺应历史规律，把握历史大势；总结历史经验，开辟历史道路；着眼历史现实，锚定历史方位；担当历史使命，推动历史进程。这四个方面作为相互联系的整体，体现了层层递进的关系，构成了要素衔接和逻辑自洽的有机统一体。

（一）顺应历史规律，把握历史大势

人类历史是有目的、有意识的人的实践活动的产物，不仅表现为人和自然交互作用的过程，还包含人与人之间的交换活动。不同于自然规律揭示的是事物之间一一对应的联系，历史规律是一种必然性和多种随机现象之间的联系，这种联系不仅包括人自身的物质生产实践活动和能力的规律，还包括人推动社会形态从低级到高级的规律。人们运用自然规律可以准确预见事物结果的发生，依靠历史规律可以预见历史发展的趋势。

中国共产党在推进马克思主义中国化的实践过程中，因势利导、顺势而为，逐步深化了对历史规律和历史趋势的认识，由此形成了各个历史时期的战略主动权。20 世纪初，

---

① 王天民．发扬历史主动精神开创新未来［J］．人民论坛，2022（11）：42.

中国共产党顺应社会主义兴起的大势，带领全国人民争取民族独立；中华人民共和国成立后，又从人类社会发展规律和世界历史发展大势出发，提出全面实现农业、工业、国防和科学技术的现代化。以习近平同志为核心的党中央立足“两个大局”，不断深化对共产党执政规律、社会主义建设规律、人类社会发展规律的认识，确立建成社会主义现代化强国的战略目标，彰显高度的历史自觉性。

（二）总结历史经验，开辟历史道路

历史的发展有普遍存在的一般性规律，但由于国情差异，各个国家和民族的历史发展道路是不同的。对历史道路的认识离不开实践经验的总结，历史经验是对经过实践检验的历史规律的深化认识。中国共产党是一个高度重视历史经验总结、敢于开辟并坚定正确历史道路的政党。

党的一大到党的二十大，不仅注重总结成功时期的正面经验，还善于总结失败时期和挫折时期的反面经验；不仅主动总结不同历史时期的具体经验，还善于总结整个奋斗历程中的普遍经验，从而减少了实践活动的盲目性。党在 1945 年、1981 年和 2021 年先后制定了三个历史决议，正是通过总结历史经验掌握历史主动的生动写照。第一个决议对中国革命经验进行了系统总结，为坚定中国革命道路奠定了坚实基础。第二个决议在总结社会主义革命和建设的经验和教训的基础上及时校正历史航向，开启了社会主义改革的道路。第三个决议提出的“十个坚持”是对各个历史时期重要成就蕴含的基本经验的总结，指引我们更加自信、更加主动地推动社会主义现代化建设。深入总结百年党史正反两方面经验，在历史智慧的学习运用中提升历史自觉、把握历史主动。

（三）着眼历史现实，锚定历史方位

解决现实问题是运用历史规律、总结历史经验的旨归，这离不开对历史现实和历史方位的把握。

中国特色社会主义道路在人类历史上没有任何先例可循，中国共产党始终坚守从中国自身实际出发进行探索，对各个历史时期的社会主要矛盾和主要任务进行了准确的分析，从而为锚定历史方位提供了现实依据。党的八大首次提出我国社会的主要矛盾是先进的社会主义制度同落后的社会生产之间的矛盾，由此掀起了全面建设社会主义的高潮。党的十一届六中全会将社会主要矛盾表述为人民日益增长的物质文化需要同落后的社会生产之间的矛盾，由此确立了社会主义根本任务和改革开放的伟大决策。党的十九大提出中国特色社会主义进入新时代，揭示我国社会主要矛盾转化为人民日益增长的美好生活需要和不平

衡不充分的发展之间的矛盾，体现了中国共产党对历史坐标的科学判断。

（四）担当历史使命，推动历史进程

历史主动精神是对人的创造性和主体性的肯定，意味着人类成为自由的、有目的的创造者，这离不开从理念到行动的转化过程。

实现民族复兴是近代以来中华民族最伟大的梦想，中国共产党在中国面临向何处去的重大历史关头主动担当历史使命，改变了中国的前途命运，推动了历史进程。这一过程并不是一帆风顺和轻松取得的，而是饱含着成败和得失，凝结着鲜血和汗水，充满着智慧和勇毅。中华人民共和国成立初期，中国共产党以巨大的勇气和毅力担当使命，经受住了来自国内外的考验。党的十一届三中全会提出把党的工作重心转移到经济建设上来的伟大决策，主动推进改革开放。中国共产党处变不惊，更加坚定地推进中国特色社会主义事业。党的十八大以来，中国共产党以更加主动的姿态担当历史责任，处理事关全局深层次变革的重大问题，不断推动中华民族复兴伟业进入新的历史进程。

二、历史主动精神涵养青年责任担当的价值意蕴

历史主动精神蕴含马克思主义唯物史观的理论品格、坚守为人民谋幸福的初心使命、彰显中华民族伟大复兴的宝贵精神财富和文化基因、贯穿中国共产党伟大斗争的百年历程，具有强大的理论说服力、价值引领力、历史穿透力和现实指导力，能够切实为青年解答为何担当责任、为谁担当责任、担当什么责任以及如何担当责任的成长困惑，是涵养青年责任担当的生动教材。青年责任担当作为新时代高校立德树人的重要内容，可以从历史主动精神中汲取教育资源，发挥历史主动精神对青年责任担当的涵养作用。

（一）为青年责任担当提供科学世界观和方法论

精神的产生离不开思想理论的根基，科学的理论滋养精神的生根发芽。中国共产党历史主动精神形成的重要原因之一就在于始终遵循和自觉运用马克思主义唯物史观蕴含的规律和方法。

唯物史观摒弃了过去将人类历史归结为抽象人性、理性或绝对精神的决定论，深刻揭示了“现实的人”是历史发生的前提和历史发展的主体。唯物史观将“劳动生产实践”作为考察历史的逻辑起点和核心范畴，将生产力和生产关系的运动规律作为审视人类历史演进的经济逻辑。由于生产力中人的要素（劳动者）和物的要素（生产工具和劳动对象）都处于发展变化的过程中，因此生产关系的变革是持续性的历史必然。自然、人类社会和

人本身是一个有机整体，人类历史是永恒持续发展的，人的劳动实践是历史发展的动力之源。人的劳动实践必然受到前人活动以及自身能力的限制，这是不以自身主观意志为转移的；同时，历史发展不能脱离人的实践活动，因此历史发展又是受人的实践能力和认识能力的发展水平影响的，充分体现了客观限定性和主动创造性相统一的哲学原理。

历史主动精神为新时代青年担当责任提供了深刻的哲学思维和哲学方法，可以引导青年理解人既是创造历史的主体，又是承担历史责任的主体，每一个个体既是历史的“剧中人”，又是历史的“剧作人”。由此，历史主动精神可以解答“为何担当责任”的青年成长困惑，引导青年深刻认识人的发展需要以及与外部世界的联系决定了担当责任的必然性。当前躺平主义影响了部分青年的学习和生活，影响了他们自身能动性的发挥。因此，以历史主动精神涵养青年责任担当不仅具有必要性，还具有现实紧迫性。历史主动精神有助于引导青年正确认识历史发展和人的存在的关系、尊重历史规律和发挥主体能动性的关系，在担当责任的过程中实现自身价值。

新时代青年通过不断探索、发现、遵循和利用历史主动精神蕴含的世界观和方法论，将个人与社会、国家作为一个相互联结又层次分明的有机整体，才能明确自身作为社会主体的地位和价值，在尊重和遵循历史规律和历史大势的过程中调动自身的能动性，确保沿着正确的方向和轨道担当责任。

（二）为青年责任担当确立远大目标和崇高信仰

人民群众是创造历史的主体力量，人民群众的利益和要求代表了历史发展的方向，因此尊重社会发展的客观规律与坚持人民利益高于一切是完全一致的。中国共产党始终将人民需要的变化和满足作为党的中心工作的出发点和归宿，正是坚守了人民至上的价值理念，真正明确“为了谁”这一根本性的前提问题，才永葆生机活力。中国共产党高度重视人民群众的历史主体地位，充分调动人民群众的历史主动性，发挥人民群众的合力作用，不断开辟群众路线的工作方法和领导方法，实现了党性和人民性的辩证统一，由此牢牢把握了战略主动权。历史主动精神强调坚守正确的历史道路和方向，这离不开正确的目标指引和崇高的信仰支撑。

历史主动精神的形成离不开马克思主义的指导，而马克思主义本身就是理想和信念的家园，能够为青年担当使命确立实现人类解放的崇高理想，提供照耀青年不断前进的精神灯塔。无产阶级政党之所以具有历史主动性，就在于无产阶级政党不是因利益而结成的政党，而是以共产主义的理想信念组织起来的政党。

中国共产党作为中国无产阶级的先锋队和中国人民和中华民族的先锋队，以全心全意为人民服务为宗旨，以实现共产主义作为最高纲领，形成了具有超越自身利益的远大目标和崇高信仰。因此，历史主动精神能够为青年担当责任提供明确的价值坐标，解答“为谁担当责任”的成长困惑，有助于引导青年深刻认识为人民谋幸福是遵循历史必然性的自觉行动，从而不断升华使命感和责任感。

历史主动精神强调紧紧依靠人民群众来推动历史发展，为青年担当责任擦亮了精神基座，有助于指引青年将个人成才与人民幸福结合起来，坚定服务人民、奉献社会的人生目标，从而帮助青年树立共产主义的理想和马克思主义的信仰。

（三）为振奋青年责任担当的精神风貌提供内生动力

历史主动精神根植于中华优秀传统文化，一直支撑着一代又一代的中华儿女追求中华民族伟大复兴的梦想。中国共产党在带领中国人民实现民族复兴的实践中，不仅注重运用物质力量改造世界，还注重发挥理想信念、思想道德、意志品格等精神因素的能动作用，形成强大的凝聚力和创造力，才能积极应对历史进程中各种艰难险阻，开辟中国特色社会主义道路。从人类精神发生学意义上看，人的思想觉醒是由内而外、由个体到公共的发展过程。在一定的技术水平的条件下，推动社会发展进步的源泉在于人的积极性、创造性的充分发挥。这主要源自人的行为总是与态度、认知、动机、情绪、意志等心理因素紧密相连，人的精神状态会影响人的积极性和主动性。以历史主动精神涵养青年，不仅能够对青年个体的态度和行为产生影响，促进他们从历史发展中把握自我定位、激发自我潜能，而且有助于营造奋发进取的社会氛围，发挥示范引领作用。传承历史主动精神，有助于强化青年群体对中国共产党领导中华民族伟大复兴的历史记忆，唤醒青年的历史意识，明确解答“青年担当什么责任”的成长困惑，激发青年担当中华民族伟大复兴的重任。

历史主动精神的形成与中华民族传统文化的精髓密切相关，汲取了传统优秀文化中变革进取的理念、智慧和气质，同时赋予了新的时代内涵和表达形式，充分展现了中华文化的生命力和影响力。“大同”理想和“小康”社会是中国古代儒家最高的社会理想和奋斗目标，铸就了中国人民天下为公的博大胸怀和不断革新的进取精神。历史主动精神汲取了变革图强的活力之源，有助于涵养青年的民族自豪感和文化自信心，凝聚青年担当中华民族伟大复兴使命的信念，从而转变为改造世界的精神动力。青年的精神风貌代表着国家和民族的生机和活力，历史主动精神是提升青年精神风貌的生动资源。

（四）为青年责任担当提供行动指南

中国共产党历史主动精神的形成和发展绝非偶然，而是多重因素交织作用的结果，生成于中国社会的历史境遇和现实条件，发展于中国共产党从建立到发展壮大的斗争历程。纵观中国共产党伟大斗争的百年历程，青年一直是党的事业的主力军和先锋队，让青年担当时代责任是中国共产党领导青年运动的宝贵经验。在不同的历史发展阶段，历史主动精神虽然呈现出不同的表现形式，具有鲜明的时代性，但青年始终是历史主动精神的践行者、弘扬者和传播者。在中国特色社会主义新时代，历史主动精神表现为“自信自强、守正创新”，涌现出一大批顽强奋斗、自信有为的时代楷模。

历史主动精神是对中国共产党精神谱系共同特质和内在灵魂的高度凝练和集中概括，如同贯穿中国共产党精神谱系的一条红线，体现了中国共产党作为先锋组织的政治品性。青年一直是传承和践行历史主动精神的主体力量，不同历史时期的榜样人物集中彰显了历史主动精神所蕴含的家国情怀、人民情怀、奋斗精神、创新意识等，为新时代青年责任担当提供了行动示范，明确解答了青年如何担当责任的成长困惑。担当责任离不开自身素质和能力的支撑，不仅需要坚定的理想信念、意志品质，还需要有锐意进取、不断创新的斗争本领。中国共产党正是在推进社会革命和自我革命相统一的过程中，才永葆自身的先进性和革命性。这为青年担当责任提供了行动示范。青年只有参与社会实践，才能得到塑造和锻炼，学会总结和反思自身的不足，在自我革新的过程中突破自身的局限性。同时，不同历史时期涌现的先锋榜样指引青年厚植爱国情怀、勇于砥砺奋斗、练就过硬本领，不断提高自身适应环境、改造环境、回报环境的综合能力。

三、历史主动精神涵养青年责任担当的育人路径

以历史主动精神涵养青年责任担当，不仅有助于回应“佛系”“躺平”等现象，还能有效增强青年做中国人的志气、骨气、底气。遵循青年成长规律以及教育规律，应着力构建多维立体、贯通融会的育人新格局。

（一）思政小课堂和社会大课堂相融合，塑造正确认知

责任是一个多维度的要素，包括自我责任、家庭责任、社会责任、生态责任等，因此青年责任认知的培育是一个长期、复杂的系统工程，需要通过理论学习、实践锻炼等多种途径来形成。这就需要促进思政小课堂和社会大课堂的融合，实现课上课下、校内校外、线上线下的协同配合。以历史主动精神涵养青年责任担当，一方面要引导青年客观认识自身的优势，充分释放青年的朝气和活力；另一方面引导青年努力突破思维和视角的局限性。对责任形成正确的认知是青年担当责任的前提条件，青年只有形成对国家民族以及世界局势的正确认知，才能站稳中国立场、形成对自身使命和责任的正确认知。这离不开对

中华民族历史和文化的认识和了解，需要引导青年系统学习党史、国史、改革开放史、社会主义发展史，帮助青年树立大历史观，形成开阔的视野和胸怀，不断从历史主动精神中汲取智慧、提振信心，自觉抵制历史虚无主义的影响。当代青年对历史规律和历史经验的把握越深刻，对历史现实和历史进程的认识越全面，对自身前途的掌握就越主动。因此要善用“大思政课”，引导青年学会运用历史思维来观察社会、思考人生，正确处理好理想和现实、小我和大我、民族和世界的辩证关系，在百年未有之大变局的时空坐标下准确实现自我定位、锚定正确的人生航向。

（二）榜样示范和自我教育相融合，磨炼意志品格

万事万物都有一个发展孕育的过程，青年担当责任同样需要一个历练和成长过程，青年成长成才的本质规律在于磨炼。对于“00 后”青年而言，丰富的物质生活条件和稳定的成长环境在带给他们自信乐观的同时，也带来奋斗精神的退化，部分青年心理比较脆弱。因此，迫切需要引导青年在实践锻炼中磨炼意志品格，实现自身素质和外部环境的良性互动，促进个体责任担当的信心和信念。

历史主动精神有助于指引青年积极为国家和民族的福祉贡献聪明才智，激励青年群体在顺境中抓住机遇、在逆境中保持坚忍的定力，立足于时代发展的潮头浪尖，主动回应时代发展的各种风险。榜样示范是青年成长必不可少的重要因素，因此可以发挥舆论媒体正能量的传播作用，引导青年从榜样身上汲取成长的力量，通过教育和自我教育相融合的方式，激励青年向榜样看齐、向榜样学习，以积极主动的精神面貌迎接各种困难和挑战。当前国内外风险更加复杂多变，新时代青年应科学认识和全面把握风险的新变化和新挑战，不断磨炼吃大苦、耐大劳的意志，锻造不畏艰辛、乐于奉献的品质，才能在风险担当中绽放青春风采。

（三）利益认同和政治参与相融合，提升综合能力

新时代青年担当责任就是要把对人民利益的维护作为自己应尽的社会责任，把实现人民对美好生活的向往作为自己崇高的奋斗目标，不忘初心跟党走是新时代青年担当责任的政治方向。历史主动精神为广大青年指引了正确的成长航向，提供了强大的精神动力，有助于引导青年以实际行动诠释责任担当，促使青年成长与国家的命运同频共振，促进青年对中国共产党的政治认同以及对中国特色社会主义的制度认同。而利益认同是政治认同和制度认同的逻辑起点，当青年的利益期待得不到有效满足时，青年的思想和决定极易产生变动，造成政治认同的消解。尤其是当代青年是网络原住民，具有相同利益的群体容易受

到网络意见领袖的影响而转变政治立场。

同时，政治认同与政治参与密切相关，只有积极参与社会治理和公共生活中，青年才能承担社会责任，在感知和行为的相互作用中形成政治认同。由此，作为组织青年、凝聚青年、团结青年的共青团组织应积极发挥作用，从政治上着眼、从思想上入手、从青年特点出发，建立青年利益认同和政治参与的融通机制。一方面，努力解决青年群体的现实难题，及时将青年对社会治理的建议反馈给国家和政府；另一方面，引导青年积极参加政治生活、理性参与社会治理，强化不同行业青年的主体意识，为国家和社会发展贡献力量。各级党委和政府应充分认识青年对党和国家事业发展的战略意义，密切关注青年利益诉求的变化，营造干事创业的制度保障，切实解决青年成长成才过程中的现实难题。青年是最善于创新创造的群体，因此亟须深化人才发展的体制机制改革，不断释放青年人才的创新创造活力，将国家创新驱动战略推向更高的层次和境界。

第三节　坚持马克思主义时代价值的原则

马克思主义是历史实践经验的凝结，既是一种影响广泛的社会思潮，也是人类发展的社会实践指南。一直以来，西方世界的“历史终结论”对马克思及马克思主义展开一系列批判和否定，忽略其在人类历史上的重要地位。在全球各种危机频现和新冠肺炎疫情全球大流行情势下，马克思主义积极且正面地回应了人类面临的挑战，充分彰显了其强大的生命力。

新时代青年面对新问题、新挑战，需要明确马克思主义的时代价值，运用科学理论抵御风险、化解矛盾，不断开辟中国特色社会主义新境界，在实践中丰富和发展马克思主义。

一、新时代青年的责任担当

（一）马克思主义的时代价值

纵观整个人类思想发展史，马克思主义对世界历史发展和变革产生了巨大而深远的影响。马克思主义不仅对全世界影响深远，更对中国发展意义非凡。尤其是中国特色社会主义进入新时代，马克思主义中国化取得了新的理论成果，不断地吸引着更多的人去学习和研究。因为科学而永立时代，因为发展而永葆生机，这就是马克思主义的时代价值。

第一，“不过时”的科学指导。纵览人类发展历史长河，马克思主义深刻把握了人类社会的发展规律，对人类所处的时代和世界进行了深入研判。特别是辩证唯物主义和历史唯物主义，在人类探索前行中焕发着强大生命力。马克思主义是一种洞察事物、探究真理、实现决策和达到既定目标的思想武器。马克思主义给予人们一种思考问题的方式、一种看问题的角度、一种解决问题的方法，经得起历史检验，也经得起岁月洗礼。

第二，“永不变”的人民属性。马克思和恩格斯将毕生心血和精力倾注于实现“人的自由而全面的发展”和“自由人的联合体”，它不是乌托邦式的空想，而是建立在“人的解放”基础之上的，能够打破时间和国界的限制，不断推动人类历史前行。中国共产党始终坚持“一切为了群众，一切依靠群众，从群众中来，到群众中去”的群众路线。青年要牢记人民是历史的创造者，找准为民服务的关键点，让个体性和社会性全面融合且充分发展，进而得到幸福感、安全感、归属感。

第三，“久经锤炼”的实践考验。马克思主义是实践的产物，实践是其生命之源。在改造世界的过程中，只有将满足实践主体目的需求的“实践利”与实践过程释放出来的“实践力”相配合、相统一，才能实现改造世界和推动变革，进而推动改革创新。在历史的检验中，对马克思主义的丰富和完善，其实就是一项系统性、长期性、复杂性的实践活动。在我国，马克思主义与中国实际相结合的过程恰好论证和诠释了这一点。在实践的论证中，我们告别了社会主义现代化建设的雏形和不成熟而趋于完善、走向成熟。实践是检验真理的唯一标准，新时代青年不能在书斋里谈学问、求真知，而要把握国内外形势发展变化，将国家发展和个人成长相结合，将马克思主义植根于中国特色社会主义伟大实践，提高战略思维、创新思维、底线思维，不断进行认识探索、创新改革，驾驶民族复兴的巨轮破浪前行。

（二）新时代青年的责任担当

站在新的历史方位，青年要对照马克思主义的时代价值，在感悟时代、紧跟时代中，做到理想坚定、本领过硬、担当有为。不变初心、肩负使命，用责任担当诠释好、演绎好新时代青年的角色，努力成为担当民族复兴大任的时代新人。

1. 马克思主义科学价值层面：坚定理想信念

历史和现实已经警示我们，必须转变思想认识上的“轻”，守好领导权、守住管理权、守牢话语权。青年正处于世界观、人生观和价值观形成和稳固的关键时期，亟须认清“亦正亦邪”的社会思潮“图谱”。在意识形态领域，需要坚持马克思主义的指导地位和习近平新时代中国特色社会主义思想的主导地位，画出理想信念的同心圆和指向标。

青年有信仰，国家有力量，民族有希望。青年应该自觉树立和践行社会主义核心价值观，将个人发展和国家民族的前途命运紧密相连，不断催生内在动力，做新时代的开拓者。要分析青年的认知思维、掌握青年的认识心理、研究青年的认知活动、遵循青年的认知规律，在认知图式中及时干预，纠正思想意识，让青年群体把爱国情、强国志、报国行自觉融入实现中华民族伟大复兴的奋斗之中，保证在思想上不徘徊、在行动上不动摇，为建成社会主义现代化强国贡献青春智慧和力量。

2. 马克思主义人民属性层面：练就过硬本领

党和国家高度重视青年发展，就青年群体而言，“以人民为中心”主要体现于中共中央、国务院印发的《中长期青年发展规划（2016—2025 年）》。这是中华人民共和国历史上第一个专门面向青年群体制定出台的发展规划，是我国青年发展事业的重要里程碑。信息技术迅猛发展，人类社会分工日益细化，数字化和网络化衍生的新业态层出不穷，新时代青年如果没有过硬的本领用于实现自身价值和全面发展，势必会被时代所淘汰。天将降大任于是人也，作为担当民族复兴大任的时代新人，需要经风雨、见世面，增益其所不能，积极投身新时代中国特色社会主义伟大实践。这一过程既为国家和社会提供不竭的发展动力，又满足了青年个体自我成长的需要。

强者，永不气馁，总是从挫折中不断奋起。抓住青春年华，下一番苦功夫。在实现“两个一百年”奋斗目标过程中，青年需要把学习作为一种责任、一种精神追求、一种生活方式，学有所长、学有所专、专有所精，使自己的思维视野、思想观念、认识水平跟上越来越快的时代发展步伐。坚定“读万卷书”的志向，永葆“行万里路”的气魄，掌握科学知识，提高内在素质，站在人类命运共同体建设和人类文明发展的高度去思考问题、练就本领、练好“内功”，进而更好地服务人民、贡献社会。

3. 马克思主义实践行动层面：实干奋斗

回顾多年改革开放的光辉历程，每一次重大改革都给党和国家的发展注入新的活力。改革没有完成时，须守正出新；实践永无止境，须实干奋斗。作为互联网的原住民，面对碎片化的数据信息，新时代青年要实实在在地俯身基层，善于在“角落”里发现问题；要踏踏实实地开展调研分析，善于“解剖麻雀”、全面论证。唯有勤于实践、发扬钉子精神，才能扎实扎稳，面对冗繁的现实环境和复杂的网络空间，知其深浅、晓其宽窄，在探索中听到实话、察到实情、收到实效。

奋斗是人生最亮丽的底色。青春由磨砺而出彩，人生因奋斗而升华。新时代青年投身伟大实践攻坚克难、顽强斗争的青春，才是精彩的、幸福的。空谈误国，实干兴邦。新时代青年需要扑下身子、撸起袖子，脚踏实地、不求名禄，笃定逢山开路、遇水架桥的决心，成为敢想敢干的行动者、坚韧不拔的奋斗者、求真务实的实干者。托之空言，莫如见之行动。青年的责任担当需要在实干苦干加油干中得到认证和体现，只要从细节入手、从小事着手，找准突破口、切入点，中国特色社会主义伟大事业才会止步不前，中华民族伟大复兴的中国梦才不会化为泡影。

二、新时代青年责任担当的实现路径

在中华传统文化语境中，知行合一方可显效。新时代青年责任担当的培育，需要将个体与群体相结合、认知和行动相结合。高校马克思主义自主学习是一种有效实现路径，通过发挥理论学习骨干的引领作用和青年理论社团的带动作用，由“关键少数”向“重要群体”不断拓展，学传做结合、知情意结合，既培养坚定的青年马克思主义者，又培育新时代青年的责任与担当。

（一）“学”字当先

新时代产生新问题，认识好、解决好、处理好矛盾和问题，唯一途径是加强学习。新时代青年要不断学习，做理论充实、知识填实的工作。马克思主义自主学习行动计划坚持理论学习制度化、常态化、长效化，在青年学习方式、学习内容、学习平台等方面，要切实做到有强度、有精度、有深度，形成纵横结合、以点带面、多维立体的理论学习体系。青年责任担当素养的形成不断得到促进，做到“用之于无形，使人不厌”，收到“润物细无声”的效果。

首先，制度保障有强度。通过制订科学且精准的学习章程和学习计划，为学习提供强有力的保障。青年在集体学习中要做到“六有”，即“有计划、有组织、有主题、有讨论、有记录、有心得”，定期开展高质量学习研讨；青年个人学习要坚持做到“一读两讲三听”，即“精读一本马克思主义经典著作、开展两次宣讲、聆听三场专家报告”，呈现立体学习模式。通过严格考勤，确保学习时间、内容、人员、效果“四落实”。

其次，学习分组有精度。结合学习热点，设置相关理论学习讨论组和研习组，切实做到分组有精度、内容有准度，通过读原著、学原文、悟原理，使青年形成开阔的理论视野和精准的研究视角。在深入学习和不断领悟中，明确马克思主义为什么“行”，坚定“四个自信”，永葆斗争精神，树立远大理想。

最后，理论学习有深度。通过“为什么学、学什么、怎么学”逻辑理路，使理论学习不断深入，做理论学习的“有心人”，反复学、认真学，带着问题学、结合实际学，在

“多听、多看、多学、多思考”上下功夫，达到学有所用、用有所成。把读经典、悟原理当作一种生活习惯，当作一种精神追求，树立崇高理想信念，解决理想信念“缺钙”问题。

在学习过程中，不断增强“本领恐慌”意识和“能力危机”意识，进而立志肩负起实现民族复兴的时代重任，繁荣与发展马克思主义。

（二）“传”字强效

信息的良莠不齐和路径的多元依赖，影响着青年的思想动态和行为规范。新时代青年要有力发声，做到学马信马、信马言马。马克思主义自主学习行动计划按照学懂、弄通、做实的要求，深化学习教育和宣传阐释，青年要能够通过政策理论宣讲、网络平台传播、主题专栏展示等，积极搭建平台，紧扣主题，保证质量，做到有态度、有热度、有浓度，用通俗易懂、生动活泼的语言传达马克思主义科学精神。

首先，政策宣讲有态度。宣讲过程就是知识内化的过程，传道先信道，知礼而授之于众。政策宣讲能够在传播中强化知识，能够在传播中达到知识细化。结合政策宣讲活动安排，青年要按照“四个一”要求，即确定一个主题、诠释一个道理、深挖一个故事、延伸一个知识，坚定正确的政治立场和政治方向，接地气地讲好中国故事、传播中国声音。

其次，网络平台有热度。巧用“两微一端一屏”媒介矩阵，实现理论教育全时全员全过程“三全”覆盖，牢牢把握理论学习中的热点焦点问题，引导青年正确认识自身的时代责任和历史使命，在青年群体中唱响马克思主义主旋律。此外，青年可组建线上线下互动交流学习平台，打造信息交互的“集散中心”，增强马克思主义理论的时代感和吸引力。

最后，专栏解读有浓度。借助书刊专栏，开展经典著作的高度提炼和全面解读，让广大青年用马克思主义观察时代、解读时代、引领时代，认识和了解中国的国情社情，坚决做到“两个维护”，将马克思主义内化于心、外化于行，守住灵魂、看清方向，更好地把个人的理想追求融入国家和民族事业，担负起新时代赋予青年学生的新使命。

（三）“做”字检验

今天的中国为青年一代成长进步提供了良好条件与广阔舞台，使之放飞青春梦想、书写人生华章。新时代青年要勤于实践，做到大道至简、实干为要。马克思主义自主学习行动计划重点实施平台建设，着力打造品牌活动，以活动的广度、温度、亮度为立足点，通过开展基层实践、帮扶行动、榜样树立等活动，用新时代标尺审视存志青年、锻造有为青年。

首先，基层实践拓广度。积极开展参观考察、国情调研、专项走访等基层实践活动，避免出现“语言的巨人，行动的矮子”，使青年在生动的实践中感受祖国发展变化、升华爱国情怀、勇担时代责任、贡献青春力量。同时，建立实践活动品牌，不断总结和提升实践活动认知，进而达到实践锻炼增才干、奉献社会验真知，培养新时代青年的实践能力和担当精神。

其次，帮扶行动有温度。让青年的责任担当在社会活动和个体生活中完整地体现出来。以“微心愿”为契机，以“微行动”为桥梁，开展青年群体进社区、进校园等帮扶活动和志愿服务活动，努力在“两个一百年”奋斗目标历史交汇点上贡献属于青年的“微力量”，不断深化新时代大学生的责任意识和担当能力。

最后，榜样树立显亮度。以时代先锋强化示范引领，发挥青年党员的模范带头作用；以服务先锋体现志愿精神，展现青年群体的时代担当风采。榜样传承精神、青年做在前列，知行合一、学以致用，树立榜样彰显了青年信念坚定、担当作为、干事创业的优秀品格，展现了新时代青年把理想信念化为扎实行动的良好形象。

总之，每一代人都有属于他们的人生际遇和使命担当。青年要从时代的“宠儿”成长为时代的“骄子”，就需要担当起历史和现实赋予的光荣使命，关键时刻站得出来、危难关头豁得出去。新时代青年要运用马克思主义理论指导实际，不忘初心、逐梦前行，成为走在时代前列的奋进者、开拓者、奉献者，努力交上一份合格的青春答卷。

第四章 大学生责任担当素养的培育内容（一）

第一节　大学生社会责任担当教育

一、大学生社会责任担当教育的理念

（一）大学生社会责任担当教育理念的内涵

“随着我国发展进入新的历史方位，新时代青年大学生群体的责任担当意识不仅决定个人的成长成才，其社会责任担当意识的强弱更关乎国家和民族的未来。”①

理念是行动的先导，大学生社会责任担当教育的理念创新是大学生社会责任担当教育实践活动的思想引擎与精神指引。当前，大学生社会责任担当教育正面临着复杂多变的新形势，回应现实，跟进时代发展更加迫切，亟须在理论思维和精神原则上率先取得突破。

1. 大学生社会责任担当教育理念的内容

理念不是这个时代才兴起的“新名词”，而是在西方哲学传统中就已经得到足够重视的概念。随着哲学的发展，理念的意义逐渐上升为哲学最高范畴，也因此获得了以自己为对象理解和把握自己的最高形式。

大学生社会责任担当教育理念，是由一定时代人们理解和开展大学生社会责任担当教育的本质认识、思维范式、现实指向、理想原则等理性精神凝练建构而成的观念总体，这个观念总体是该时期大学生社会责任担当教育创新自我理解、深化理论构建、推动实践发展的思想前提和精神规定。

（1）大学生社会责任担当教育理念观念化，为培育内容的本质表征。观念化是指理性

① 孟宝芬．新时代大学生社会责任担当意识培育的思考［J］．现代商贸工业，2020（11）：5.

认识的系统化和清晰化。大学生社会责任担当教育理念贯穿但又深藏于每个时代的理论实践活动全过程之中，形式上处理为人们思想观念和行为意识的社会责任担当教育精神，是内在贯穿、相互联结的理性观念体系和逻辑思维系统。这种形式上的抽象性使得如果不是通过深度挖掘和观念澄清，大学生社会责任担当教育理念便难以自觉被理论实践活动所把握和建构，因而不得不诉诸思维抽象和理论格言。大学生社会责任担当教育本质是对社会责任担当教育“是什么”问题的根本性回答，以其凝练性和根本性来看，它是最接近大学生社会责任担当教育理念的观念表征，是最能反映大学生社会责任担当教育理念的理论格言。

因此，尽管大学生社会责任担当教育本质可能不是大学生社会责任担当教育理念的完整揭示，但也是大学生社会责任担当教育理念的真实揭示，是人们现实理解和把握大学生社会责任担当教育理念范畴的具体表征，因而人们会发现一种大学生社会责任担当教育本质观，其实就是一种社会责任担当教育理念论，怎样揭示大学生社会责任担当教育本质就表征了对大学生社会责任担当教育理念有着怎样的内涵理解和观念把握。

（2）大学生社会责任担当教育理念逻辑化，为培育研究的思维范式。逻辑化是指大学生社会责任担当教育理念的规律化、范式化和方法化。如果说本质表征是大学生社会责任担当教育理念的本体论呈现，那么逻辑化为一定时代人们从事大学生社会责任担当教育理论研究和实践探索的基本思维范式，就是大学生社会责任担当教育理念创新的认识论或者方法论根本要求了。大学生社会责任担当教育有自己的特殊研究对象和思维范式，并且这些思维范式在不同社会或不同时代还会同当时面临的整体形势与任务相结合而发展优化，从而保证不同时代大学生社会责任担当教育理念总是能够支撑和满足理论研究与实践发展的方法论建构需求。

（3）大学生社会责任担当教育理念具体化，为培育实践的总体指向，具体化是指大学生社会责任担当教育理念从抽象的观念形态现实化为具体的理论形态，是从理论走向现实的关键环节。大学生社会责任担当教育现实运动的整体推进离不开大学生社会责任担当教育理念的指引，但是如果后者仅仅停留在抽象的观念形态和逻辑的方法论层面，那么大学生社会责任担当教育现实运动同大学生社会责任担当教育理念的精神指引就会绝缘，要打通理论融入现实的关键环节，确保现实趋向思想，就要求大学生社会责任担当教育理念在形成建构过程中具体化，把自身观念、思维范式和精神规定现实化为一定时代大学生社会责任担当教育所要解决的现实问题、所要完成的根本任务、所要实现的奋斗目标。换言之，大学生社会责任担当教育理念要为大学生社会责任担当教育现实运动提供总体指向和整体规定。

（4）大学生社会责任担当教育理念价值化，为培育创新的理想原则。价值化是指大学生社会责任担当教育理念不仅要回答大学生社会责任担当教育“是什么”的问题，更要关切和明确大学生社会责任担当教育现实运动“为了谁”，在更深层次意义上回答大学生社会责任担当教育创新发展“应当是什么”等基本问题。尽管当前人们关于社会责任担当教育本质的界定不一，但是意识形态性和阶级性是人们对社会责任担当教育本质属性的普遍共识。换言之，社会责任担当教育总是为一定的阶级集团所掌握和运用，总是服务于一定的意识形态构筑发展及其传播转化。

大学生社会责任担当教育理念的价值论意蕴就在于，它要在价值追求和价值原则的总体规定性上对一定社会时代的社会责任担当教育运动发展的价值坐标和价值选择进行理性分析与核心建构，并将大学生社会责任担当教育运动发展的未来追求理想化为价值愿景，从而规定和指引了大学生社会责任担当教育未来运动发展的基本性质、价值原则和理想图式。

2. 大学生社会责任担当教育理念的特点

大学生社会责任担当教育理念要回答一定时代大学生社会责任担当教育运动发展的本质表征、思维范式、现实指向和理想原则，这种回答不管如何表述，人们总是需要在澄清大学生社会责任担当教育理念中把握这些深刻思考。

（1）思想核心。人类认识把握世界的基本方式是理论思维，不同的认识把握方式获得不同思想，以人们的认识活动和实践活动为内容和中介进行思考而实现对思维与存在统一关系的把握是构成性思想，以人们思想自身为内容和中介，反过来审视追问思想前提，而实现对思维与存在统一关系的把握，是反思性思想。大学生社会责任担当教育理论研究当然都是在寻获思想，但是大学生社会责任担当教育理念研究所意蕴的思想性，同其他思想政治教育理论研究思想性的主要差异在于，大学生社会责任担当教育理念研究不仅获得构成性思想，还追问寻获反思性思想，大学生社会责任担当教育理念融合着一定时代人们理解和开展大学生社会责任担当教育的本质表征、思维范式、现实指向和理想原则等理性思想，这些思想内涵既是这个时代人们理解和开展大学生社会责任担当教育理论与实践的构成性思想，也是这个时代人们重新追问和审视大学生社会责任担当教育前提问题、创新发展问题的反思性思想。

哲学思维方式，具有深刻性，以及把握时代生活的思想现实性。大学生社会责任担当教育理念同样是在这种思想方式和思想现实意义上不断追求和探寻一定时代的大学生社会责任担当教育实践精神，因而每一个时代的社会责任担当教育理念正是这个时代人们理解和把握大学生社会责任担当教育运动发展的思想精华，正是它建构了这个时代大学生社会责任担当教育理论深化实践发展整体运动的思想核心与精神原则。

（2）价值引领。由于大学生社会责任担当教育理念建构了一定时代大学生社会责任担当教育整体运动的思想核心与精神原则，从而也就规定了这个时代人们从事大学生社会责任担当教育理论实践的基本定位和总体走向。

首先，大学生社会责任担当教育理念，立足现实重新回答了大学生社会责任担当教育的本质问题，也就奠定了这个时代大学生社会责任担当教育运动发展的思想基石和理论轴心。

其次，大学生社会责任担当教育理念，在思维范式上的反思和创见，往往足以支撑和引领整个时代大学生社会责任担当教育理论研究和实践发展的方法论原则。近年来，人们探讨大学生社会责任担当教育研究范式的转换正是在大学生社会责任担当教育理念思维范式意义上展开的，这种思维范式的转换推进和完成定型是这个时代大学生社会责任担当教育理念的建构标志，将会在思想方式、研究范式、实践方略、工作方法以及实施手段等全过程多方面产生规定和引领作用。

再次，大学生社会责任担当教育理念，明确了这个时代大学生社会责任担当教育面临的整体环境，认领了这个时代大学生社会责任担当教育所要承担的重要使命，谋划了这个时代大学生社会责任担当教育运动发展的现实任务，也就指引了这个时代大学生社会责任担当教育运动发展的奋斗目标和演进图景。

最后，大学生社会责任担当教育理念，建构了这个时代大学生社会责任担当教育理念的基本性质和价值原则，也就规定了大学生社会责任担当教育运动发展的价值规范、价值信念和价值理想，引领大学生社会责任担当教育理论实践沿着价值路径向着理想原则进发。

（3）时代精神。大学生社会责任担当教育理念，作为每一时代大学生社会责任担当教育理论实践运动发展的思想核心和精神原则，同样会紧跟时代发展发生形态转换，以适应时代变迁及意识形态发展的最新要求，并能在完成意识形态传播转化等主要任务的同时创新自我理解、深化理论研究、完善实践形态。因此人们才会看到每个时代的大学生社会责任担当教育理论实践形态都有所差异，隐藏其下发挥着规定和推动作用的正是该时代已然建构或者正在建构的大学生社会责任担当教育精神理念。

当然，这并不是说理念决定了现实发展，而是说这个时代经济社会发展和思想精神整体状况决定并催生建构了大学生社会责任担当教育理念，但其观念内核一经建构就会对现实运动发挥规定和引领作用，成为这个时代大学生社会责任担当教育创新发展的基本精神和理性主旨。正是在此意义上，大学生社会责任担当教育理念具有时代性和发展性，每一时代的大学生社会责任担当教育理念都凝聚着自己时代的突出问题与基本精神。

（4）相对稳定。大学生社会责任担当教育理念的稳定特征主要体现在以下两个层面。

一方面，在相当长的一段历史时期内，大学生社会责任担当教育理念基本形态保持相对稳定。尽管每个时代大学生社会责任担当教育理念在基本形态和整体理解上都会有所侧重，都要在回应自己时代的问题与精神中变迁发展，但是如果大学生社会责任担当教育理念总在变更，尤其是在经济社会平稳发展的时代环境中频繁转换，就容易失去其对大学生社会责任担当教育整体运动的规定和引领意义，也就失去了理念核心的思想意蕴。这不仅是因为现实要求大学生社会责任担当教育理念不能总变，而且从社会意识与社会存在的关系来看，思想文化上的变迁往往会跟经济社会发展变迁不同步，并且正是这种不同步使得思想审视得以冷静和从容、严肃而深刻，这在客观上要求大学生社会责任担当教育理念要保持相对稳定。

另一方面，即使时代发展、社会变迁，但是有些最为根本和前提的大学生社会责任担当教育理念因素与认识原则不仅不会变，而且会在新的经济社会发展环境中呈现为新的命题形式和时代使命，但其作为思想精髓和理念基因的地位和作用是不变的。正是如此，才使得大学生社会责任担当教育理念形态中一些原初的、根本的、优秀的思想元素和精神记忆保留和承继了下来。

（二）大学生社会责任担当教育理念的意义

1. 实现“中国梦”的客观要求

“中国梦”，是习近平总书记在国家博物馆参观《复兴之路》展览过程中提出的。“中国梦”的具体内容是：每个人都有理想和追求，都有自己的梦想。这个梦想，凝聚了几代中国人的夙愿，体现了中华民族和中国人民的整体利益，是每一个中华儿女共同的期盼。历史告诉我们，每个人的前途命运都与国家和民族的前途命运紧密相连。国家好，民族好，大家才会好。实现中华民族伟大复兴是一项光荣而艰巨的事业，需要一代又一代中国人共同为之努力。

实现中华民族的伟大复兴，是我们这个时代中国人伟大而神圣的历史使命。然而一个民族的希望，在很大程度上体现在这个民族的青年人特别是当代大学生身上，尤其是他们的社会责任感。只有赢在青年才能赢在未来。当代大学生作为21世纪社会主义现代化建设的中坚力量，其社会责任感的强弱对社会的和谐、国家的强盛和社会主义事业的成败有重大影响。加强当代大学生社会责任感，既是时代发展的要求，也是构建和谐社会的要求，同时也是大学生全面发展的要求。

中华人民共和国成立以来，社会主义事业之所以能够不断发展进步、充满生机活力，其中一个重要原因就是能够成功地、源源不断地培养造就了一批又一批社会主义事业合格建设者和可靠接班人。时代在召唤年轻人去坚定地履行新的历史使命。大学生是祖国的未来，是民族的继承人，他们将决定祖国的命运。大学生应当义不容辞地挑起振兴祖国科技事业、迎接新技术革命挑战的重担，从而成为祖国振兴的中坚力量。这就要求大学生必须认清形势，努力学习，坚定自己的理念，时刻牢记自己的历史使命，肩负起时代的重任。要完成自己的历史使命，大学生必须具有很强的自觉意识，而社会责任感正是这种自觉意识的体现，是大学生行为导向系统的核心因素，它指导、控制和调节其社会行为。因此，大学生社会责任感的强弱将关系到全面建成小康社会的进程，关系到他们能否或在多大程度上肩负起实现中华民族伟大复兴的使命，推动社会主义事业发展的历史重任。

当代大学生在接受先进的文明知识的同时，也会为社会提供优良的精神产品。他们可以通过实践等活动与社会接触，树立个人良好形象。具有高度社会责任感的大学生投入到社会后，不仅关心自身利益，而且也能关注他人和社会的利益，必将促进社会的进步。因此，强化大学生的社会责任感培养具有十分重要的意义。一个国家、民族是否屹立于世界，能否实现民族复兴，实现“中国梦”，关键在于培养对国家、民族有高度责任感的接班人。

大学生社会责任感是实现“中国梦”的客观要求，当代大学生是一群高素质的群体，是实现社会主义现代化建设、实现中华民族伟大复兴的依靠力量。每个大学生如果都能够做到正确地认识自己，树立正确的人生观和价值取向，承担自己对社会的责任，为社会和环境尽责尽力，这样才能达到我们的伟大目标，共同实现“中国梦”。

2. 保障大学生全面发展的内在基础

大学阶段是个体社会化的重要时期，是从不成熟走向成熟、不稳定趋于稳定的过渡时期。培养大学生社会责任感是大学生健康成长的关键。社会责任感具有特殊的引导作用，是大学生做一切事情的首要着眼点。一个具备社会责任感的大学生，能够在集体主义精神的指导下，妥善处理好各种关系，加快自身社会化进程，从而获得全面健康的发展。

（1）大学生社会责任感有利于大学生获得人格完善。强化大学生社会责任感培养是健全大学生人格、提高个人素质的基本要求。人格是心理学的重要概念，塑造健全人格不仅是心理健康教育的重要目的，也是促进大学生全面发展的重要途径。大学生的健全人格主要包括思想道德要素、科学文化要素、心理要素、身体要素以及其他方面的要素，具体来说主要包含较强的创新意识、高尚的人生追求、丰富的人文修养、良好的社会公德、必要的文艺修养和心理保健意识。而其中的几个方面都与责任感直接相关。如较强的创新意识不仅需要良好的专业知识与技术，还需要对社会需求的体察和刻苦钻研的精神与实践；人生追求的高尚与否，区别在于是纯粹为了个人利益还是为了大多数人的利益；良好的社会公德是具备社会责任感的基本体现。由此可见，责任感是健全人格的重要内容之一，塑造大学生健全人格离不开对他们的社会责任感培养。

人格是指人的特质，包括行为模式、倾向性、心理特征和自我意识四个相互联系的方面。强化大学生社会责任感的培养，有利于当代大学生获得内心成长、人格完善。强烈的责任感意识集中体现在大学生的健康人格上。社会心理学表明，责任感的培养要以人的自我意识为中心，它也是道德行为的源泉。归其根本来说，人之所以有尊严的源头是强烈的社会责任感和正直的人格魅力。大学阶段是步入社会的缓冲阶段，这一阶段树立的良好品格是将来责任意识的延续，也是源泉。进入高校的学生无论是在现实社会中还是在内心深处都拥有了更多的自由，但是他们却不能完全把握自己的人生道路。在这样一种环境下，我们的祖国强调要对大学生进行道德教育的培养，要主动承担责任，做一名优秀合格的大学生，也只有这样，他们才能顺利走向社会。人的本质在其现实性上是一切社会关系的总和。

（2）大学生社会责任感有利于大学生实现个人价值。承担社会责任是当代大学生实现自我价值的要求。社会价值是自我价值的基础，没有社会价值，就不会有真正的自我价值。自我价值的实现只有在实现社会价值中才能得以体现。当代大学生的人生价值很大程度上取决于他对人民群众的尊重程度和服务程度，也即是他在什么程度上适应和满足了人民群众的物质文化生活需要，在什么程度上促进了社会的发展和人类的进步。最大限度地为祖国和人民贡献自己的青春和热血，需要当代大学生强烈的社会责任感。增强大学生社会责任感是塑造大学生良好形象，融入社会的需要。

人的价值即人对人自身的意义，就在于人能创造价值以满足人自身的需要。人的需要是全面的，既有物质生活的需要，又有精神生活的需要。人的价值是自我价值与社会价值的统一，两者不可分割。自我价值是社会价值的必要前提，社会价值是自我价值的外在体现。一个人最大的价值，就是以他的实践和理论推动社会向新的阶段变革，推动历史车轮的前进。要实现人生价值，就要投身社会实践中，每个人主动地承担起社会责任，因为只有在集体中，个人才能获得全面发展其才能的手段。当代大学生是朝气蓬勃的一代，他们怀揣着梦想，自信地站在人生的起航线上。追求自我价值的实现，希望将来能凭着自己的才干赢得社会的承认，充分发挥自己的聪明才智干一番事业，是当代大学生中的热门话题。这就要求当代大学生无论在什么地方、在什么岗位上，都应该认真地做好每一件该做的事情，发挥应有的作用，这是实现自我价值最基本的途径。在当前，就是要投身于祖国社会主义现代化建设的伟大实践，在实践中贡献自己的才智，从而使自身的价值得到充分的实现。

在社会生活中，人是主客体的统一，人的价值分为自我价值和社会价值。人应当实现自我的价值，而人是社会的人，人自身意义的体现和实现是离不开人生活于其中的社会的。评价人的价值，就是看人的活动及其结果是否满足社会的需要，即人对社会的意义和奉献。承担社会责任是大学生实现自我价值的必然要求。人只有在奉献社会的时候才能真正体会到生命的意义，而这些的基点是责任感。大学生的人生价值实现取决于他们对他人和社会的满足程度和付出。真正实现人身价值，需要大学生具有强烈的社会责任感。

大学生对社会的适应以及人生价值的实现，都是在自我发展和完善的过程中完成的，而实现人生价值、事业成功和适应社会等都离不开强烈的社会责任感。信念、理想、知识、智慧、勇气、纪律、力量都来自社会责任感，和社会责任感相连接，并通过履行责任来体现。大学生有了社会责任感，在学习和工作中，无论多大的困难都可以克服。大学生有了社会责任感，在学习和工作中，就会挖掘和发挥自己的潜能，把自己的知识奉献给国家和人民。大学生有了社会责任感，在社会生活中，会自觉地遵守法律，服从各种道德规范。这样，具有了社会责任感的大学生一定会在自身发展和完善过程中实现个人价值。

（3）大学生的全面发展和健康成长离不开强烈的责任感。大学生的成长发展过程是实现人的社会化，由“自然人”走向“社会人”的过程。个体社会化的实质就是要体现一定的社会本质，实现一定社会角色，履行一定社会义务，承担一定社会责任。社会关系不仅赋予了人一定的社会本质，而且赋予了人一定的社会责任。大学生也是生活在一定社会关系中的人，也具有一定社会关系赋予的社会本质和社会责任。大学生的社会责任感，体现了大学生在处理权利与义务、贡献与索取、自我价值与社会价值关系上的自觉与成熟。通过加强大学生责任教育，促进大学生责任感的社会化，把大学生培养成适应社会主义生产关系本质要求、具有高度社会责任感、符合社会发展需要的合格的社会公民。

承担社会责任是当代大学生实现自我价值的要求。社会价值是自我价值的基础，没有社会价值，就不会有真正的自我价值。自我价值只有在实现社会价值中才能得以体现。当代大学生的人生价值取决于他对人民群众的尊重程度和服务程度，也就是他在何种程度上适应和满足了人民群众的物质文化生活需要，在何种程度上促进了社会的发展和人类的进步，为人类的进步事业作出自己应有的努力。在这个方向上，付出的劳动越多，对社会所做的贡献越多，其价值就越大。能最大限度地为祖国和人民贡献自己的青春和热血，需要当代大学生强烈的社会责任感。大学生社会责任担当教育是大学生全面发展的内在需要。有无责任感是大学生是否实现全面发展的重要指标和条件，有了强烈的责任感，则道德有境界，学习有动力，锻炼有意志，审美有品位。

人的全面发展是一个动态的过程，本质上是人的发展的主体性不断上升、责任意识不断增强、劳动能力不断提高、社会关系不断丰富、综合素质不断提升的过程。培养个体的责任感，能够提升个体的主体性、提高个体的劳动积极性、促进个人社会关系的丰富和综合素质的提高。综合素质是由思想道德品质、职业技能、文化修养和心理素质组成的，其中思想道德素质占主要地位。社会责任感是思想素质水平的重要体现，是衡量综合素质高低的标准。加强对学生的社会责任感培养，有助于培养学生高尚的思想品质，增强学生的使命感，明确自身的责任和义务，学会处理人与人之间、人与社会之间的关系，使学生自律自强，促进其综合素质的全面提升，最终实现个人价值。

3. 高校思想政治教育的必然选择

（1）培养大学生社会责任感是思想政治教育的基本内容。思想政治教育是培养人、塑造人、提高人的全面素质的工作，而人的素质就其现实性来说，又是由多种要素构成的系统，社会责任感是大学生的首要素质。高校思想政治教育的任务之一就是使大学生树立对他人、对集体、对社会、对国家负责的意识。

学校，是进行系统道德教育的重要阵地。在提高公民道德水准方面高校教育是其中一个重要的环节，高校教育能更科学的引导学生的社会意向。学校的思想教育的首要任务就是培养学生的社会责任与乐于奉献精神。只有具备了高度社会责任感和愿意奉献自己的人，才会把自己的义务与国家的稳定发展和社会的进步紧密地联系在一起，始终如一地把自己与祖国事业的蓬勃发展与民族事业的振兴紧密地联系在一起，乐于奉献自己，为社会、为国家、为整个民族做出应尽的贡献。学校是培养人才的摇篮，作为学生在学校里不仅要学好丰富的文化知识，更要学会怎么做人，好好做人，学会怎样利用自己所掌握的知识不仅来实现自我的价值，也能给社会和他人带来好处，从而实现自我的社会价值以及人生价值，体现出自己应尽的义务与责任。

社会主义环境下，我们国家大学的基本目标是培养德、智、体、美、劳全面发展的综合的高素质人才，它不仅仅是单纯的知识海洋和高级人才的培养组织，更是成就一个人精神层面高度发展的精神殿堂。大学期间所接受的道德教育对大学生以后步入社会的发展有着至关重要的作用，是对社会现象评判的标尺，也是对自我道德衡量的准绳。作为高校道德教育工程的人生价值观教育，最为关注的，就是受教育人对人生潜能和生命质量等终极意义的认知。中华民族一直都有爱国主义的优良传统。特别是在今天，科学科技突飞猛进，人才、国际竞争日趋激烈，强调要以本民族的优良传统来引导大学生，帮助他们树立正确的价值观和人生观，自觉地将社会责任和人生价值有机结合，显得尤为重要。

然而，随着社会的不断发展，道德也在不断地赋予我们更多的使命。这一期间更应该加强大学生社会责任感的教育，不能只注重文化知识的传授，在传授知识的同时也要培养大学生合理驾驭知识，为社会、为他人做出贡献的良好道德修养。当今有部分大学生忽视了对国家的使命感，对于整个社会的发展，民族的兴衰无动于衷，只关心自我的利益，这种心理是不健康的，所以我们在大学期间加强社会责任的引导成了必然的问题，坚决抵消这种无所谓的态度，逐渐摒弃应试教育带来的只注重文化而忽视德育的弊病。在社会飞速发展的今天，对大学生的素质要求不断提高，大学生社会责任感的培养应成为高校思想政治教育的首要环节。

（2）培养大学生社会责任感是促进大学生思想政治教育的重要途径。培养大学生社会责任感与大学生思想政治教育的目标相一致。大学生思想政治教育的目标是以理想信念教育为核心，引导和帮助大学生树立正确的世界观、人生观和价值观，培养“有理想”“有道德”“有纪律”“有文化”的“四有”新人，促进人的全面发展，为社会主义现代化建设培养合格的建设者和接班人。只有大学生自觉实践了“有理想、有道德、有纪律”，形成了社会主义核心价值观，承担起自己所肩负的责任，才能被称为是“全面发展的人”。

培养大学生社会责任感与大学生思想政治教育的内容相一致。大学生思想政治教育从某一方面来说是以服务人民为核心，以集体利益为原则，以诚实守信为重点，来引导大学生遵纪守法、明礼诚信、团结友善、勤俭自强、敬业奉献。这与大学生对他人的责任、对社会的责任、对国家的责任相一致，“遵纪守法”是每个人的义务，只有遵纪守法个人的权利和利益得到保障，才能促进社会的稳定、经济的发展，从而促进个人的全面提高“明礼诚信、团结友善”是个人处理与他人和社会关系基本原则，只有人与人之间坦诚相待，人与社会之间和谐共生，国家才会兴旺发达，个人的理想才能实现；“勤俭自强、敬业奉献”是个人处世态度，只有个人承担起责任，才能获得崇高的职业素质与尊严。

因此，要把大学生社会责任感的培养作为大学生思想政治教育的重要内容之一，通过培养大学生社会责任感，促进大学生思想政治教育。

培养大学生社会责任感与大学生思想政治教育的特点相一致。思想政治教育就是教育大学生具有正确的世界观、人生观、价值观，这些方面的培养主要是人在后天成长过程中形成，是内因外因共同作用的结果，外因主要是父母的言传身教和社会影响的结果。大学生社会责任感作为一种道德情感，也是在社会生活中，经过后天对社会的认识而逐渐产生的。大学生社会责任感的培养与思想政治教育都属于“后天”教育，因此可以通过后天对大学生社会责任感的培养，促进大学生的思想道德水平的提高，从而促进大学生思想政治教育建设。培养大学生社会责任感与大学生思想政治教育都具有实践性和现实性。都强调知、行统一，理论与实践相结合，两者相辅相成，相互促进。思想政治教育指导大学生在学习有关思想建设和道德建设理论的基础上，注重道德实践，从自我做起，从小事做起，从身边事做起，鼓励大学生为社会奉献，为他人服务，身体力行。

大学生社会责任感是责任认识和责任情感的统一，但最终还要以承担责任的实践行动体现出来，有了实践活动，才算是真正承担起自己的社会责任。因此，在大学生思想政治教育中培养大学生的社会责任感，在承担社会责任的实践行动中巩固思想政治教育的成果。

（3）培育大学生社会责任感是思想政治教育现代化的必然要求。高校思想政治教育现代化是不断发展着的社会实践对思想政治教育提出的新要求。思想政治教育的现代化是一个系统的工程，包括理念、目标、内容、方式方法等各个方面的现代化。只有把对大学生社会责任感的培养纳入高校思想政治教育的目标体系中来，才能实现思想政治教育目标的现代化。

首先，大学生的社会责任感是现代责任意识的重要组成部分。现代思想政治教育必须立足于使人们养成现代公民意识，破除陈旧的观念对人们思想的束缚。由此可见，社会责任感是当代大学生责任意识的重要组成部分。

其次，培养大学生社会责任感是当今世界各国德育的共同目标。工业革命以来，人类在科学技术上实现了突飞猛进。但是，这在一定程度上造成了工具理性无限制的膨胀，进而引发了一系列的社会问题，表现为出现了道德滑坡、行为失范、责任感缺失、人生意义的迷惘。因此，各国政府都把培养公民的社会责任感作为德育的一个重要目标。品格教育重视发挥德育课的作用，把培养公民良好的道德品格作为目标，实际上是一种美国核心价值观的教育。品格教育旨在培养学生尊重他人，对他人、对社会负责的良好品格。

培养大学生的社会责任感是当今世界各国德育的一个重要目标。对我国来说，高校思想政治教育要实现现代化，必须把培养大学生的社会责任感作为重要任务。

（4）强化大学生社会责任担当教育是高校对社会承担的最基本责任。教学生学会负责，是时下社会道德生活状况的迫切呼吁。虽然不能指望通过教育解决道德问题来消除一切社会问题，但道德在转化为个人的品德和责任后却可以借助自律有效预防或减少社会问题的加剧。高校作为社会改革与建设的一个重要阵地，作为合格的社会公民的培育基地，责无旁贷。

我国教育正面临着从义务教育向素质教育的转型，这就要求学校不仅仅是传授给学生知识，还应注意其综合素质的全面发展。高校对学生进行社会责任担当教育，是我国现有发展形势下对教育提出的客观要求，符合素质教育发展的基本理念。大学生正处于树立正确信仰，形成思想政治观念的重要阶段，加强社会责任担当教育，有利于促使学生养成良好的思想品质，强化道德观念，培养其崇高的思想信念和强烈的责任感。高校加强对大学生的社会责任担当教育，可以促使大学生自主提高思想道德水平，规范自身行为，在自觉提高社会责任感、使命感的同时，认识社会环境，明确自我定位，引导他们形成正确的价值取向，最终树立正确的思想政治观念。

（5）加强大学生社会责任感的培育是大学生道德教育的重要目标。改革开放以来，由于社会环境的深刻变化，大学生群体也不断发生深刻的变化。目前在校大学生这个群体身上有着不同于以往大学生群体的明显特征。总体上看，我国大学生思想政治状况的主流是积极、健康、向上的，但是，也有一部分大学生存在着一些突出的思想问题。

大学生时期是人生形成自觉道德意识的重要阶段。引导大学生树立“天下兴亡，匹夫有责”的理想抱负，培育“苟利国家生死以，岂因祸福避趋之”的爱国情操，树立“先天下之忧而忧，后天下之乐而乐”的崇高志向，养成“富贵不能淫，贫贱不能移，威武不能屈”的浩然正气，打开“厚德载物、达济天下”的广阔胸襟，积蕴“舍生取义、见义勇为”的英雄气概，实践“公正无私、戒奢节俭、防微杜渐”等修身之道。我们需要发展大学生适应社会变革需求的主体性，将大学生的社会责任意识的培养作为大学生道德教育的重要目标和主要内容。

当今世界正处于大发展、大变革的时代，人类面临各种新挑战。特别是21世纪，随着世界人口激增，工农业生产加速发展，城市化的步伐加快，我们迎来了一个大规模消耗自然资源的新时期。因此，对人类负责、对自己负责、对未来负责已成为时代对每个现代人的迫切要求，也成为世界各国教育改革关注的重点。在现代社会中，人们的社会责任感随着经济状况和物质生活水平的提高而淡化，精神文明和物质文明的发展不同步。社会责任感作为社会发展的主流意识，也是社会发展的前提，而这种意识的培养必须依靠教育来实现。因此，加强大学生社会责任感的培养，是当前对教育改革提出的新的更高的要求。

二、大学生社会责任担当教育的目标

大学生社会责任担当教育的目标是一定时期内实施社会责任担当教育实践所要达到的预期结果。大学生社会责任担当教育目标不是单一的，而是集合的，是一个目标系统，具有内在的结构。大学生社会责任担当教育目标及其结构既是大学生社会责任担当教育主体、客体、介体、环体诸要素相互作用的产物，又对大学生社会责任担当教育内容的实施起着制约和指导作用。因此，必须深入分析和研究大学生社会责任担当教育的目标结构。

（一）大学生社会责任担当教育目标的依据

大学生社会责任担当教育目标作为一定社会责任担当教育活动所要达到的预期结果，其形式是主观的，而内容却是客观的。它虽然由大学生社会责任担当教育者所制定，体现着教育者的主观愿望和要求，但实质上反映了教育对象和社会发展的客观需要。因此，适应和满足教育对象和社会发展的双重需要，是确立大学生社会责任担当教育目标的客观依据。

1. 适应社会发展

大学生社会责任担当教育是社会实践活动的重要组成部分。它既是社会发展的产物，又是社会进一步发展的条件。适应和满足一定的社会发展需要，是制定和确立一定的大学生社会责任担当教育目标的根本依据。任何社会发展，都是社会基本矛盾运动的结果。生产力是社会发展的最终决定因素。生产力的发展，决定和推动着生产关系和上层建筑的变化与发展，推动着整个社会的变化与发展。大学生社会责任担当教育适应和满足一定的社会发展需要，不仅是要适应社会上层建筑和经济基础变化、发展的需要，最根本的，是要适应社会生产力发展的需要。社会发展需要最根本的体现为生产力发展的需要。大学生社会责任担当教育为一定社会的上层建筑和经济基础服务，最终是为一定社会生产力的发展服务。生产力和生产关系发展的现实状况和客观需要，对大学生社会责任担当教育目标的制定和实施起着决定性的影响。

中国共产党依据马克思主义唯物史观的基本原理，结合我国的实际情况，提出了不同历史时期的奋斗目标和任务，反映了社会发展不同阶段的根本需要，为我们制定不同时期的大学生社会责任担当教育目标提供了根本依据。大学生社会责任担当教育在制定工作目标时，既要立足现实，从实际出发，又要面向未来，超越现实，适应社会未来发展的需要。大学生社会责任担当教育目标作为党和国家总的奋斗目标的重要组成部分，只有始终服从和服务于党和国家的总的奋斗目标和根本任务，才能得以科学的制定和有效的实施。

2. 适应人的发展

大学生社会责任担当教育不仅要促进社会发展，而且要促进人的发展。因此，大学生社会责任担当教育既要适应社会发展需要，又要适应人的发展需要。适应和满足人的发展需要，是确定大学生社会责任担当教育目标的又一重要依据。人的本质是一切社会关系的总和。人的发展是在一定社会条件下从自然人向社会人转变和发展的过程，是逐步增强社会性，形成、发展和完善人的社会本质，成长为合格的社会成员的过程。因此，人的发展不仅包括体力和智力的发展，而且包含社会化所必需的思想道德品质的发展。人的发展是德、智、体、美、劳全面发展的过程。大学生社会责任担当教育适应和满足人的发展需要，不仅要适应人的智力、体力的发展需要，更重要的是要适应和满足人的社会责任感发展的需要。因此，适应人的全面发展，尤其是适应人的社会责任感的发展需要，是制定大学生社会责任担当教育目标的重要依据。

在人的成长和发展过程中，社会责任感的发展呈现出一定的规律性。人的社会责任感的发展与人的认知能力的发展具有相关性，人的社会责任感的发展是一个内化与外化相统一的过程。大学生社会责任担当教育主体在确定社会责任担当教育目标时，既要考虑受教育者社会责任感发展的现实状况，又要考虑受教育者社会责任感发展的未来需要。受教育者社会责任感发展的未来需要，就是形成与社会未来发展相适应的社会责任感。不同社会对人的社会责任感发展乃至人的全面发展有不同的要求，这种要求集中体现在人的培养目标上。我国处于社会主义初级阶段，对人的全面发展的要求是，培养适应社会主义现代化建设需要的有理想、有道德、有文化、有纪律的德才兼备、全面发展的社会主义新人。因此，大学生社会责任担当教育要遵循社会责任感形成发展的规律，依据受教育者社会责任感发展的需要和社会对人的培养目标的要求，科学制定社会责任担当教育目标，促进人的全面发展。

（二）大学生社会责任担当教育目标的层次

大学生社会责任担当教育目标具有不同的层次，不同层次的目标形成了一定的关系及其结构，即目标层次结构。大学生社会责任担当教育目标的基本层次是个体目标与社会目标。不仅个体目标与社会目标具有一定的层次结构关系，个体目标与社会目标各自又包含有不同的层次及其结构。因此，分析大学生社会责任担当教育目标结构，需要从分析大学生社会责任担当教育目标的层次结构入手。

1. 个体目标

大学生社会责任感培养的个体目标是从大学生个体的层面上所确立的目标。大学生作为一个个活生生的个体，他们的思想意识当中既具有共性的成分，又具有个性的一面。从个性中抽取出共性的元素就成为大学生社会责任感培养的个体目标。如果从一个人的心理过程来分析的话，这个个体目标可以分为认知目标、情感目标和行为目标。

（1）大学生社会责任感培养的认知目标，就是让大学生从理性层面上理解并认同社会责任感的重要性，培养与社会责任有关的思想意识，形成符合当前社会所要求的社会责任认识，这个认知能够对个体的社会责任情感产生积极的影响，并且能够指导个体做出符合社会责任认知的社会责任行为。社会责任认知与大学生个体的自我意识有密切的关系。一般来说，有良好自我意识的个体在经过培养之后容易达到这个认知目标；相反，具有不良自我意识的个体在培养过程中要想达到这个目标就要付出更加艰苦的努力。

（2）大学生社会责任感培养的情感目标，是在认知目标的基础上所衍生出的情感体验。换言之，在从理性层面上理解并认同社会责任感的重要性的基础上，出现与之相匹配的内心感受，从内心深处特别愿意为了社会的发展而付出自己的全部，感受到自身的存在与社会的发展是息息相关的，即：在形成符合当前社会所要求的社会责任认识的基础上，出现强烈的社会责任情感体验。

（3）大学生社会责任感培养的行为目标，是在认知目标和情感目标的基础上，大学生个体将社会责任认知和情感所积聚的社会责任能量外化为社会责任行为，即：真正做出符合社会规范的对国家、社会、他人、家庭和自身有意义的行动。因此，大学生社会责任感培养的行为目标，是整个大学生社会责任感培养目标的落脚点和最终归宿，也是培养目标是否实现的重要检验标准。

这三个子目标的关系是：认知目标是情感目标和行为目标的统帅，支配着情感目标与行为目标的实现；情感目标是认知目标与行为目标的中介，在二者之间起到调节的作用，情感目标对行为目标起到激励和推动作用；行为目标既是认知目标和情感目标的外化，又是二者是否实现的衡量标准。

2. 社会目标

社会目标是大学生社会责任感培养的社会宏观层面所要达到的目标。大学生社会责任感的培养，不仅要促进大学生社会责任意识的提高和人的全面发展，具有个体目标；更要促进社会的进步与全面发展，具有社会目标。社会目标是比个体目标层次更高的目标。一个社会的发展主要表现为经济发展、政治发展和文化发展，因此，社会目标可以分解为经济目标、政治目标和文化目标，三者是相互联系，相互影响的。

（1）大学生社会责任感培养的经济目标，是促进社会生产力的发展。生产力发展的一个重要因素就是人，具体来说就是人才因素。从这个意义上讲，人才的素质起到了决定性的作用，社会责任感是人才的基本素质之一，通过教育培养，使大学生的社会责任感显著提高，从客观上起到了调动人才工作积极性、主动性和创造性的作用，直接促进生产力的发展。在当前社会主义初级阶段，我国大学生社会责任感培养的经济目标，就是要促进社会主义市场经济体制的建立，促进经济的全面、协调、可持续发展。

（2）政治目标。社会的发展除了要有一定的经济基础以外，还离不开上层建筑的作用。大学生社会责任感培养的政治目标，就是要维护社会主义制度和国家的安定团结，促进我国政治生活的发展与进步，为政治体制改革铺路搭桥。社会责任感教育本身就是为了提升大学生的思想政治水平，从客观上起到加强大学生政治理论、政治理想与政治信念的作用。如果全体大学生都能具有强烈的社会责任感，那么这对于促进社会政治任务的完成和共同政治目标的实现是大有帮助的。

（3）文化目标。文化软实力是一个国家综合国力的重要体现。大学生社会责任感培养的文化目标，就是要促进社会主义文化的全面发展，建设与社会经济和政治发展相适应的社会主义精神文明，提高全民族的思想道德素质和科学文化素质。大学生社会责任感的培养有助于爱国主义、集体主义和社会主义教育的实现，能够增强社会凝聚力，营造良好的社会文化环境，巩固社会主义主流意识形态在全社会的地位。

在大学生社会责任担当教育的社会目标中，政治目标居于核心和主导地位。政治是经济的集中表现。政治目标是在经济目标的基础上形成的，但它又高于经济目标。政治目标代表了一定社会阶级、阶层、集团的根本经济利益，实现政治目标是实现经济目标的根本保证。政治目标还决定着文化目标的性质和内容。经济目标是政治目标和文化目标的基础，没有一定的经济目标就不可能产生一定的政治目标、文化目标。文化目标受到经济目标、政治目标的制约，实现文化目标又是实现大学生社会责任担当教育经济目标、政治目标的必要条件。因此，大学生社会责任担当教育的社会经济目标、政治目标与文化目标构成了一定的层次结构关系。

（三）大学生社会责任担当教育目标的发展

大学生社会责任担当教育目标从空间上看，具有多维性与层次性。从时间上看，则具有顺序性与阶段性。不同发展阶段的大学生社会责任担当教育目标，具有内在的联系及其联结方式，形成了大学生社会责任担当教育目标的发展结构。大学生社会责任担当教育目标从时间维度和发展阶段上划分，可以分为远期目标、中期目标和近期目标。

1. 远期目标

远期目标又称长远目标，是经过相当长时间的持续努力才能实现的大学生社会责任担当教育目标。大学生社会责任担当教育的长远目标反映了社会发展的客观趋势和长远需要，贯穿于大学生社会责任担当教育的全过程，是大学生社会责任担当教育最终要达到的预期结果。大学生社会责任担当教育的长远目标指明了社会责任担当教育长期奋斗的方向和前景，具有根本性、全局性和战略性，因而又是大学生社会责任担当教育的战略目标，对社会责任担当教育和人们的思想行为有着重要的战略指导作用。从我们党的大学生社会责任担当教育实践来看，长远目标就是要实现共产主义的远大理想。共产主义是人类社会发展的最高阶段，共产主义理想是人类社会最崇高的理想。无产阶级大学生社会责任担当教育的长远目标，就是要使大学生牢固树立共产主义远大理想并努力实现这一理想。个体的大学生社会责任担当教育也具有长远目标。对于个人来说，大学生社会责任担当教育的长远目标就是引导受教育者树立远大志向，把个人理想融入社会的远大理想，实现个人一生的发展目标，使受教育者成长为高度社会化的、具有社会所需要的德才兼备的素质，能够对社会有所贡献的人。大学生社会责任担当教育的长远目标对社会和个人的思想道德建设有长期重要的导向和推动作用。

2. 中期目标

中期目标是经过较长时间的艰苦努力，才能实现的大学生社会责任担当教育目标。大学生社会责任担当教育的中期目标反映了社会发展的中期趋势和需要，贯穿于大学生社会责任担当教育从开始阶段到中间阶段的发展过程，是大学生社会责任担当教育中间发展阶段所要达到的预期结果。大学生社会责任担当教育的中期目标，指明了大学生社会责任担当教育的中期奋斗前景，具有阶段性、局部性和过渡性，是大学生社会责任担当教育的战役目标，对社会责任担当教育和人们的思想、行为有着重要的指导作用。

从我党的大学生社会责任担当教育实践来看，相对于共产主义的远大理想来说，建设中国特色的社会主义，把我国建设成社会主义现代化国家，是社会主义初级阶段我国人民的共同理想，也是大学生社会责任担当教育的中期目标。实现共同理想这一中期目标，对今后我国大学生社会责任担当教育和人们的思想行为有着重要的影响。从个体的大学生社会责任担当教育来看，也有社会责任担当教育的中期目标。就个人而言，大学生社会责任担当教育的中期目标就是提高受教育者的社会责任感，促进受教育者的迅速成长，实现受教育者人生发展中间阶段的目标。如果把人的一生划分为少年阶段、青年阶段和成年阶段的话，少年阶段主要是成长阶段，青年阶段主要是成才阶段，成年阶段主要是成就事业阶段。从人的一生来看，个体大学生社会责任担当教育的中期目标就是引导受教育者在人生发展的青年阶段成长为德、智、体全面发展的合格人才。

3. 近期目标

近期目标，是大学生社会责任担当教育在较短时间内能够实现的目标。大学生社会责任担当教育近期目标反映了社会和个人发展的现实需要，是大学生社会责任担当教育当前要达到的预期结果，具有现实性、具体性、可操作性，是大学生社会责任担当教育的战术目标，对社会责任担当教育和人们思想行为的发展有现实的指导作用。

从大学生的社会责任担当教育来看，近期目标就是要引导大学生正确认识和处理改革开放和社会主义现代化建设中的各种现实问题，如国企攻坚、机构改革、改变城乡二元结构，等等，活血化瘀，理顺情绪，振奋精神，为改革开放和社会主义现代化建设提供强大的精神动力。从个体大学生社会责任担当教育来看，近期目标就是要解决受教育者面临的种种思想困惑，比如在大学阶段引导大学生正确认识和处理成才与做人，促进大学生全面发展和健康成长。

三、大学生社会责任担当教育的原则

（一）坚持个体目标与社会目标相统一的目标原则

大学生社会责任感的培育目标是在一定时间内对大学生群体实施社会责任感教育活动所要达到的预期效果。这个预期效果不是单一的，而是复合成为一个目标系统。在这个目标系统中，各个子目标具有明确的依存关系，共同构成大学生社会责任担当教育的总目标。如果用最简单的话来描述这个总目标就是：通过系统的教育培养，使所有大学生的社会责任感都符合社会所要求的高度。既然总目标已经确定，那么所有子目标都要必须符合总目标的要求，不能违背总目标的原则。大学生社会责任担当教育目标的确立，表面上看是教育者所指定的，体现着教育者的主观愿望，但实际上，这个目标既反映了大学生群体的主观需求，又反映了社会发展的客观需要。

大学生社会责任感的培育在制定目标时，既要从大学生的实际情况出发，又要超越实际，面向未来适应社会发展的需要，并且符合党和国家的总的发展目标。可见，大学生社会责任感的培育目标是满足大学生群体和社会发展的双重需要的产物。这就需要在大学生社会责任担当教育过程中要坚持个体目标与社会目标相统一的目标原则。大学生社会责任担当教育社会目标与个体目标是两个不同层次的目标，但又具有内在的联系。

1. 个体目标与社会目标的统一

大学生社会责任担当教育社会目标是大学生社会责任担当教育中带有全局性、普遍性、根本性的目标，是比个体目标更高层次的目标。它对个体目标起着主导、支配作用。

（1）社会目标决定着大学生社会责任担当教育个体目标的形成。大学生社会责任担当教育个体目标是社会目标的具体化。或者说，个体目标是由社会目标转化而来的。有了提高整个民族社会责任感的整体目标，才有提高教育对象个人社会责任感的个体目标。

（2）社会目标决定着个体目标的性质。大学生社会责任担当教育的社会目标体现了一定社会大学生社会责任担当教育的根本性质，因而也决定着大学生社会责任担当教育个体目标的性质。有什么样的社会目标就有什么样的个体目标。

（3）社会目标决定着个体目标的实现。大学生社会责任担当教育个体目标只有符合社会目标的性质与要求，与社会目标相一致，才有可能获得强大的社会支持与社会动力，逐步得到实现。

大学生社会责任担当教育个体目标，是大学生社会责任担当教育中具有个别性、特殊性、具体性的目标，是低于社会目标层次的目标。大学生社会责任担当教育个体目标是社会目标的基础。一方面，个体目标是社会目标的来源。社会目标是个体目标的升华，社会目标只有来源于个体目标才能高于个体目标，并对个体目标的形成起普遍指导作用。另一方面，个体目标是实现社会目标的基础。社会的经济发展、政治发展、文化发展都是以人的全面发展为前提的，只有提高受教育者个体以社会责任感为核心的综合素质，促进每个人的全面发展，才能提高整个民族的思想道德素质和科技文化素质，促进社会的经济发展、政治发展、文化发展，全面实现社会责任担当教育的社会目标。

因此，只有把大学生社会责任担当教育社会目标与个体目标结合起来，相互促进，才能使大学生社会责任担当教育不同层次的目标得到实现。

2. 近期目标、中期目标与远期目标的统一

近期目标是中期目标与远期目标的基础。大学生社会责任担当教育近期目标是大学生社会责任担当教育发展过程中起始阶段的目标，是大学生社会责任担当教育目标发展链条的首要环节。只有形成了大学生社会责任担当教育近期目标，才有可能在此基础上发展和形成大学生社会责任担当教育中期、远期目标。只有实现了大学生社会责任担当教育的近期目标，才能积累经验、增强信心、创造条件，有力推动大学生社会责任担当教育中期、远期目标的实现。

大学生社会责任担当教育中期目标，是连接近期目标和远期目标的纽带与桥梁。对于近期目标与远期目标来说，大学生社会责任担当教育中期目标起着承先启后的作用。大学生社会责任担当教育中期目标是大学生社会责任担当教育发展过程中间阶段的目标。它对大学生社会责任担当教育近期目标的制定和实施起着指导与制约作用，对大学生社会责任担当教育远期目标的实现起着铺垫作用。大学生社会责任担当教育中期目标既是大学生社会责任担当教育近期目标发展的必然结果，又是大学生社会责任担当教育远期目标实现的必要准备和必经阶段。

大学生社会责任担当教育远期目标，是近期目标与中期目标的指南。大学生社会责任担当教育远期目标是大学生社会责任担当教育根本的、长远的、最高的目标，它贯穿在大学生社会责任担当教育的全过程，体现了一定社会阶级、阶层和集团的根本利益和大学生社会责任担当教育的本质要求，反映了社会发展的客观规律和大学生社会责任担当教育的

总趋势，从根本上规定了大学生社会责任担当教育近期目标与中期目标的性质和方向。大学生社会责任担当教育近期目标与中期目标的制定和实施始终受到远期目标的支配和制约。

大学生社会责任担当教育远期目标、中期目标、近期目标的关系，就是战略目标、战役目标和战术目标的关系。大学生社会责任担当教育战略目标决定着战役目标与战术目标，大学生社会责任担当教育战役目标与战术目标服从、服务于大学生社会责任担当教育的战略目标，三者之间相互联系、相互作用，形成了依次递进的发展结构关系。

（二）坚持传递过程与接受过程相符合的过程原则

大学生社会责任感培养的过程，是教育者根据一定社会的社会责任感的要求和大学生社会责任感形成发展规律，对大学生施加有目的、有计划、有组织的教育影响，使大学生个体产生内在的思想转化，并形成社会所需要的强烈的社会责任感的过程。这个过程的实质就是把一定社会的社会责任规范转化为大学生个体的社会责任感，并外化为社会责任行为。

大学生社会责任感的培养过程，是教育者和大学生共同参与、相互作用的过程。无论离开了哪个方面，教育过程都不能成为完整的过程，以往的研究主要集中在对教育者的探索上，这是正确的，以后还要继续坚持；但是，如果仅仅研究教育者，忽略了大学生自身的客观特点和主观能动性，就会使研究视域发生偏颇，不利于大学生社会责任感培养目标的实现。因此，要把大学生和教育者放在同等重要的位置来研究，换言之，教育者的组织、引导、教育与大学生能动的认识、体验、实践是内在统一的，我们要注重教育过程中的传递过程与接受过程相符合。

1. 传递过程

大学生社会责任感培养的传递过程，是由若干个相互关联的阶段组成的。这些阶段有明确的先后顺序，教育者在开展教育活动时，必须按照顺序进行，这是社会责任感培养所必须遵循的一般工作程序。这个工作程序包括三个阶段：制订方案阶段、教育实施阶段、检验评估阶段。

（1）制订方案阶段，是由以下一些基本步骤组成。

第一，全面搜集大学生社会责任感的信息，从中发现存在的问题，在实践中我们会发现，大学生存在的社会责任感问题是多种多样，并且在不断变化的。这些问题相互联系、相互影响，各有主次，性质各不相同，发展趋势也有所差别。因此，教育者要在纷繁复杂的问题中分清主次，抓住主要矛盾和矛盾的主要方面。

第二，制定社会责任感培养的具体目标。目标不是教育者随意确定的，必须要充分考虑各种影响因素，遵循客观规律。

第三，制定培养计划。教育者要先拟定各种备选方案，再从各种备选方案中优中选优，对于选定的培养方案要特别注重细节，使之逐步趋于完善。

（2）教育实施阶段，是大学生社会责任感培养过程的中心环节，主要任务就是将培养方案付诸教育实践。实施阶段的中心工作就是组织好各项社会责任感的教育活动。教育者要加强对各种教育活动的组织和指导，如果组织的不好，就不会产生令人满意的结果，因此，教育者要精心筹划、率先垂范、积极组织，使各项活动顺利实施。另外，大学生社会责任感培养的教育活动要尽可能地与大学生的学习和生活联系起来。调动大学生的学习积极性。各项活动要因地制宜、因材施教、丰富多彩，具有吸引力。并且各项活动要讲求实效，不可太多太滥，要坚决杜绝形式主义和走过场。

检验评估阶段是依据一定的标准，运用测量和统计分析的方法，对社会责任感教育过程及其效果进行质性评判和量化估价的活动，是社会责任感教育过程的最后一个阶段。评估内容要包括教育过程的目标是否实现，内容是否合适，方法是否恰当，师生互动是否正常，大学生的社会责任感是否有所提高等。大学生社会责任感培养的传递过程是一项艺术性很强的工作，没有固定的形式，具有灵活性和多样性的特点，各个环节要相互渗透、循序渐进、逐步深入。

2. 接受过程

大学生社会责任感培养过程中的接受过程，是指大学生将社会所要求的社会责任内化为大学生的社会责任感，然后将内化的社会责任感转化为相应的社会责任行为和行为习惯的过程。简单地说，包括内化与外化两个子过程。

内化是人对外部事物通过认知转化为内部思想的过程。用信息加工的观点来说，就是把外界输入的信息经过编码、存储和再加工的过程。法国学者迪尔克姆认为，内化的基本过程是从“纪律”发展到“自主”的过程。他指出，道德是一个命令的体系，而个人良心只不过是这些集体命令内化的结果。笔者认为，社会责任感的内化过程就是个体真正接受社会所要求的责任，并将其纳入自己的态度系统中，成为自己意识领域中的有机组成部分，成为支配、控制自己思想、情感和行为的内在力量的过程。内化过程是一个从感受到分析再到选择的内部过程，这一过程伴随着一系列心理变化。其中，分析和选择是最重要的环节，只有经过大学生自觉地选择、消化、吸收，社会责任所要求的规范才能在个体的思想中稳固下来。

内化完成之后，接受过程可以说已经完成了一半，接下来就是外化过程。外化与内化是紧密联系在一起的，但二者有所不同，内化是把“社会要求我这样做”变为“我要这样做”，外化则是把“我要这样做”变为“我正在（已经）这样做”。内化是外化的前提和基础，外化则是内化的最终目的。社会责任感的外化是将头脑中形成的社会责任意识转化为社会中责任行为和行为习惯的过程。

具体来说，在社会责任动机的驱使下，大学生会选择社会责任行为途径和形式，动机在其中扮演了一个重要的推动作用，动机环节是教育者不可忽视的，社会责任行为一旦形成之后，就需要在行为的多次反复强化中变成习惯。习惯的养成是非常重要的，因为行为具有偶然性和情境性的特点，参考价值不大，只有社会责任行为习惯的养成才能看成是社会责任感培养的最终目的。因此，社会责任认知、情感和意志的培养最终都要落实到行为习惯上来。

培养过程中的传递过程与接受过程是辩证统一的，传递过程是接受过程的前提和基础，接受过程是传递过程的目的和最终归宿，二者互相影响，共同制约大学生社会责任感的形成和发展。从教育者的角度来说，整个大学生社会责任感的培养过程要力求做到传递过程与接受过程的统一。这是因为从学习的角度来说，大学生是受教育的主体，一切教育理念、方法和过程都必须符合大学生自身的特点，符合内化与外化的科学规律，如果不能做到这一点，任何精心策划的教育都不能起到良好的效果，因此，传递过程要符合接受过程的规律。

在教育过程中，教育者要充分尊重大学生的主体地位，了解并掌握大学生的学习规律，这是增强大学生社会责任感培养实际效果的关键所在。具体来说，重视大学生的学习规律，就是把握社会责任感培养中的学习心理规律，所有的培养过程都要符合这些心理规律，传递过程和接受过程共同决定着大学生社会责任感培养的成败。

（三）坚持经典方法与新型方法相结合的方法原则

方法是指人们在认识世界和改造世界的过程中，为了达到预期目的而采取的手段或方式。传统的大学生社会责任感的培养方法较为单一，除了学校中思想政治理论类的课程以及平时的宣传教育以外，几乎很少有新颖而又可操作性的方法。随着时代的发展，大学生的思想意识也在发生着深刻的变化，这就要求高校思想政治工作者要紧跟学生思想变化的趋势，准确把握时代脉搏，在工作中因势利导，采用适合大学生思想发展水平的教育方法，把传统的经典方法与现代新型方法相结合，创造性地开展大学生社会责任感培养工作。

1. 经典方法

大学生社会责任感培养的经典方法也称传统方法，是高校思想政治工作者最为擅长，也是在实际的教育工作中运用最多的方法。无论什么样的方法都必须要遵循一定的原则。

（1）科学性与方向性相结合的原则，科学性是指大学生社会责任感教育的方法要具有真理性和规律性，坚持用马克思主义理论和思想政治教育学科的具体理论为指导；方向性是指教育方法要具有政治性、价值性和合理性。在教育培养中必须坚持社会主义和集体主义的价值取向，以正面教育为主，体现出实事求是的科学态度和实践精神。

（2）理论与实践相结合的原则，理论联系实际本身就是思想政治教育的一条基本原则，这条原则也同样适用于大学生社会责任感教育。在教育过程中既要注重理论教育，又要注重实践教育，用理论指导实践，强调行知统一。

（3）疏通和引导相结合的原则，疏通是让大学生把自己对于社会责任的想法充分讲出来，以便教育者真正了解问题。引导是在疏通的基础上，对正确的社会责任感旗帜鲜明地加以认可和鼓励，对错误的社会责任认识通过说服教育加以指正的方法。

在以上这些原则的指导下，大学生社会责任感培养中的具体的经典方法就应运而生了。①思想政治理论课的课堂教学是大学生社会责任感培养的主要阵地，通过教师的认真讲解，将社会责任灌输给学生，从而提高大学生的社会责任感；②高校中的各种宣传活动也是一种有效的教育方法，通过各种宣传栏或校园广播等形式开展，既开阔了学生的视野，又丰富了学生的感知；③以志愿服务活动为主的各种课外实践也能使大学生从认知、情感、行为和环境四个方面都得到社会责任的熏陶和锻炼。这些经典方法在一定程度上对相当一部分大学生的社会责任感的形成和发展起到了作用，使他们的社会责任感有所提高，但并没有达到理想化的教育效果。面对大学生思想变化的新形势，适用于大学生社会责任感培养的新型教育方法受到了教育界人士的广泛关注。

2. 新型方法

（1）新型方法的特点。相比传统经典方法，大学生社会责任感培养的新型方法应具有以下一些特点。

第一，针对性。针对性就是在面对不同的社会责任感问题时教育者能从实际出发，做到有的放矢，用不同的方法来解决问题，实际上就是实事求是的原则在社会责任感培养中的运用。在具体的运用当中，教育者要分析每个教育对象的具体特点以及引发社会责任感问题的具体原因，再实施有针对性的解决措施。

第二，创新性。大学生的思想状况是随着时代的发展不断变化的，为了适应新情况、新问题，大学生社会责任感的培养方法也应在继承传统的基础上有所创新。这就要求教育者要具有与时俱进的视野以及开拓进取的精神，及时吸收和运用其他相关学科研究的新成果，创造性地提出大学生社会责任感培养的新方法。

第三，综合性。综合性是指教育者在熟练运用各种大学生社会责任感培养方法的基础上，在实际工作中把他们进行综合运用，使各种方法的长处能够发挥到极致。因为大学生的思想行为是复杂多变的，受到主客观因素的共同影响，只有将各种方法整合运用才能起到令人满意的效果。

第四，实效性。实效性是指新方法在运用于大学生社会责任感教育实践时应具有可操作性，产生的结果具有有效性和可靠性。特别是讲求社会责任感培养的工作效率，这是培养效果的检验标准之一，提升培养的工作效率，也是社会主义现代化的要求。

（2）新型方法的具体内容。

第一，系统分析法。系统分析法是一种借助于现代科学研究中所产生的系统论的方法。系统论认为，任何一种事物都可以作为一个完整的系统进行研究，社会责任感的培养也是一样。把整个培养工作作为一个完整的系统，分析这个系统内部的构成要素以及各个要素之间的联系，要素与系统之间的联系，从中发现大学生社会责任感变化的规律，在此基础上提出具体的方法。

第二，比较教育法。比较教育法是一种将两种或两种以上的事物进行比较，从而启发受教育者的思考，从而达到教育效果的方法。对于社会责任感而言，纵向的古今比较和横向的中外比较都是可以借鉴和运用的，另外，正确与错误的比较鉴别法在社会责任感教育中也是非常有意义的，大学生能够在别人错误的行为中吸取经验教训，明辨是非，从而批判错误的责任观，接受正确的责任观。

第三，综合教育法。综合教育法是教育者在借鉴各种有效的教育方法的基础上，创造性地将这些方法加以整合，使之协调综合，发挥同向教育作用的教育方法。在运用的过程中，可以整合教育与自我教育的资源，整合教育与管理的资源，整合家庭、社会、学校以及自我的资源，使之共同发挥作用，从而达到提升大学生社会责任感的目的。

第四，情感体验法。情感体验法是指在教育者的指导下，大学生对社会责任产生一种心理上的主观感受，在这个主观感受的基础上，形成理解、验证和认同的教学方法。其核心在于作为教学活动主体的大学生通过社会责任感的教学产生独特的情绪体验，并全身心投入到体验之中，通过共情和体验活动的不断积累情感作用，最终形成个体所特有的社会责任情感倾向。这种情感倾向有利于大学生个体对社会责任的内化和外化。

经典方法与新型方法各有其自身的优势，经典方法是经过多年的实践检验所形成的教育模式，优点在于成熟性，缺点在于刻板性；新型方法是教育者根据新的实际情况探索出来的适合当代大学生的方法，优点在于实效性，缺点在于不成熟性。在教育工作中，把经典方法的成熟性与新型方法的实效性相结合，取长补短，在社会责任感的培养中就能够起到满意的效果。例如，对于一些教育效果比较好的大学生可以运用经典方法巩固教育成果，对于那些一直以来教育效果都不明显的大学生就可以尝试运用新型方法来加以改进。

以上这些方法，是党的思想政治教育的优良传统在大学生社会责任感培养中的具体体现，随着思想政治教育学科的不断发展和理论研究的不断深入，一些新的原则方法必然会随着时代的脚步应运而生。因此，作为教育和科研工作者，应紧跟时代步伐，推陈出新，不断探索大学生社会责任感培养的方法论。

（四）坚持微观环境与宏观环境相匹配的环境原则

大学生社会责任感的培养环境，是指影响大学生社会责任感的发展和培养教育的一切外部因素的总和。相对于大学生的主观精神世界和教育者的教育方法而言，它是社会责任感培养所面对的外部客观存在。大学生社会责任感的培养环境是一个复杂的系统，一般来说，包括社会责任感培养对象（大学生）所生活的环境和社会责任感教育活动的所有外部条件（自然环境和社会环境）。相比自然环境而言，社会环境在大学生社会责任感的培养中起着更加重要的作用。因此，以下是以社会环境为环境因素的主要研究对象。

1. 环境特点

大学生社会责任感培养的环境按其影响范围划分，可以分为宏观环境和微观环境。无论是哪种环境都有以下特点需要引起关注。

（1）复杂性。影响大学生社会责任感的发展以及社会责任感教育活动的环境因素看似只有几大类，但实际上非常复杂。在社会生活中，凡是与大学生的生活、学习、交往有关的因素都可以影响他们的社会责任感，影响社会责任感的教育活动的进行。这些环境因素中，有良性的，有恶性的；有积极的，有消极的；有先进的，有落后的。各种环境因素总是混杂在一起，同时影响大学生的思想和行为。

（2）开放性。开放性是指各种环境因素在时间上和空间上都没有固定界限。从时间上来说，大学生社会责任感既与当前社会状态有关，又会受到传统思想和未来发展趋势的多重影响，换言之，人的思想既联系着历史又联系着未来。从空间上来说，几乎凡是大学生生活的一切地方都会对他们的思想状态产生影响，特别是现代高科技信息传输技术的发展，使大学生可以跨地域甚至跨国界的交流，人与人的交往空间迅速扩大，因此，宏观环境在空间上已经没有明确界限。

（3）易变性。易变性体现在两个方面：一方面，大学生的学习和生活条件在不断变化，其思想意识也在随着年龄的变化而变化；另一方面，社会环境的方方面面都在变化，从经济环境、政治环境到文化环境，都是容易发生变化的，环境的开放性与易变性是统一的，开放必然易变，易变也进一步推动了开放。

2. 宏观环境

宏观环境又称为大环境，是指社会的经济、政治、文化环境，还包括更加复杂的国际环境。21 世纪以来，我国的经济环境出现了巨大的变化，不同的利益主体都面向更加自由的市场进行自主竞争，形成了多元的价值取向。这些价值取向势必会对大学生的社会责任感造成影响。优化经济环境、政治环境和文化环境已经刻不容缓，优化宏观环境对于整个大学生思想政治教育工作是非常有益的，对大学生社会责任感培养更是起到了雪中送炭和锦上添花的作用。从社会大环境的角度讲，外敌入侵能够激起大学生的爱国之情，自然灾害能够激起大学生的同情之心，和平发展能够激起大学生的建设情感，这些都有可能成为大学生社会责任感提升的催化剂。相对于传统环境因素的影响，我们需要更加注重宏观环境中出现的一些新型事物的教育作用。例如，媒介环境和虚拟环境。媒介环境就是大众传媒所构建的宏观环境，这对于大学生社会责任感的影响是巨大的。

因此，大众传媒应该在宣传社会责任方面多出精品节目，始终把握正确的舆论导向。虚拟环境是由互联网所构建，把全世界都连在一起的宏观环境。信息量大，种类繁多是虚拟环境的特点，如何建立一个传递更多良性信息、更多宣传社会责任感，是相关行业和部门共同面临的挑战。

3. 微观环境

微观环境又称为小环境，是指与大学生的活动直接相关的局部环境因素。例如，家庭环境、学校环境、社区环境等。微观环境对大学生社会责任感的影响是直接的、迅速的。其中，家庭环境和社区环境的影响具有原始性和深刻性，学校环境的影响具有促进性和可变性。要想使大学生社会责任感的培养具有时效性，微观环境的各种因素的影响都是不可忽视的，也是可以加以有效利用的。家庭是一个人价值观形成的摇篮，对社会责任感的形成和发展具有深刻的影响，要把社会责任感的培养渗透到每个大学生的家庭之中。教育工作者要树立教育家长就是教育学生的思想，努力提升家长的社会责任感，通过家长对学生的影响就能间接提升学生的社会责任感。学校环境的教育因素是教育者相对容易把握的，改善学校的文化氛围，提升教师和其他管理者的道德素质都是提升大学生社会责任感的有效途径。

在大学生社会责任感的培养中，微观环境在独立发挥教育作用的同时，要与宏观环境相匹配，二者不可偏颇，也不能互相抵触，不然会使各种环境教育因素互相抵消，不能够发挥同向作用，降低大学生社会责任感培养的效果。对于整个社会责任感教育过程来说，宏观环境是巨大而全面的教育因素，微观环境是直接而持久，具体而深刻的教育因素。宏观环境制约微观环境，微观环境是宏观环境发挥作用的基础，二者的有效匹配，才能共同发挥出重要的教育作用。

第二节 大学生道德责任担当教育

责任是一个古老而重要的话题，在道德规范的整个体系中，道德责任居于最高层次，道德责任意识也成为衡量人的道德觉悟程度和道德境界高低的重要标志之一。人的德行能力，在一定程度上，取决于人的道德责任意识的能力。责任教育是道德教育的核心内容。成功的道德教育实际上是教人负责地去行动，培养有道德责任感的人。当代大学生是未来祖国建设的生力军，他们的责任意识和责任能力直接关系到我国社会主义事业的兴衰成败，关系到中华民族的伟大复兴。高校道德责任教育是要帮助大学生塑造科学的责任观，培养他们的责任感和负责精神，并外化为忠于祖国、献身社会、关心他人、保护环境、完善自我的责任行为。重视大学生道德责任意识的养成，实际上是塑造人的心灵秩序。关注高校道德责任教育，重振道德，即培养负责任的公民，使他们学会负责，做一个有责任心的人，过一种负责任的生活。

一、道德、道德责任与道德责任教育

（一）道德的含义

道德是一定社会、一定阶级向人们提出的处理个人与个人、个人与社会之间各种关系的一种特殊的行为规范。通过这一概念可以知道，道德是以善恶为标准，调节人与人之间和个人与社会之间关系的行为规范。道德总是扬善抑恶的，道德与法律不同，它是依据社会舆论、传统习俗和人们内心的信念来维持的。道德以能动的方式来把握世界，引导和规范人们的社会实践活动。人们通过对道德的把握来感受社会关系的脉搏，识别社会发展的方向，确定自身生存发展与社会和自然的关系，并形成自己关于义务和责任的观念，自觉地扬善抑恶、明辨荣辱、选择高尚，保持社会和个人的健康发展。

（二）道德责任的内涵

“道德责任是指具有独立行为能力的道德主体以社会客观道德价值为评价标准，履行对他者（包括人、事、物）的责任，并愿意承担由此带来的后果。”① 道德责任是一个具体的历史范畴，在不同时代和社会中其责任的内容和限度是有所不同的。但是从一般的意义上讲，一个人必须对他能够做到的事情和选择的行为负道德责任，同时道德责任也是一个重要的伦理学范畴。它包含两方面的含义：①在一定的道德意识支配下，人们对社会、集体、他人所主动承担的责任；②人们对自己行为的过失及不良后果在道德上所应该承担的责任。无论从哪个角度来解释道德责任，都要具有道德评价体系、行为主体、责任客体这些要素。道德评价体系是一个社会是否进步和文明的重要标志，完善的道德评价体系对公正合理地进行善恶评价具有重要意义，它在社会对道德的考察中具有标尺、监督和教育的作用，是创造良好的社会道德环境的基础。

道德责任的行为主体分为个人和社会，其中道德责任的社会主体主要是有着共同利益的团体，在探求责任的承担者时以整个团体为研究对象。道德责任的客体可以分为三类：第一类是生命客体，是指个体要对自己的生命负责；第二类是事件客体，是个体在行为可以自由选择的前提下所造成的或善或恶的社会后果，是主要的责任载体，其他的客体都能通过这种途径表达出来；第三类是环境客体，人类已经进入信息时代，人类的主体性逐渐增强，对自然环境的负面影响日渐增加，人类对自然环境也应该担负起自身的责任。

道德责任是人们为自己行为的善恶所应承担的责任。与法律责任、经济责任相比，道德责任更体现为一种精神自律性，是由于尊重规律而产生的行为必要性。所以，道德责任从根本上说体现为个体对道德的体悟与尊重。可见，道德责任本质上是对外在的道德义务的内心认同，它是人们主动意识到的义务。道德义务与道德责任，是同一种道德、命令在人之外和在人之内的两种表现形式。道德责任所包含的道德的内在强制力和道德理性，相对于其他道德规范而言，是最集中、最强大和最多的，也是社会的道德要求和个人的道德信念结合得最紧密的。

公民道德责任是指公民由其公民资格所赋予的，并得到对国家、社会、他人的道德义务和道德使命以及对他自身行为后果的善恶的承担。公民道德责任在公民道德建设中具有重要作用。在社会生活中，人们承担各种各样的责任。从责任的性质和内容看，有政治责任、经济责任、技术责任、法律责任、道德责任；从责任的主体看，有社会责任、集体责

① 邹贵波．道德责任：内涵、特征及体系建构［J］．湖南广播电视大学学报，2021（02）：44.

任、个人责任等；从责任的对象看，有对社会的责任、对集体的责任、对别人的责任、对自己的责任等。道德责任是一个重要的伦理学范畴，它涉及道德领域许多根本性的理论问题。在道德活动中，道德主体对其道德选择有不可推卸的责任，因为道德主体的选择是自由做出的，绝非外界强加的。道德责任与道德义务既有联系又有区别。道德责任通常称为应尽的道德责任，它和道德义务的含义是一致的；道德义务称为应负的道德责任，同道德义务的含义又有区别。

道德责任与法律责任和经济责任相比，具有显著的特点。从本质上来看，道德责任主要是自觉自愿承担和履行的，其他责任的承担虽然也有一定程度的自觉自愿，但主要还是依靠强制手段来保证的。而道德责任的承担虽然也有某种强制性（主要是舆论的强制），但主要是靠人们的自觉，即人们自觉意识到这是有利于他人、社会、民族的，是应该做的，同时又是人们的意志愿意选择的。正因为如此，道德责任的履行和承担需要有较高的精神境界。

从量上来看，道德责任所承担的范围更为广泛。一般来说，其他责任都有比较明确规定的特定范围，例如，法律责任是指违法或犯罪行为在法律上应负的责任和其他法律上规定应承担的责任，而且它还有一定的年龄限制；经济责任则是指经济领域中按经济合同、协议规定的责任。而道德责任则不限于某一特定领域，它贯穿和渗透于社会各种领域的责任之中，在许多情况下，应负政治、法律、经济、行政责任的行为或事情，同时也要负道德责任。不仅如此，由于道德责任具有自觉自愿的特点，它还包括许多对社会、国家和他人应尽的责任。不过，道德责任的范围也不是没有限度的。

（三）道德责任的特征

1. 道德责任是主观性和客观性的统一

道德责任不是上帝赋予的，也不是个人意愿所决定的，道德责任具有客观性。道德责任的客观性体现为特定伦理关系中的职责和任务。道德责任是人类为了生存，在通过与他人的交往过程中产生的。人们在社会实践中，客观上必然具有一定的任务、使命和规定，具体表现为每个人承担责任的不可推卸性。道德责任作为道德的一个方面，同时具有主观性，道德责任的主观性体现为对职责、任务的意识，即责任意识、责任感。仅仅有客观伦理关系的存在和职责、任务的规定还不能成为道德责任，道德责任的形成有赖于主体对这种客观伦理关系规定的职责和任务的主观认同，即把客观伦理关系规定的职责、任务内化为自我自觉的认识，形成一定的责任意识、责任感。责任感是道德行为的强大精神推动力，它把冷冰冰的强制性的职责和任务转化为活生生的充满激情的使命感。在责任感中，客观的要求变成主观的自觉，外在的他律变成内在的自律。

道德责任主观性的方向和程度取决于利益的回报，人们为社会和他人尽责，得到的利益和荣誉是尽责的动力。道德责任的主观性表现为对信念和理想的追求，人们通过对信念和理想的追求去获取正当的利益。道德责任的客观性和主观性统一于人们的认识和实践中。人们在生存和发展中产生的种种要求，只能建立在现实的基础之上。先要考虑这种要求的可能性，这种要求是能力可以胜任的，是条件允许的，再要求人们在尊重客观现实的条件下，努力去承担责任。这样才能使个人在社会中的各种需要得到最大限度上的满足，同时也能促进社会的发展。总之，在道德责任中，既有客观的要求又有主观的意识，既有他律又有自律，整个道德责任的实现是一个主观与客观、自律与他律、内在与外在的相互结合与相互转化的过程。

2. 道德责任是前瞻性和追溯性的统一

前瞻性的道德责任有两层含义：一是指个体能对自己的行为后果做出理智的判断，能预知后果的善恶，从而选择作为或不作为；二是指个体在行为过程中的自觉程度。追溯性道德责任主要是指个体能主动承担行为的社会道德后果，即对行为所造成的善的社会后果，接受它的功，对恶的方面承担它的过。伦理学意义上的道德责任理念，不仅应在主观上意识到并履行自己的道德责任，而且必须在行为后果的意义上承担自己的道德责任。因此，道德责任是前瞻性道德责任和追溯性道德责任的统一，人们不能成为一种类似于靠发条驱动的机械存在，要把前瞻性的道德责任和追溯性的道德责任结合起来，让自己的行为选择具有道德价值。

3. 道德责任是功利性与价值性的统一

功利性的道德责任观点很重视利益和幸福在履行道德责任过程中的意义。道德责任是个人为获得更大的功利或幸福而遵守外在的客观要求，是一种获利的策略和工具，利益是道德责任存在的最有力的佐证。道德责任并不只是产生于社会发展的需要，更重要的是产生于个体生存、发展和完善的需要。这是一种更深层次的需要，即利益。在实行市场经济体制的今天，在人们普遍强调个体利益的情况下，功利性的这一面就比较明显。道德责任的价值性是指道德责任对个人还有超功利性的一面，即价值性的一面，它既是人自我发展、自我完善的一种方式，也是人自我发展、自我完善的内容和目的。一个人有无道德，能不能担负起自己的责任，能不能遵守道德规范、维护社会秩序，标志着他是否真正地由生物意义上的人转化为社会意义上的人。个体社会化的过程就是在不断地承担责任中实现自我、发展自我、完善自我的过程。在这个意义上，道德责任是最伟大的价值。道德责任产生于社会发展和个体生存发展与完善的需要，也是人生存、发展、完善的一种方式和最终目的，而承担责任又是善与利益的通道，是实现社会进步发展和个人自由与解放的必由之路，所以，道德责任是功利性与价值性、工具性与目的性的统一。

（四）中西方文化中的道德责任观

中国文化特别注重个人对他人及国家的责任，强调个人的责任义务感和对国家的崇高敬意感。在中国落后的封建制度下，伦理关系是社会基本和主要的社会关系，不同的伦理角色有不同的社会地位和责任。个体的道德责任也就对应着个体在人伦关系中的相应地位和相应的伦理角色。中国传统道德对个体的伦理角色有着明确的规定，关系相对简单，责任相对明确，个体知道自己的社会地位是什么、社会责任是什么。但它也有消极的一面，它带来个体的道德责任观缺乏，而且具有单向性。宗法伦理下的责任主体处在严格的等级制度中，“上”对“下”有着绝对的权威，“下”要绝对地服从“上”，道德主体没有现代意义上的自由平等。在这样的情况下，道德实践就表现出权利与责任的分离、自由选择与责任的分离和责任的单向性。

西方对道德责任的认识有三种类型：第一种是建立在自由和权利基础上的道德责任论。这种责任观主要基于契约结构，即个体的权利和自由有一定的限度，个体因为行使了契约结构里的权利和自由，因而要遵守契约里的相应规定，也就是履行自己的道德责任。第二种是建立在美德基础上的道德责任论。这种责任观认为道德责任是一个人基于美德而履行各种规范准则的最好的伦理阐释，个体负有的道德责任根植于人是有尊严的；第三种是建立在功利基础上的道德责任。这种责任观重视利益和幸福在履行道德责任过程中的意义。把责任看成是对道德规律无条件的服从，责任意味着做应该做的事情，责任是对规律的尊重，而规律是先天的，并且是至高无上的尊严。人的一切都来自规律毋庸置疑的权威，来自对规律无条件的尊重。无论基于哪种认识，西方道德责任观都承认道德责任的个体是平等的、自由的。

（五）道德责任教育

道德责任教育是指教育者根据社会对受教育者所提出的道德责任要求和受教育者道德水平发展的心理规律，使其掌握一定的道德责任规范，并通过其内心体验，逐步形成一定的道德责任感，养成道德责任行为习惯的活动。其关键在于培养人的道德责任感，使之成为一个负责任的人，学会负责任地生活。道德责任教育的目的在于使社会上的人认识到自己应有的道德责任，然后每个人去履行自己的道德责任，如果没有履行自己的责任，最后还要承担其后果。

道德责任教育的实质就是如何做人的教育，作为个人，不仅要对自己、家庭、他人负责，还要对集体、社会、环境负责；不仅要对现在负责，还要对未来负责。这是社会上的每个人都应尽到的责任，而对于当代的大学生来说更是义不容辞，要求应更高一些，因为他们肩负着人民的期望，将来是祖国的栋梁。道德责任教育既不同于法律责任教育、经济责任教育，也不同于行政责任教育，更不同于一般的道德教育，它突出强调的是人人应具有的道德责任。

二、大学生道德责任教育的重要意义

（一）提高大学生整体的道德素质

社会主义精神文明建设的基本任务是提高全民族的思想道德素质，这是一项长期而艰巨的任务，靠全体人民的共同努力才能实现。高等院校肩负着培养社会主义建设人才的重要任务，加强对大学生的道德责任教育是提高全民族道德素质的关键。大学生正处于人生观形成的关键时刻，加强对大学生的道德责任教育，能够帮助他们形成科学的世界观、人生观、价值观和道德观，为他们校正人生的航向，使他们健康成才，成为全民族中有较高知识水平和较高道德修养的一代新人。大学生与社会有着各种各样的联系，同样受到来自社会积极健康的影响和消极病态的影响。多数学生有着为社会主义现代化建设贡献力量的雄心壮志，但也有部分学生缺乏远大理想和社会责任感；有些学生由于受市场经济消极因素的影响，有许多的人生困惑。加强对大学生的道德责任教育，帮助他们扫除成才道路上的思想障碍，是提高全民族道德素质的一个重要内容。加强大学生的道德责任，可以为他们将来建功立业指明航向、提供精神动力和思想保证。总之，大学生道德责任的提高，关系到将来全民族道德素质的提高，意义十分深远。

（二）推动社会和谐发展

在当代，高科技信息的迅猛发展给社会生产和生活带来了巨大的变化，它在给大学生的发展创造条件的同时，也要求大学生承担起推动社会发展的道德责任。在高科技信息的推动下，经济全球化进程的步伐日益加快，它给国家提供了发展的机遇，也提出了严峻的挑战，现实的市场经济体制又容易使人们因为经济利益而忽视道德责任。因此，教育大学生坚定社会主义信念、抵御西方资产阶级思想文化侵蚀的历史重任依然艰巨。加强道德责任教育，提高一代又一代社会主义事业接班人的责任素质，是我们事业发展的客观需要。

现今，中华民族正处在走向和谐、富强、民主、文明的重要历史阶段，一个科技和经济良好发展的社会，或者说一个可持续发展的和谐社会。从道德层面上讲，就是社会要保障每个社会成员的选择权利；同时也要求社会成员对自己的行为负责，以维护社会安定，保证和谐的人际关系。

（三）增强大学生的自我管理能力和学习动力

大学生自我管理就是大学生进行自我认识、自我评价、自我约束和自我激励的活动，责任意识是一种自我约束的价值取向，大学生责任意识是大学生自我管理的重要内容，大学生的自我管理是责任意识教育的最终目标。通过责任意识教育，帮助学生树立责任意识，教育大学生加强学习管理、交往活动管理、行为动力系统管理和自我控制能力的管理。大学生是民族的希望、祖国的未来，通过大学学习，他们会成为现代化建设中各行各业的专门人才。大学生在学习的过程中，会面临种种困难，有学习上的困难，也有对外界的迷惑，所以需要强大的动力支持，而正确的责任意识能够为大学生提供激励学习的强大动机。为祖国的繁荣富强贡献自己的力量、回报父母的辛勤培养、实现自己的人生追求，这些都是对个人、他人、社会的责任，同时也是激励大学生努力学习的动力。所以，强烈的责任意识是促进大学生努力学习、全面发展，从而更好地承担重任的强大动力。

（四）有利于构建和谐校园

学校中教师与同学之间关系融洽、协调、平等、友爱是建设和谐校园的主要内容，大学生责任意识教育有利于引导大学生树立正确的思想观念，抨击校园不正之风，营造良好风气，从而达到构建和谐校园的目的。

责任意识教育可以培养大学生的健康心理，良好的心理对大学生的行为能产生积极的推动作用，良好的行为是和谐校园的重要保证。责任意识教育还可以增强大学生处理各种矛盾的能力。大学生是思想活跃的青年群体，面对纷繁复杂的社会现实和千差万别的社会现象，承受着家庭经济、社会交往、学业、就业等压力。思想困惑和面临的问题逐渐增多，矛盾日益突出，责任意识教育能够让学生意识到自身的责任，妥善解决好学习生活等方面的问题，化解矛盾，促进校园中不同关系的协调。

（五）实现人的自我价值和社会价值

人的社会化过程就是培养自己的道德责任感的过程。责任是作为人的本质规定，只有具有责任感的人才能对自己负责，创造并推进和谐社会的发展。归根到底，社会是以人为主体的。人的道德责任是社会对个人的一种规定、一种使命。它有两个方面的意义：一方面，人必须承担一定的职责和任务，这是由人的社会属性所决定的。为他人和社会服务，即承担自己所扮演社会角色的职责和任务，这既是个人的生存手段和社会发展的必要条件，又是维系人与人之间、个人与社会之间关系的最基本的纽带；另一方面，人必须对自身行为的后果负责。既然人在现实生活中表现出来的行为是在社会实践中选择的结果，那么，人对自己选择的行为就负有不可推卸的责任。否定责任也就意味着否定了选择，否定了权利和义务，或者从本质上说，这就意味着否定了人的社会价值。

三、大学生道德责任教育的内容和原则

（一）学生道德责任教育的主要内容

1. 自身的道德责任

（1）珍惜生命。生命是人生最宝贵的东西，只有生命的存在才会有人的其他价值的创造、实现和评估。人是有意识的动物，为意义而存在，没有生命的存在，就谈不上生命的意义。生命对于每个人来说都只有一次，失去了就不可复得，而且从社会发展角度来看，没有了生命个体的存在，就不会有社会历史的产生、发展和进步。

大学生应该具有生命意识、生命道德责任意识，应能够正确地看待生命，既认识到生命的伟大与崇高，又认识到生命的渺小与脆弱；既珍视自己的生命，又珍视他人的生命和自然界中的其他生命，从而保持旺盛的生命意识与积极进取的人生态度，在相互关爱与友善的基础上发展其内在道德品质。在生命世界中，每个生命个体都是独一无二的，任何人都没有理由也没有权利轻视任何一个生命个体。大学生要学会欣赏生命的丰富与可贵，学会如何去尊重生命，学会用心经营生命并思考生命的方向。因为最高尚的道德是爱，而爱的根源来自对生命的爱护与尊重，对生命的珍视是人的道德中最为朴素而高贵的品质。一个漠视生命、不尊重生命的人，心中能够有多少爱，他们的品德又能有多高尚。在现实生活中，有很多大学生对生命满不在乎，他们理所当然地享受着生命，完全没有考虑到生命的艰辛与伟大，原因就在于缺乏对生命的道德责任感。

（2）勤奋学习。无论做任何事情都需要有责任心。学习也是这样，一个人要想获得较高的学习效率和成绩，就必须要有学习责任心。换言之，要明白自己为谁而学和对谁负责。在明确了学习的责任以后，就要进一步落实到行动上，有意识地主动去学习课本内和课本外的各种各样的知识和技能，只有真正主动了，才能说明真正明确了学习的责任，才能真正做到自觉地学习。大学生不仅应该有明确的学习目标，更要确立学习是终生任务的

责任目标。当今时代，学习已不是一个人一生中某一阶段的事，而是一种社会化、制度化和终身化的行为，是现代社会每个人成长进步的客观需要，如果不实现知识的不断更新，就会落后于时代前进的步伐。从某种意义上可以说，学习已经是一个人基本的生存方式，是一种高品位、高质量的生活。勤奋读书学习是一种导向、一种形象，也是一种责任、一种使命。人类社会已经进入 21 世纪，国际竞争是经济、科技、人才的竞争。大学生肩负着建设祖国的责任，只有从我做起，从现在做起，从一点一滴做起，学好知识本领，才能不辜负国家、人民及家长的期望，才能使中华民族永远屹立于世界民族之林。

（3）实现和塑造自我。社会的发展对人才需求的多样性和多变性将显得更为突出，无论是对培养、造就高层次专门人才的高等学校，还是对接受高等教育以求发展、提高的个人，都是一种挑战。人才市场的建立、毕业分配制度的改革，直接带来的后果就是在校大学生竞争的加剧以及就业压力的增大。对此，大学生应当勇敢地接受时代的挑战，不断提高自己的素质。只有切实做到学有所长、全面发展，才不至于在科技快速发展、经济快速增长的今天被社会淘汰。

（4）提高自身的素质。素质是人在先天禀赋的基础上，通过教育和社会实践活动发展而来的人的主体性品质，是人的智慧、道德、审美性的系统整合，是人的综合品质。素质的优劣决定着人的文明程度，关系着人的前途和命运，同时又对社会的发展产生重大影响。人的素质可以通过教育、学习、实践获得不同程度的补偿、改善和提高。

大学生有责任提高自身的素质，可以从以下方面进行。

第一，品格方面。正确的政治思想素质可以使学生对社会有一个正确的认识，在错综复杂的环境下能够保持清醒的头脑。高尚的道德素质能够引导学生正确处理个人与社会、个人与他人，乃至个人与自然之间的关系。高度的社会责任感和历史使命感，可以形成关心他人、关心集体、保护自然的良好伦理道德品质。

第 2，体质方面。身体健康、大脑健全是人生存与发展的物质前提。健康的体魄在人成长与成功的过程中起着基础与关键性的作用。大学生在渴望成才、探求知识的同时要重视体育锻炼，不可忽视身体素质在成长中的重要作用。

第 3，专业素质。专业素质是一名大学毕业生从事专业工作的主要本领，是大学生的核心素质。具备良好的专业素质，是大学生在社会上能够立足，进而能够开拓创新、成才立业、为国效力、为民造福的根本保证。当代大学生应该具有较高的科技水平和较高的文化素质，并通过专业教育及与之相关的教化熏陶，努力把自己培养成既专又博的素质人才。

2. 家庭的道德责任

（1）孝敬父母。在社会主义新道德的内涵中，要求子女对父母履行的家庭道德责任，即孝，其内涵主要有以下方面。

第一，子女对父母有赡养和照顾的道德责任。人是有思想、有灵魂的高级动物，应知恩回报，而回报父母最基本的是要对父母尽赡养和照顾之责。子女应在经济上赡养父母、负担父母的生活所需。尤其在广大农村，许多老年人没有社会养老保障，在体弱多病、无法自理、没有经济来源的情况下只能靠子辈的赡养。因此，子女对父母应尽的道德责任是经济上的赡养和扶助。另外，子女在生活上应对父母尽照顾、服侍之责。现代社会，越来越多的人因升学和就业等原因迁徙频繁、远离父母，导致家庭结构简化，许多子女成家后离开父母单独居住，因此社会上出现了越来越多的老年空巢家庭。这些家庭中子女对父母的孝顺就是平时负担的一点生活费用和逢年过节时的象征性问候和看望。这其实是远远不够的，子女应在父母生病或体弱时，多与父母待在一起。

第二，子女对父母有尊重和理解的责任。现代孝的道德规范不但要求子女对父母应尽物质上和生活上的赡养之责，更要求子女对父母有尊重和理解之心。每个人都有人格和尊严，都有被尊重的需要，子女不仅要与父母保持人格上的独立平等，更要尊重父母的人格尊严。人越老，就越会产生一种跟不上社会时代、即将被社会淘汰的心理，这就更需要从子女身上得到精神慰藉。如果子女能意识到这一点，并适时地给予他们精神孝敬，敬重老人平时说的话，理解并尊重老人因不同生活环境和时代背景而形成的个性和人格，老人就会很满足。有些老年人已从社会角色退居为家庭角色，生活范围的缩小和人际关系的简化使老年人的孤独感日益强烈，心理素质逐渐弱化，进取心和风险承受能力降低，有害怕孤寂、情感脆弱、容易灰心等心理特征。这些心理症状比病痛更折磨人，如果得不到亲人朋友的排解和抚慰，必然会导致一系列的心理和生理疾病。因而在老龄化社会已经到来的今天，子辈重视对长辈的精神赡养具有重大的社会意义，也是子女应该履行的家庭道德责任。

（2）友爱兄弟姐妹。在中国传统文化中，兄弟姐妹之间称手足之亲，兄弟姐妹和睦与孝顺父母是并重的事情，兄弟姐妹和睦是巩固家庭、维持社会秩序的一种基本道德力量。当哥哥姐姐的要友爱弟妹，做弟妹的要做到恭敬兄姐，这样兄弟姐妹之间就能和睦相处。现在多数的家庭都是独生子女，那就把这种责任用在与家庭中同辈人的交往中，遇到比自己年长的要尊重他们，比自己年幼的要照顾他们，这样就能正确处理好个人与家庭成员和其他成员间的关系。

3. 对社会和他人的道德责任

（1）遵纪守法。作为现代文明社会的一分子，当代社会公民理应承担自己的道德责任。任何一种生活，无论是公共的还是私人的，事业的还是家庭的，所作所为不管是关系到个人的还是牵涉他人的，都不可能没有其道德责任；生活中一切有德之事均由履行这种责任而出，而一切无行之事皆因忽视这种责任所致。公民道德责任的积极担当具有巨大的社会意义，这不仅有利于整个社会的和谐与稳定，也有利于公民个人的成熟和完善。

公民道德责任所反映的是公民在日常生产和生活实践中对自己、他人、社会乃至自然界所承担的道德责任。相比其他道德品质而言，公民道德责任具有独特的价值，是其他道德品质形成和发展的内在生长点。遵纪守法、明礼诚信、团结友善、勤俭自强、敬业奉献是当代大学生作为社会公民应具有的道德责任的主要内容。它确定了公民与国家、公民与公民的道德责任，规范了公民在公共生活中的道德行为和要求，是和谐社会视野下对公民的他律。诚信构成了公民道德的情感体验，它促进了公民个体的道德自律。不仅沉淀了经过道德理性所认同的道德责任的根本要求，而且伴随着诚信构筑的强烈的道德情感。它要求大学生在做出行为选择的同时，也要具有足够的自我控制力量，将道德责任内化为主观的道德良心，凭借自律的道德心理机制，自觉维护社会的和谐与诚信。

社会的公平正义是公民良心的最终指向，在现代社会中，大学生与社会的利益在本质上是一致的，而正义是社会制度的首要价值，是对现实公民社会关系的评价性反映。它以理想完满的方式把握社会现实，在最抽象的意义上，公平和正义规定为以权利义务和自由为核心的公民之间的相互关系的合理状态，表达了在当代中国和谐社会构建过程中，大学生群体和个体在平等的基本自由权利基础之上的权利、义务、责任的统一。

（2）尊重他人、诚实守信。人是社会的人，社会是人的社会。处在社会中的人时时刻刻都在与人进行着交往。作为一名当代大学生在与他人的交往过程中应该肩负起自己的道德责任，做到以下两点。

第一，尊重他人是一种美德，尊重是一种幸福。在我们的生活中，时时刻刻都需要尊重。中国是一个传统的礼仪之邦，从小，我们的脑海里就被灌进了尊老爱幼的思想。然而在今天，对于我们这些生活在新时代、新社会里的大学生来说，除了尊老，我们还应该尊重身边所有的人，无论他们是年长还是年幼，是富贵还是贫穷，是有利于自己还是不利于自己，我们都应该同等地尊重他们。因为我们在尊重他们的同时，他们也会以同样的尊重还予我们。在生活中尊重他人，应该是时时刻刻该做的事。

第二，诚实守信出现在各民族的文化要求之中，是做人的基本准则。诚实就是忠诚老实，表里如一。它是人处事时的道德准则，这一准则要求人与人交往时说真话，向别人传递真实信息，不掩盖或歪曲事实真相。诚实作为最原始的道德要求，它和人类相伴而生。人是社会动物，社会性是人的本质属性。人是在相互依赖和相互联系的环境中生存和发展的，只有人与人之间相互诚实、说真话、传递真实信息、不掩盖歪曲真相，人才能得以生存和发展，人类也才能休养生息、繁衍延续。人的这种本真状态的生存需要在长期的人类进化过程中沉淀、积累，经人类的心理、情感和文化的作用，积淀为一种原初的道德规范。人类历史发展到现在，诚实品质从来都是对人的最基本的要求和规范。

4. 对自然的道德责任

（1）建立良好的自然环境。人与自然环境的关系引发了意义深远的环境革命，从根本上转变了人们对自然界的认识。人类是大自然的产物，人类的持续生存必须依赖自然。人与自然之间是相互依存、相互联系、相互作用、相互影响、密不可分的统一体。人类有责任建立良好的自然环境。近现代人类中心主义思想的产生和发展注重人类自身的主体性和能动性，而忽视了自己还有受动性的一面，忽视了自然界对人类的根源性、独立性和制约性。工业文明对人与自然关系的认识理念和行为准则违背了人和自然关系辩证法，以人类中心主义价值观作为指导发展起来的现代科学技术，是人统治和主宰自然的实践，评价世界的价值是人的利益，人只有依照自身的利益行事，依照自身的利益去对待其他事物，才能达到人与自然的和谐。这种人类自我意识的提升，对人的自我力量和人类价值的理解，发展了人的巨大能动性和创造性，从而改变了人在自然环境中的状态，改变了人从属于自然环境和完全依附于自然环境的地位。

在一定意义上，人类对自然界取得了伟大的胜利，但是这种胜利是暂时的，因为这种价值观有反自然的性质，这些行为违背了自然界的规律，招致了自然界无情的报复，使人类陷入自己制造的生存困境中。因此人类应该珍爱大自然环境，努力建立良好的自然环境，摒弃错误理念。在世界已经进入 21 世纪的今天，我们应当正确认识、理解和把握自然环境的价值，建立良好的自然环境，在人和自然之间建立一种动态平衡的和谐关系，通过调整自身的行为，在人与自然相互依存、互相依赖、互惠互补中达到和谐相处、协调发展。

（2）保护自然对人类有着重要的价值。主要表现在物质、能量和信息这三个方面。自人类产生，自然就被人类所知晓和利用，因为人类必须依赖开发和利用自然界的价值而生存和发展。人类以文化的方式生存，主要是指人在自然价值的基础上创造和实现文化价值，自然价值不断地融入文化价值中。对于自然价值的思考和认识，是自 20 世纪六七十年代以来人们对自然界的损害威胁到人类的生存和发展时才提出来的。起初是从自然资源的经济价值问题开始，随着认识的深化，人们逐渐认识到，自然价值除了它的经济价值或商品性价值以外，还有许多非商品性价值的方面，从而显示出自然价值的多样性。

自然界对人具有价值不仅反映在文化的层次上，表现为自然界的价值对人类生存的意义，能满足人类生存、发展和享受的需要，而且反映在自然层次上，表现为对其他生命生存具有意义，能满足人以外的其他生命生存和发展的需要，体现出对其他生命存在的价值。我们要认识到人与自然的相互依存与统一，自觉地承担起保护自然的责任，监督和评价其他人的社会行为，与危害环境、破坏环境的行为做斗争。我们应尊重自然，按照自然规律来办事，改变生活方式，走可持续发展道路，具有善待自然、爱护自然、保护自然的道德责任感。

（二）学生道德责任教育的基本原则

1. 主体性原则

主体性原则就是要充分尊重、承认学生在道德责任教育中的主体地位，一切教育活动都围绕学生而展开，不断完善学生的独立人格，提升学生的道德责任感，实现道德责任教育的目标。主体性原则是正确的学生观在教育过程中的具体运用。尊重和信任学生的个性发展和人格独立，是教育的基础，也是道德责任教育的前提，因为没有对学生个体自身价值的尊重，否定和抛弃其个性和人格独立，就是忽视作为个体拥有道德责任自由的权利，就不可能有真实道德责任感的养成。况且，现在大学生的主体意识逐渐加强，他们需要得到承认和尊重。

2. 实践性原则

实践性原则是指道德责任教育既是传授和学习道德责任知识的过程，更是通过实践养成受教育者道德责任行为习惯的过程。教育者既要注重道德责任知识的传授，也要注重对受教育者道德责任行为习惯的训练和培养；受教育者既要认真学习道德责任的有关知识，更要躬身践履。道德在本质上是实践的，只有在实践中履行道德责任信念，才能真正起到道德责任教育的目的。所以，道德责任教育必须要坚持实践性原则。

（1）就教育者而言，既要准确无误地传授道德责任知识，也要利用各种条件、采用多种形式，对受教育者进行道德责任的行为训练。例如，进行行为抉择训练以提高受教育者道德责任的实际认知、判断和选择行为的能力；进行逆境训练以锻炼受教育者的道德责任意志；通过行为习惯训练促使受教育者良好道德责任行为习惯的养成。

（2）在道德责任教育过程中，教育者还应该有计划地组织一些实践性的活动，使学生在实践性活动中受到感染和教育。例如，组织学生开展志愿者、献血、义务支教等体现对他人、对社会责任感的实践活动，不仅可以培养学生的回馈责任意识，也使得学生感受到对他人、对社会负责本身就是人的自我价值和社会价值达到统一、自我价值获得实现的过程，从而产生责任意识与责任行为相结合的需要，进而内化为责任意识和责任感。

（3）就受教育者而言，既要认真学习道德责任的有关知识，理清各种道德责任关系，明确处理这些道德责任关系所应遵循的准则，更要时时、事事、处处严格要求自己，躬身践履，努力养成良好的道德责任行为习惯。只有遵循实践性原则，将道德责任知识的传授与对受教育者道德责任行为习惯的训练和培养相结合，将道德责任知识的学习与受教育者的躬身践履相结合，才能使道德责任教育真正成为培养人、塑造人的工程，也才能真正培养出在各方面负责任的大学生。

3. 渗透性原则

渗透性原则是指道德责任教育不能只停留在德育课的教学上，而应渗透于学校教育的各个方面中，即渗透到学校管理、课堂教学、校园环境以及学校开展的各种活动中去。道德责任的意识与品质不是直接教会的，而是潜移默化的结果。学校道德责任教育的环境，特别是具有道德责任感染力的集体生活氛围相当重要，对提高道德责任教育的实效性有很大作用。在良好的道德责任教育氛围中，学生能够相互尊重、彼此负责、相互影响，久而久之，就会养成良好的道德责任行为习惯。创造和利用这样的环境，对学生的道德责任教育就会收到事半功倍的效果。

（1）加强学校管理，制定相应的道德责任制度，使全体师生有章可依。可通过加强校风和学风建设，寓教育于管理之中。如制订严格的校规校纪，规范学生的行为，并利用法制和舆论的作用，形成一种道德责任教育氛围，使学生养成遵纪守法的习惯和自觉性，对学生的道德责任习惯和待人处事的态度进行潜移默化的影响。

（2）加强教师责任心的教育。教育教师不仅要精心备课、认真讲课，还要注意教书育人，不仅要传授专业知识，还要让学生懂得做人的道理和责任。教师要利用课堂这个平台，使学生知道做人和专业知识同样重要。

（3）营造环境氛围来渲染道德责任教育。一般来讲，大学生如果没有固定的教室，就要在教学楼和宿舍楼里创设责任氛围，使学生在耳濡目染中受到环境的正面影响，增强道德责任意识。在教学楼教室的四壁可以悬挂一些名言警句，这些名言警句就像良师益友，时刻启发、鼓励、鞭策着学生要对自己负责，对他人和社会负责。在宿舍里，可以把“创造良好的宿舍环境，人人有责”的口号置于门上，这样能够时刻提醒、激励学生，使学生认识到责任是做人之基础、立世之根源。在宿舍楼的墙壁上可以开辟一块责任园，一个月创办一期，内容可以自定，如时事新闻、名人经典、心得体会、责任心语等。通过创办责任园，既锻炼了学生的创造能力，又培养了学生的责任心，满足学生的自我成就感。

（4）通过丰富多彩的校园文化活动，寓教于乐。西方国家的大学里有许多学生的文艺、体育活动协会和俱乐部以及各类兴趣小组。通过这些活动，培养学生社会交往及与他人合作的精神，培养学生自立、自信、开朗的人格品质和热爱生活、乐观向上、自我负责的生活态度。其中，体育活动是最引人注意和最狂热的活动，特别是体育比赛，是培养群体意识和竞争观念的最好形式。我们也要借鉴这些形式，结合中国的实际，组织一些丰富多彩的校园活动，如跳绳比赛、趣味运动会、拔河比赛等活动来锻炼学生的团队意识和人人负责的精神，培养大学生的责任感。

总之，道德责任教育不是简单地停留在单一层面上的，它要渗透到教育的点滴之中，渗透到教学、科研、管理、活动的各个方面，使学生在良好的环境中受到道德责任的教育。

4. 层次性原则

道德责任是有层次的。人的责任可以划分为四种：对人类的责任、对国家的责任、对家庭的责任、对自己的责任。而在今天，作为一个公民的道德责任，至少包括对自己的责任、对他人的责任、对社会的责任、对国家的责任、对民族的责任、对人类的责任、对生态的责任、对未来的责任等。大学生是文化层次较高的群体，是社会未来的栋梁，更要做负责任的典范。以往的道德责任教育常常背离学生的身心发展规律，忽视了道德责任的层次性，空谈对他人和社会的责任，把自我责任的内容排除在责任教育之外。这样学生就不可能真正懂得如何为自己负责，也就无法有效地为他人和社会负责，造成了崇高的责任目标多数人无法达到，本该承担的基本责任又被忽视的后果，出现了大事做不了，小事不想做的现象。

道德责任教育是一个不断完善的过程。任何教育都要循序渐进，道德责任教育更是如此。道德责任本身是有层次性的，它不仅需要在观念上澄清一些基本认识，而且要在实践的过程中不断地付诸行动。主体对道德责任的认识也有一个不断深化的过程，因为主体的责任观念与责任认知能力总是处于持续的积累与生成之中，责任感的形成与发展总是日益趋于深刻，实际表现出的自由选择与责任承担能力总是逐渐提高的。只有在循序渐进的教育中，才能铸就强烈的道德责任意识。教育学生对自己负责是道德责任教育的最低层次。教育者要强化学生“从我做起”的意识与行动，鼓励学生丰富自己的道德责任体验，反省自己的道德责任表现，在独立实践道德责任行为中，不断提高自我评价、自我体验、自我控制的能力。在此基础上，学生才会逐渐领悟自己作为一个社会人的真正内涵，逐步认识到对他人、社会及人类应负有的道义上的责任。

5. 现实性原则

道德责任具有历史性，更富有现实内容，道德责任教育需要为现实服务。西方主要发达国家成功的道德责任教育都是顺应和适应了特定现实文化运动的结果，每一项改革都使道德责任教育更贴近社会现实，更深入社会实践，更好地为社会实践服务，也同样使之与现实建立更好更密切的联系。

坚持现实性原则，让道德责任教育在参与经济实践中找到传统与现实的内在生长点，建立传统文化与现实需要有机统一的和面向未来的新道德责任教育体系，这应是我们国家德育改革与发展的出发点和归宿。改革开放以来，社会经济结构发生很大变化，人民生活水平得到很大改善，社会经济能力也得到很大提高，一部分人先富裕起来了，但也拉大了城乡之间、脑体劳动者之间的贫富差距，也造就了一些特殊行业和特殊部门，人们的思想观念、价值观念也都发生了很大的变化。这样的时代背景，既为我们实施道德责任教育提供了条件，又对我们提出了挑战。因此，道德责任教育的思路和做法应当同这种社会现实相适应，既不能要求太高，教育人人都要为集体、为社会做贡献而不考虑个人的利益；也不能要求太低，任凭自私自利、个人主义的现象自由发展。应教育每个人先对自己负责，在此基础上才能对家庭、对社会负责任，所以，对大学生进行道德责任教育，要坚持现实性原则，要让学生认清我国的现实，认清自己的现实，认清自己所肩负的责任，不要盲目攀比，从现实中一步一个脚印地承担起时代赋予他们的责任。

四、加强大学生道德责任教育的对策

“当代大学生的道德责任教育关系到社会主义现代化建设和中华民族伟大复兴中国梦的实现，加强大学生道德责任教育是非常必要的。”①

（一）加强家庭道德责任教育的导向性

1. 提高家长自身道德责任意识

父母自身的品德会直接影响孩子的品德。做父母的要想让孩子具备高尚的道德责任感，担当起自己的责任，必须注意提高自身的道德责任意识，在日常生活中处处为孩子做出表率。家长自己应做一个对家庭有责任感的人。家庭是孩子成长的第一环境，父母是孩子的第一任教师。家长的举手投足往往是无言的规范，对孩子的影响胜过千言万语。道德是社会中的力量，更是人本身的力量，人本身若无道德的要求，任何外力也不能使他变为

---

① 李倩．论当代大学生道德责任教育的内容及途径［J］．山东农业工程学院学报，2016，33（04）：9.

有道德的人；而个人的道德要求受道德情感的召唤，这些道德认识和情感的产生都离不开家庭生活中“身教者”的影响。家长要想孩子日后孝敬自己，应先自己要孝敬父母。在日常生活中父母对待亲人的态度和责任表现是孩子最直接有效的教科书。因此，要想培养孩子的家庭道德责任感，父母就要做一个对家庭负责的人。父母还应对集体和社会负责，做一个勇于担当社会责任的人，这也是对孩子最好的影响和教育。

2. 转变家长教育理念

现代家庭教育的理念应该是以德育人，加强孩子的道德教育已成为一种世界趋势。以德育人就是要对孩子进行做人的教育。

（1）重视个人修养，强调诚实本真，提倡人伦价值，推崇仁爱意识，弘扬道德责任，实践知行统一。具体表现为和孩子一起对他人有感激和关爱之心，对物件有爱惜之情，对自己的欲望适当克制，对工作和学习有责任意识等。

（2）在社会生活中正确地处理好人与人之间的关系。在家庭道德教育中，要培养孩子的孝敬之心、多为他人着想的关爱之心。培养孩子与人合作相处的能力，包括善于与人交往，有竞争和合作意识，尊重他人和具有合群性，能正确处理与自我、与他人、与集体、与社会、与国家的关系等，不要事事处处以自我为中心。

（3）学会以赏识的眼光看待孩子，根据孩子的个性特点因材施教。父母要帮助孩子了解自己的身心发展特点，针对不同年龄阶段的特点对孩子提出不同的、经过自己的努力能够达到的目标要求，及时肯定孩子经过努力而取得的点滴进步，同时又要耐心地指出存在的不足和继续努力的方向与要求。

（4）培养孩子有道德的理想境界和道德情操，有法纪观念、有健康的心态，能自我约束、勤奋进取。有意识地锻炼孩子从小养成生活学习有计划、有目标、有行动、能坚持、能自控的良好行为习惯。

3. 改进家长教育方法

子女的成长不仅靠教师、学校，还要靠父母、靠家庭，但现在很多家长对如何教育子女缺乏真正了解。有些家长用老一套方法，对子女的过失，不是打就是骂，不但没起到教育效果，还适得其反。有的家长总爱拿自己的子女与别人对比，或者让子女按照自己的要求去做，严重挫伤了子女的积极性，遏制了子女的健康成长。那么，在教育好子女方面，家长应和学校积极配合，注意以下方面。

（1）因材施教是教育的一个普遍原则，在家庭教育中同样发挥着不可忽视的作用。不同的子女在智力、体力、能力各方面都存在着巨大差异，客观公正地评价、分析子女的特点，对家庭教育非常重要。正确的家庭教育要因材施教，有针对性地教育子女，既要着眼于子女自身的特质，又要合理预计子女可能的发展空间，制定切实可行的教育目标。同时家长要结合子女所学的专业和兴趣，不要盲目跟风。

（2）不要替子女选择。中国家长对待子女，常有一种不放心的心理，很多事情都帮着子女做。从小的衣食住行，到长大了找工作、结婚，家长都要大包大揽。在这种包办中，子女的好奇心和想试试看的心理被抹杀，变得懒惰、依赖、怕苦怕累、没有主见、不负责任。子女能做的事，要早日放手让子女自己去做；关键的选择，要让子女自己去选，以便增加子女的责任感和自信心。

（3）错误与成功同样重要。大多数家长总认为子女犯错不好，但对于子女的成长来说，错误和成功一样不可避免，一样有意义。子女犯错误的过程，是不断尝试、不断创新、不断成长的过程。子女因为害怕犯错，什么也不敢尝试，小心翼翼、胆战心惊地成长，那才是最大的失败。子女有了错，家长一定要平静对待，当它是一件好事，当它是子女进步、成长的机会，切勿大惊小怪、横加指责，更不能因害怕子女犯错，而不给子女尝试与实践的机会。

（4）学会夸奖子女。夸子女也是一门学问、一门艺术，只有运用得当，才能取得理想的效果。夸奖要公正合理，实事求是，不要夸大，也不要缩小。如果夸得不准，子女就会产生疑问，起不到激励作用，如果夸错了，子女就会把错的当成对的，产生消极作用；夸奖要真实，只有真心、真情地夸奖，子女才能积极回应。家长对子女每一点进步给予发自内心的夸奖，会使子女受到真心和亲情的感染，树立“今后要做得更好”的决心和信心；夸奖要及时，否则时过境迁，没有了当时的氛围，夸奖作用也会降低。夸奖的形式很多，除真诚的语言外，还有赞赏的目光和微笑，亲切的拥抱，轻轻地抚摸等。子女的成长不是一朝一夕的事，家长要时刻关注子女的行为和举止，经常夸他的优点和进步，让子女充分感受父母的信任和鼓励。

（5）帮子女建立自信和自尊。家长常常忽视培养子女的自信、维护子女的自尊。比如，为子女包揽一切，子女没有机会去做事，自尊和自信就无从建立，做人的根本就不能确立。我们应经常对子女的独立思考和自我决策行为予以鼓励。在批评子女的错误之前，先要表扬他好的方面，这样就维护了他们的自尊和自信。即使子女做错了，仍要表扬他独立解决问题的行为，然后再解释他为什么错了，这样才有助于子女自尊心的维护和自信心的培养。很多批评可以变成对子女提出问题，其效果也会比直接批评更有效。

（6）对待子女要有耐心。在教育子女方面，不少家长缺少耐心，不明白过程的必要和重要，对待子女学习、犯错误等问题，表现得急躁、没耐心。忽视过程的教育，是一种虚荣和功利的表现，无论是教师还是家长，都要回避这种心理，要懂得责任心比虚荣心更重要；诚实和勤奋是最终成功的基石。

（二）提高学校道德责任教育的实效性

1. 教育方法多样化

学校对学生进行道德责任教育要走出困境和实现时代要求下的道德责任教育培养目标，就必须运用科学的教育方法。实施道德责任教育方法要多样化，要运用不同的教育方法来全面地、深入地对学生进行道德责任感的培养，可以通过以下方法。

（1）角色承担法。角色承担法是通过让学生实际扮演特定情境中的社会角色，来实际处理问题、解决困难，或者是让学生通过选择、扮演另一个社会角色，体验其心理，从而形成某种习惯、改变某种态度的一种方法。角色承担法对个体感悟和践履道德责任的支点在于通过承担各种角色，学生的移情理解能力和道德敏感性有所发展。角色承担能够发展学生的移情理解能力，移情是一种想象自己处于别人的境况，并理解他人的情感、欲望、意念和行动的能力。移情作用是维系积极的社会关系，激发和促进社会行为的重要动因。一个人只有对他人所处的情境有所理解，对他人当时的情绪体验有所觉知，才能设身处地，站在他人的角度去考虑问题，做到推己及人，坚定不移地履行自己的责任。

在实际生活中，每个人总会面临处于不利的状态，而有必要履行自己的某种道德责任的情境。角色承担是自我行为与助人行为之间的一个重要的中间变量。学生通过扮演某种角色，切身领会不同角色的责任并学会分析自己的行为，鉴别其因果，同时能理解别人的某种需要和问题，能够设身处地地为别人思考问题。道德责任教育的作用就是为学生提供各种以经验为基础的学习情境，让学生实际参与各种人际互动或社会互动，尝试探究和识别自己及他人的思想、感情，洞察和理解自己及他人的立场、观点和内心感受，形成解决人际或社会问题的技能和态度。角色承担法强化了学生的责任动机，提高了践履责任行为的可能性。

（2）活动法。活动法强调通过学生的各种自主活动来促进学生的道德发展，使学生学会负责。活动法是培养责任感最独特而又最重要的一种方法。只有在活动中，学生才能发展真正的责任意识和义务感。因为道德的根本关系是人与人、人与群体之间的利益关系。这种利益关系只有通过活动和交往才能体现出来。而基于这种利益关系所要求的责任、义务也只能通过活动才能产生。没有合作、交往，人既不能产生真正的责任意识，也不会履行自己的责任。

活动是实现道德责任个体意义的根本途径，活动不仅能让学生理解履行道德责任的必要，而且能体验到尽责的神圣与精神的愉悦。学生正是在现实的人与人的交往中，通过日益加深对道德规范的认识，达成一种基于互惠的道德义务和责任，并且在履行这些义务和责任的过程中，切实领略到真正符合人性的东西，体验到更深刻的自我肯定、自我完善。活动体现了教育的主体性和实践性特征。道德教育必须重视学生的主体地位，发挥学生的主体性作用，培养学生的主体性道德人格，而学生主体性的实现最有效的途径就是利用学生的活动。

（3）公正团体法。公正团体法是一种集体教育方法，最根本的特征是建立各种管理组织，鼓励学生民主参与，营造一种民主的道德氛围，在民主管理过程中，发展学生的集体或共同的价值意识，把集体力量作为一种教育资源，实现学生自治，并促进学生的道德发展，学会对集体和个体的发展负责。公正团体法是根据集体教育原则形成的，旨在影响学生的道德判断和道德行为的一种团体实践模式。在平衡自由与责任、培养自我意识与集体意识、发挥个人主权与集体力量在个体道德发展中的协同作用等方面，公正团体法为学生提供了有益的尝试，并形成了许多合理的、成功的建议。公正团体法有助于形成学生的利他精神和集体责任感，促进学生道德判断和更好地发展，真正内化和践履各种集体行为规范。只有在集体教育中真正尊重学生的权利，并把这种权利具体化为各种现实活动，才能收到良好的教育效果。

这几种道德教育方法不应该单独运用，因为真正的道德责任的培养是知、情、意的相互联系、相互作用、互为条件、协调发展的结果。有效的责任教育不能依赖某一种孤立的方法，也不能把多种方法机械地拼凑，而是应该有机地组合起来，这就要求学校的道德责任教育方法要多样化。

2. 教育过程实践化

个体对道德责任的认识是一个不断深化的过程，个体的责任观念与责任认知能力总是处于持续的积累与生成之中，责任感的形成和发展日趋深刻，实际表现出的自由选择与责任承担能力便日趋提高。个体完美德性永远只是一种可能性，如果要把这种可能性转化为现实性，就必须不断进行教育，深化个体对道德责任的认识，并以道德实践巩固这种责任认识，使之能在人生的不同阶段做出正确的道德选择。

学校是进行道德责任教育的集中场所，学校道德责任教育要注重个体的道德实践。道德主体对某一具体道德行为善恶的控制力，不是偶然发生的，不能仅仅依靠希望和决心或善良意志，而要靠不断地、长期的社会道德生活实践和运用适当的手段来做到。通过自觉地承担相应的道德责任，积极地把外在的要求转化为个体内心的自觉要求，才能促进道德责任感的形成，促使道德责任的履行。当然，道德责任的履行在一定程度上有可能外在于个体而存在，如果个体仅仅是迫于外界要求而去履行，尽管道德责任已经唤醒本我，但道德责任仍具有非我的外在性，是一种与个体的主体性相抵触的因素。因此，学校要注重培养个体的德性，使个体在不断履行道德责任的实践过程中不断将其内化和升华为德性，成为自身的一种品质，这种品质可以赋予个体自觉自为的主体性，使之获得自主地、创造性地开展各项活动的能力，这时的个体才会达到自由的境界。把重灌输变为重实践，树立以学生为本的观念。

借鉴国外道德责任教育成功的经验，我们在道德责任的教育上应该将知识学习、道德责任判断能力培养及道德责任实践行为训练结合起来。在教学方式上，强调采取启发式、讨论式、双向交流式，重视学生的主体地位，增强学生自主选择的能力，培养学生的自学能力和独立人格意识，发挥其积极性、主动性和创造性。道德实践活动的设计要注重弘扬学生的主体性，挖掘和引发学生的自觉性、积极性、独特性和创造性。可以让学生自主设计一些他们乐于参加的课外实践活动，让他们从中体会自身的价值和责任。使学生能够自觉地把权利和义务结合起来，自觉抵制不良的思想和行为，认真做好自己身边的每一件事，并以自己良好的道德行为习惯去影响自己身边的人，以便互相启发、互感互动，形成道德服务链，在学校中形成文明之风。

3. 提高学生的责任认识

当代大学生首先要具备责任心，而责任心又以责任认识为前提。没有是非标准，责任心就无从谈起，所以要提高他们的责任认识。责任认识是指个人对自己和他人，对家庭和集体，对国家和社会所负责任的认识和理解。从层次上看，责任认识可划分为感性认识和理性认识；从内容上看，无论是感性或理性层次，都是为了要掌握责任的概念和规范要求，以及对其所选择的行为造成的后果的认识。知然后才能行，大学生只有知对错、知好坏，才能从道德价值上分清是非、善恶、美丑，才能帮助自己选择符合道德要求的负责任的行为方式，并将责任认识转化为负责任的行为。责任认识的过程，既是对责任知识进行感知、记忆、思维的过程，又是责任观念、责任情感、责任意志和责任信念形成发展的过程，责任认识通过对责任情感的调节、指导作用，协助责任情感促进责任意志的形成，保证责任意志的合理方向，以便形成符合道德要求的责任行为。责任认识是形成责任行为的基础。提高当代大学生的责任认识，应加强以下方面的教育。

（1）加强三观教育。三观指世界观、人生观、价值观。三观教育乃是当前道德责任认识教育的主要内容之一。一个对世界、人生、价值具有正确看法的学生，才能对自己、他人、家庭、国家有负责任的认识。因此，加强三观教育，乃是提高责任认识的基本途径。

（2）加强爱心教育。一个热爱自己、热爱他人、热爱家庭、热爱国家的学生，自然就会对自己的言行负责任。

（3）从点滴小事做起。不论做大小事情，都要有责任心。对小事的责任心，往往是对大事的责任心的基础，大的责任心是在小的责任心基础上逐步积累起来的，一个对小事马虎的人，在他身上就难以形成对大事负责任的行为。因此，在教育工作中，为了提高学生的责任认识，应抓紧小事不放松，以便日积月累，逐渐形成负责任的习惯。

4. 激发学生的责任情感

责任情感即责任感，是一个人意识到并下决心履行社会角色的反应，是指人在社会生活中对自己完成任务、履行责任的情况持积极主动的态度而产生的情绪体验。这种情绪体验有两种：①当行为与责任规范要求相一致时，便产生积极的情感体验；②如果两者发生矛盾，便产生消极的情感体验。责任情感包括是非感、义务感、事业心、同情心、自尊心、荣誉感、羞耻感等，其发展是一个由情绪到情感再到情操递进的过程。

在行为品质构成中，责任情感具有三种作用：①评价作用，即以赏识的情绪表明对某种责任关系和责任行为的评价态度；②调节作用，即以某种情绪态度来强化或弱化个人的某种责任认识和责任行为；③信号作用，即通过各种表情动作来示意行为的道德价值。所以，责任情感一旦形成，就会积极地影响和调节人们的道德行为，使个人的某种行为加速或延缓、中断或持续，而且，责任情感还可以同责任认识结合在一起，增强或减弱人们履行某种责任的意志。

责任情感是责任意志的动力，是责任行为的心理动因和必要条件。一个人的责任情感越强烈，其责任意志就越坚强，做任何事情都容易成功。富有责任感的人无论做什么事，都会比那些责任感差的人更容易成功，一个缺乏责任感的人，失去的将是社会对自己的认可，失去的将是别人对自己的信任与尊重，而且也将失去自身的立命之本——信誉和尊严。这样的人无论做什么事，都很难获得成功。个体责任感的形成开始于个体对自己承担的责任的认知，根源于个人对社会角色的正确解读。但个体不能仅仅停留于对责任的认知，只做一个口头革命派，还需要在此基础上产生为他人、为集体、为社会作贡献的坚定信念，产生出对他人、对集体、对社会的责任情感。只有在责任认知的基础上向责任情感转化，个体才会产生履行责任的动力，才会具有普遍的责任感。

从责任认知向责任情感转化的关键是个体把责任认知加以深化，深化到不仅认识自己承担的责任是什么，而且认识到这一责任是怎样关系到包括自己个人利益在内的人民的利益、国家和民族的利益，使责任情感在内心升华，责任的外在要求也就转化成了个体履行责任的内在要求。由此，个体的责任认知支撑着责任情感，责任情感又强化着责任认知，两者相互渗透，融为一体。如果个体在责任认知的基础上升华起来的责任情感十分强烈，甚至达到激情的地步，则会表现出履行责任的超乎寻常的心理能量，做出非凡的英雄之举。

例如，董存瑞舍身炸碉堡、黄继光以胸膛堵住敌人的枪眼等，是战争时代英雄的代表；数十年如一日默默奉献在平凡的工作岗位上，为广大乘客所喜爱的李素丽；为改变中国水稻产业现状而成功攻克杂交水稻难关，被人称为“杂交水稻之父”的袁隆平；执法为民、维护公平正义赢得百姓爱戴的政法干警表率任长霞、宋渔水、魏艳玲等，都是当代英雄的代表。他们都具有强烈的道德责任情感，正是这种情感，让他们达到了忘我的境界。

目前当代大学生所表现出的不负责任的现象，从根本上说是一种责任感的缺乏。培养大学生的道德责任感，就是让他们认识到自己所肩负的责任，认识自己所处的社会角色。一个人只有深刻地认识和体验到个人的生存和发展依靠着社会的发展和别人的劳动，认识到社会的发展也离不开每个人的共同努力，才能增强道德责任感，自觉承担起对社会、对他人的道德责任。

5. 培养学生的负责行为

作为社会主体的人，都负有这样或那样的道德责任。做人就得承担责任，每一个在道德上有价值的人，都要有所承担，没有任何承担、不负任何责任的东西，不是人而是物。做人的根本原则，就是要承担起对自己、对他人、对社会，乃至对自然的起码责任，正是在承担责任的过程中，人类的价值和尊严才得以体现。负责任是每个人永不过时的素质，当一个人听从内心中职责的召唤并付诸行动时，才会发挥出自己最大的潜力，而且也能更迅速、更容易地获得成功。每次承担责任就是一次自我的实现。一个人在社会生活中，只有自己意识到自己的道德责任、道德义务，并自觉地承担责任，他才能在现实生活中具有做人的尊严、价值和品格。

责任在成功者面前是勇气、是信心，每一个成功人士都是履行和承担责任的典范。一个人对责任的承担需要本身的意志来维持，责任意志又依赖于责任情感的动力支持和责任认识指导的整合，责任意志是责任行为的心理过程和充分必要条件。责任行为是责任意志的外显形式，责任意志水平与责任行为必定完全一致，一个人的责任意志强，其责任行为必高，责任行为高者，其责任意志必强。

当代的大学生是未来国家的栋梁、社会的精英，应该教育他们从承担责任做起，让他们牢记承担责任，不找任何借口，哪怕有再多的困难和问题，也要迎难而上、敢说敢当、义不容辞。从自己做起，从现在做起，从小事做起，对自己负责、对家人负责、对集体负责、对社会负责、对未来负责。这就要求锻炼他们的责任意志，强化他们的责任行为，使负责任变成他们的一种习惯，使其自然而然地来承担责任。承担每一个责任就等于抓住了每一个机会，离成功也就会更进一步。久而久之，他们就会成为一个受人尊敬的人，一个具有道德责任的人，社会才会接纳他们，他们的个体价值才会得到充分的体现。

（三）完善社会道德环境

1. 建立以责任为中心的道德评价体系

一定的社会道德调控都是个体通过社会舆论力量的肯定评价或否定评价来评断出孰对孰错，进而推断出自己对将要选择的行为承担道德责任。个体在具有一定的道德意识和自由选择的基础上，在众多行为方案前会做出一定的道德选择，其考虑的后果是要承担什么样的道德责任，然后个体会根据社会道德评价再形成新的道德认知，从而在自由选择的前提下重新进行选择。在这一循环体系中，社会道德评价体系起着不容忽视的作用。因此，社会道德评价作为一种价值评判标准要有一个正确的价值导向，避免道德相对主义。社会道德评价可以调整个体的认知领域，衡量个体的道德责任。这种调控的根本在于它是实现道德对个人本能欲望及其道德行为表现出的直接具体的约束机制，能有效地监督个体道德责任的践履。这种社会道德如果评价合理，个体就会形成日常系统的自我道德评价，在合理的道德体系内不断地调整道德选择，从而践履相应的道德责任。

评价体系如果不具备相应的与现实相符的正确的价值导向功能，个体便会在道德选择面前行为失措，从而违背践履道德责任的一贯承诺。所以要使个体自觉认识到自己的道德责任并践履之，就要形成一个良好的舆论氛围，形成一个良好的社会道德评价体系。这种文化氛围越是体现社会的至善，人就越是对这个社会有认同感，个体对自己的角色认知以及价值定位就越是明确，就能更好地践履自己的道德责任。完善社会道德评价体系需要社会的健康有序发展，需要每个人都能肩负起自己的道德责任，并让大家对社会应该提倡什么、否定什么能有明确的认识。唯有如此，个体才能在现实允许的范围内进行合理的道德选择，才不至于因对社会的评价体系缺乏认识或对社会的道德要求过低而导致道德相对主义，也才不至于最终迷失自己的道德责任意识。

2. 实施道德责任制度和加快社会道德建设

增强人们的道德责任感还需要制度上的保证，特别是建立和健全各种形式的经济责任制和工作岗位责任制。各种形式的责任制所规定的责任与道德责任的内容并不完全相同，后者比前者有着更广的范围和更高的要求，但是实行各种形式的责任制，把责、权、利联系起来，无疑是有利于增强人们道德责任感的。当人们在一起做事而没有明确的个人责任时，有的人在一定程度上会失去个人的责任感，在责任出现以后，认为别人应该而且会分担自己的责任。

道德责任制度是德环境中的重要因素，道德观念的形成和道德责任制度有着密切的关系。道德规范是告诉人们应当怎么做，道德责任制度是要求人们必须怎样做；道德规范的基础是人的自觉性，对不自觉的人则无能为力，而道德责任制度是对人们价值理念的约束和惩罚，是因人性的弱点而设的。如拾金不昧是一种道德规范，对拾金不昧者予以表彰则是一种鼓励性的道德制度。如果没有这种道德制度确立的奖惩机制，拾金不昧的风尚就难以真正形成。在治理社会和国家的过程中，如果道德单独起作用，它常常会由于缺乏必要的强制力量而显得软弱无力，所以，社会主义道德建设必须有相关的制度建设做保障，制度对人的制约作用往往是决定性的。要提高整个社会的道德水平，营造良好的道德环境，必须把道德建设制度化，以道德责任制度来有力地保障和促进道德建设。

目前，道德责任制度不健全，仅靠道德行为的自觉性是不够的，这就需要有健全的道德责任制度或法律法规来约束，要以国家强制力做后盾，把市场经济中需要的社会主义道德行为准则以制度形式、法律条文的形式固定下来，借助制度的力量以保证社会主义的道德行为准则得以贯彻和实施，然后再经过长期的历史积淀，使这些道德规范逐渐成为人们的思想，直到形成一种比较自觉的道德行为。所以，道德责任制度是一种社会的保障和监督机制，对加快社会的道德建设起着一种促进和保障作用。

五、大学生道德责任教育的基本模式

教育模式是在一定的教育理论指导下，依据教育过程的规律而形成的比较稳固的教育程序及方法的策略体系。它包括教育过程中诸要素的组合方式、教育程序及相应的策略。教育模式上承抽象理论，下接具体实践，既是教育理论的规范化，又是具体经验的概括化。它以范式所独具的具体性、可操作性区别于一般教育理论，又以其内在的逻辑性和完整的科学性而有别于具体的道德教育经验。教育模式是连接教育理论和教育实践的桥梁和纽带。

（一）活动型教育模式

活动教育模式就是通过学生的各种自主活动来促进对学生的道德责任教育，教育学生学会负责。活动教育模式是培养道德责任感的最独特而又最重要的一种模式。只有在活动中，学生才能发展真正的责任意识和义务感。因为道德的根本关系是人与人、人与群体之间的利益关系，这种利益关系只有通过活动和交往才能体现出来，而基于这种利益关系所要求的责任、义务也只能通过活动才能产生。没有合作，没有交往，人就不能产生真正的责任意识，也不会履行自己的责任。活动教育模式突出强调了道德责任教育的主体性本质和道德责任教育的实践性特征。活动性教育模式试图通过让学生自主参与活动，加深学生对道德责任知识的认识，培养学生的道德责任行为习惯，以此来解决知行统一这一道德责任教育问题。它是一种与认知主义互补的道德责任教育形式，这一模式是对当代认知主义道德责任教育的补充。

首先，运用活动教育模式应该保证活动是学生的自主活动，就是让学生始终按照自己的思想而不是按照别人的思想进行活动。行为者本身才是其行为改变的整个过程的主角和动因。个体的行为无一不是其主观能动性的体现，活动本身也要求行为者充分发挥积极性和主动性。只有当学生认识到自己行为问题的真正动因应该是“我”自己时，才能更加深刻地体会到自己所承担的责任。所以，自主活动是提高学生道德责任感的一个重要途径。

其次，必须贯彻兴趣原则和需要原则。道德责任教育的任务是确定活动内容的一个出发点，但只有切合学生生活实际，满足学生的兴趣和需要，才能取得实际效果。具体活动内容应根据不同年龄阶段的学生的兴趣和需要确定。只有尊重学生的兴趣和需要开展的活动，才具有真正的教育价值，才能培养出真正的责任者。作为高校教育工作者，要了解大学生这一阶段的兴趣和需要，有针对性地组织一些既让学生感兴趣，又能体现道德责任感的活动。

最后，必须把学生的自主管理活动与社会活动、校内活动与校外活动结合起来，并在实践中加以推广。通过社会活动进行道德责任教育是近年来学校道德教育的一个侧重点。而且适当的社会服务活动有助于发展学生利他主义和自尊自重的观念，增强他们的道德责任心。

（二）关心体谅型教育模式

关心体谅型教育模式是一种调动人的道德责任情感的德育模式。关心体谅模式也称学会关心的道德责任教育模式，形成于 20 世纪 70 年代初，风靡于英国和北美，是英国教育家彼得·麦克菲尔和他的同事创立的。他们系统深刻地探讨了以道德情感为主线的学校德育理论，认为道德教育的开展必须了解作为道德教育对象的学生的真实需要，只有洞悉学生的道德需要及弄清如何满足这种需要，道德教育才能被学生乐于接受，也才能卓有成效。通过大规模的、详尽的调查和实验，麦克菲尔发现学生普遍希望获得体谅、被别人关心和体谅别人、关心别人的需要，以及与教师平等相待、与他人和谐相处的需要。因而他们致力于发展“教学生如何关心”的学校德育模式。在这里，“关心、体谅”既指教师在教育中对学生要“多关心，少评价”，又意味着道德教育应该使学生学会关心别人、体谅别人。

一个有道德的人就是能够深思熟虑地考虑别人的意见，察觉别人的感觉而与人和谐相处，能时常从别人的角度去考虑问题的人。这不只是一种思维方式，而是一种道德风格，它不仅是理智上的，而是深植于整个人格之中，更是一种健康的道德情感。道德情感与道德认知、道德意志和道德行为的品德心理特征系统，是道德结构系统中的重要系统。知、情、意、行四个方面是相互影响、相互生成的。要学会体谅别人，就要先学会爱别人，爱能够产生力量。一个人一生中最基本的道德立场根源于潜在的情感能力。情商让我们更具有充分展示人性的一系列特性和品质，它对我们的命运具有广泛的影响。关心体谅模式的最大特点在于关心的方式是愉快的方式。因为这种方式符合人性发展的需要，不论对自己还是对别人，都是有价值的，是学生乐于接受的。关心体谅模式从学生的真实需要出发，以情感教育为指导思想，倡导生动形象的道德责任情景设计，由浅入深、层层推进目标达成系统，对我们的重道德责任理性培养和道德责任知识灌输、轻学生情感生活和实践活动的高校道德责任教育而言，具有很强的实用性和启发意义。

关心体谅模式提出的“关注他人，关心别人”的教育理念，对当前高校的道德责任教育尤为必要。当代大学生基本上都是20世纪90年代后出生的，其中多数是独生子女。特殊的生活环境以及家庭教育方式，使得许多大学生养成了以自我为中心的处世方式和做人准则，因此无法处理好同学之间，尤其是朝夕相处的同宿舍同学之间的关系。作为高校教育工作者就要要求学生从关心、体谅、理解别人开始，培养对他人的责任感，进而培养对自己、对社会、对国家的责任感。因此，引入关心体谅教育模式，设计出适合我国国情和符合大学生心理特点的教学方案和教学案例，让学生在教学活动中，既能够“由人及己”地考虑别人的难处，理解别人的苦衷，也能够“由己及人”地从自身的经历体验出发体察别人的艰难处境，感受别人难以出口的痛苦和无奈显得尤为重要。学会如何去关心别人和与他人沟通、合作，在关心他人以及与他人的友好相处中，感受付出的快乐与欢欣，感受人间的温情与爱心，从而有利于培养学生丰富的道德责任情感，强化其道德责任感。

（三）理解型教育模式

理解与被理解是人类的基本需要，人们彼此都需要其他人的关心，需要被理解、被给予、被接受和被承认。当代大学生既被家长所宠爱，又被社会所怀疑，他们的想法、他们的心声、他们所做的一切，更需要被理解。理解教育模式的诞生为他们所拥护，能够被他们接受，最终达到教育目的。理解教育模式就是要求在进行道德责任教育时，要理解学生，理解他们的需要，理解他们的要求和愿望。这样他们才有积极性和主动性，道德教育才能取得良好的效果。在理解教育中，道德责任和道德责任教育都统合其中。

所谓有效的理解是指亲情度、现实和交流三者之间的相互作用。亲情度意味着爱、喜欢和其他情感；现实即一致性，它以认同为基础；交流是主体间的沟通。其中，亲情度与现实是交流的基础，没有一定的意愿和一致的基础，交流就难以有效地进行，而没有交流和基本的情感反应，便没有现实。同样，没有基本的一致和交流，便没有亲情度。交流需要出自真心，需要同情，而亲情度则意味着亲情、真情、同情。亲情是消除误解、达成理解、形成善解人意品质的法宝，从这个意义上说，理解型教育是以真情、同情和亲情为基本结构而演化出来的道德责任教育模式。亲情意味着相互关爱、彼此关心，形成比较亲密的关系。真情是人的真实情感，出自真心的真情会换来亲情，没有亲情就不会主动而持久地投入对方的内心世界里，就难以达到同情的效果；而同情能够拉近双方的距离，产生真情和亲情。

理解型教育模式的道德责任教育便是以亲情、真情和同情为基本要素的“三情教育”。理解型教育模式要求包括：①创设理解教育氛围；②树立自我教育的意识；③建立情感沟通渠道；④丰富理解教育的活动。总之，理解型教育模式把善解人意作为最基础的教育内容，把消除误解、增进理解作为达成道德责任教育的基本方式，来达到对大学生进行道德责任教育的目的。

（四）对话型教育模式

对话型教育模式是针对当前学校道德责任教育中的一些弊端而提出的。受传统教育方式的影响，高校道德责任教育的弊端主要表现在三个方面：①教育内容脱离实际；②强调灌输说教的教育方法，忽视学生的主体性；③教育者与受教育者的隔离。

对话型教育模式强调对“对话”的关注，这有助于弥补传统教育的缺失，对当前道德责任教育具有重要意义：第一，对话强调对话内容与学生生活实际的联系；第二，对话强调相互理解的重要性；第三，对话是师生之间心理交流的过程。为了保证对话通畅，应注意师生在对话中要平等地对待对方；师生双方有共同的话语和遵循一定的原则；师生对话的态度要真诚；教师要循序渐进，根据学生的具体情况提出适当的要求。

从理论上说，对话型教育模式的提出是基于对当代社会生存理念的关注和对相关理论的借鉴吸收，比如实践的观点、主体性观点及价值性观点。对话型教育模式旨在凸显人的主体性、价值性，强调个体的理性自觉和个体德性的自主生成，该模式强调的基本原则包括平等原则、差异原则、个体原则及开放原则。

对话型教育模式渗透在日常生活的方方面面，渗透在整体教育情景之中。在这一模式的践行中，要注意三点：①营造自由的对话情景；②鼓励学生的自我表达；③培养学生的质问意识，构建开放的话语空间。

（五）肯定赏识型教育模式

道德责任教育过程中，存在着认同：积极的认同和消极的认同。积极的认同与道德责任权威或道德责任教育者的肯定、表扬、鼓励有关；消极的认同与道德责任权威或道德责任教育者的否定、批评、惩罚有关。积极的认同可以让大学生产生愉悦的情绪情感体验，引发积极良好的行为，从而形成优良的道德责任品质；消极的认同可以让大学生产生负面的情绪情感体验，引发消极不良的行为，使大学生产生自暴自弃的想法。大学生在道德责任品质形成过程中，不可避免地会存在一些不道德、不文明的言行，这是道德发展过程中正常的现象，并不能预示他们将来的道德责任状况。对此，道德责任教育工作者应该有科学的认识，多关注学生身上的优良品质，并进行肯定与赏识。肯定与赏识不仅能够进一步强化其优良品质，对抗消除不良的品质，还能激起大学生的内在道德责任感，把道德责任教育的外在要求内化为自我要求，养成自我教育、自我监督的良好习惯。

大学生正处于追求自我意识、自我发展的时期，个体的心理逐渐成熟，渴望并追求平等和尊重，反对权威和惩罚。过多的权威命令和惩罚手段，会使他们产生逆反心理，不利于道德责任教育的顺利开展，对大学生的身心健康也是不利的，这也是造成当前大学生道德责任教育低效的重要原因之一。因此，在道德责任教育过程中，我们应该采用肯定赏识的教育模式，以促进大学生产生积极的自我认同，养成良好的道德责任行为习惯；少用、慎用或不用惩罚手段，以避免大学生产生消极的自我认同和形成不良的道德责任行为习惯。

六、拓展大学生道德责任教育的基本途径

家庭、学校、社会是学生生活的三大空间。高新技术的进一步发展使学生接收信息的渠道愈来愈多，也使家庭、学校、社会的联系更加紧密，学生聆听着家长的教诲，接受着学校的正规教育，同时也经受着社会的洗礼和网络的冲击。因此，道德责任教育不仅仅是教育工作者的事，家庭、学校、社会、大学生本人也应该通力协作，创造良好的环境，共同加强大学生的道德责任教育。

（一）家庭是道德责任教育的基础环节

家庭是社会生活的基本单位，每个大学生都生活在一定的家庭之中。可以说，家庭是

大学生接受道德责任教育的起点。

1. 提高家庭成员的道德责任素质

良好的道德责任教育必须从小抓起。每一位家庭成员的思想状况、言行举止、道德责任感都会在彼此之间形成潜移默化的影响。家庭成员的道德责任素质对大学生道德责任行为的养成往往有巨大的影响，家长道德责任行为的示范意义是巨大的。每一个家庭成员都要以身作则、言行一致，不断提高、充实自己，给子女树立良好的榜样。

2. 注意教育方式，加强沟通

家长应善于与子女交流，通过一定的思想沟通，平等地学习与交流，而不是总利用自己的家长权威，要求大学生应该怎样、必须怎样。在家庭中，应形成家庭互动学习氛围，努力创设良好的家庭学习与成长的环境。还要实行家庭民主、赏罚分明、择机而教、尊重子女意见，对子女的错误要有效引导。

3. 转变教育观念

家长应更多地关心孩子的人格、品质的发展和对人、对事负责任的教育，而不应是仅仅注重孩子的学习成绩。同时，家长对子女的期望值要有一个科学限定，使之切合双方实际。还要让子女适当参与家庭生活决策，实实在在地体验当家长的难处。只有这样，孩子才能在家庭中健康地成长，长大以后才能对自己、对家庭、对社会负责任。

（二）学校是道德责任教育的主阵地

学校是培养人才的场所，学生在学校里不仅要学好知识，更重要的是要学会如何做人，学会如何做事，学会如何运用所学知识去实现人生理想和个人价值，切实履行自己的义务和责任。现代大学的培养目标是全面发展的高素质人才，它不是单纯的知识工厂或高级职业培训机构，而是促使学生身心全面发展的精神和文化殿堂。大学的本质要求它自身不能只是作为职业训练场所而存在，还应该在培养具有较高道德水平的人方面发挥自己不可推卸的责任。应该说，学校是道德责任教育的主阵地，应很好地发挥道德责任教育的作用。

第一，加强思想政治课的主渠道作用，尝试开设《大学生责任教育》选修课，夯实道德责任教育的理论基础。正确的道德责任信念来源于马克思主义理论的武装，来源于在这一科学理论指导下对社会历史发展规律和人的全面发展的清醒认识和正确把握。马克思主义理论的科学性赋予道德责任以科学的理论基础，为道德责任教育指明了正确的方向，能够使道德责任教育从感性上升到理性。学校可以组织有关的专家、学者编写相应的教材。

此外，在教学中还可以开发多媒体教学软件，将我国当前大学生中履行道德责任的现状以图表的形式标注出来，并附上相应的解释说明。这样图、形、声并茂的教学方法，会大大增强道德责任教育的实效性。

第二，改变教育方法，把重灌输变为重实践，树立以学生为本的观念。借鉴国外道德责任教育成功的经验，我们在道德责任的教育上应该将知识学习、道德责任判断能力培养及道德责任实践行为训练结合起来。在教学方式上，强调采取启发式、讨论式、双向交流式，重视学生的主体地位，增强学生自主选择的能力，培养学生的自学能力和独立人格意识，发挥其积极性、主动性和创造性。道德实践活动的设计要注重弘扬学生的主体性，挖掘和引发学生的自觉性、积极性、独特性和创造性。可让学生自主设计一些他们乐于参加的课外实践活动，使学生从中体会他们的价值和责任。

（三）校园文化是道德责任教育的环境氛围

校园文化是学校整体育人环境不可分割的重要组成部分，是学校物质财富和精神财富的总称。它包括精神文化、物质文化和制度文化，是学校师生长期教育实践过程中所创造的反映人们在价值取向、思维方式和行为规范上有别于其他社会群体，并且是具有特色的一种团体意识精神氛围和精神力量，对培养大学生的人生观、责任观、价值观和审美观有着至关重要的作用。

校园文化建设可通过这些渠道进行：①积极组织以道德责任教育为主题的系列讲座；②积极开展丰富多彩的校园文化活动；③利用校园广播加大对道德责任教育的宣传力度，使之真正起到氛围育人的作用；④建立专门的道德责任教育网站；⑤加强社会实践环节，实现自主式教育，让学生在实践中自主选择如何履行和承担道德责任，使学生在实践中体验生活、磨炼意志、关爱生命、完善人格，把丰富的感性体验升华到理性层面，从而进一步激发他们的道德责任情感，进而促进大学生负责任的内在动力和自觉承担责任行为习惯的养成；⑥加强校风和学风建设，校风和学风是学校的软环境，它虽然听之无声，望之无影，但对学生却有巨大的感召力和规范作用。校风和学风作为学校中存在的一种文化现象对人才的培养有着特殊的意义，对学生的成长有着行为规范的制约作用和个性心理品质的促进作用。

我国高校的文化建设虽然取得了很大的成绩，但仍需要从软、硬两个方面加强校园文化建设。一方面，创建一流的校园环境，提供必要的文化娱乐设施；另一方面，制定严格的校规校纪，加强以校风、教风、学风及校训、校歌等为主要内容的校园精神文明建设，积极开展丰富多彩的校园文化活动，并把道德责任教育的内容贯穿于其中；还要发挥教育者的人格魅力，这比理论教育和活动教育更有说服力。教育学生要有道德、负责任，教育者自己必须要有道德、负责任。教育工作者要为人师表、率先垂范，明确自己在学校管理、学生成长和发展中的责任；对社会消极现象既不回避，也不放弃正确的引导。这种人格魅力，会在潜移默化之中影响学生，引导他们不说假话，面对现实，勇于承担自己的责任。可敬的教育工作者应该是德行高洁而不虚伪，心地仁慈而不优柔，说话坦率，言行一致，让学生在模仿和评判中优化个性结构，促使他们的个性得到健康发展。

（四）社会是道德责任教育的重要渠道

大学生道德责任感的培养同社会环境的优化息息相关。因此必须努力营造一个以负责任为荣、不负责任为耻的社会舆论氛围，使人的责任感最大限度地得到释放。大学生道德责任感的培养需要一定的社会制度作保障。尽管责任作为一种客观的社会要求对于任何一个主体来说都是无条件的、义不容辞的，但要使人们自觉自愿地尽职尽责，从根本上说，必须同人们的实际利益相挂钩。利益因素对履行道德责任的态度至关重要。在个人正当利益得到保障的前提下，绝大多数大学生会自觉自愿地履行道德责任。因此，大学生道德责任感的培养有赖于责、权、利相结合的社会制度的保障。只有个人与社会的利益关系达到水乳交融的程度，才能使人们真正在心理、情感和行动上同社会的责任要求保持一致。在社会层面，要净化大学生成长的道德责任环境，还大学生健康成长的一片蓝天。只有社会的经济环境、政治环境和教育环境成为养成良好道德风尚的积极因素，道德责任教育才能取得良好的效果。

1. 创设良好的社会责任氛围

目前，我国的一些相关部门也都曾组织过道德责任教育的活动，但毕竟是零散的、阶段性的，没有形成系统。社会上不同人群的道德责任意识也有较大差别，尤其是在市场经济条件下，一部分人为了满足自己的经济利益，完全置他人利益于不顾，造成了不良的社会影响。因此，在构建和谐社会的进程中，必须加强对全体公民的道德责任教育，要在全社会营造人人负责任的良好风气，增强全民族的责任意识，树立人人为我，我为人人的观念，引导国民从我做起、从小事做起、从今天做起。在全社会树立以负责任为荣、以不负责任为耻的良好风气，为大学生的道德责任教育提供良好的沃土。

2. 建立和健全各种形式的责任制度

责任制度所规定的责任，与道德责任的内容并不完全相同，后者比前者有更广的范围和更高的要求，但是实行各种形式的责任制度，把责任与利益联系起来，无疑是有利于增强人们的道德责任感的。因此，建立健全各种形式的责任制度，并辅以相应的赏罚机制，也是道德责任教育不可缺少的环节。大到国家、社会、政府的责任，小到每个单位、每个科室的责任，都应该做到有章可循。

3. 创造浓厚的道德责任教育氛围

社会舆论的导向作用对道德责任的培养与提高起着重要作用。社会可以充分利用电视、广播、报纸、计算机网络等多种大众传媒方式和手段，大力倡导道德责任教育，以生动的社会示范引导大学生认识到应提倡什么、抵制什么，督促大学生反思自己的道德责任行为，强化道德责任意识，进而激发他们的道德责任使命感。社会还必须树立一些现实生活中负责任的典型，对他们的事迹进行大力宣传，形成新时期具有时代精神的先进典范，为大学生提供学习的榜样。

总之，应该在全社会倡导人人负责的理念，营造人人负责任的氛围，形成一套行之有效的道德责任教育体系，使每个人都明确自己的责任，以适合社会发展的需要，担负起历史重任，在构建和谐社会的进程中发挥自己的作用。

（五）大学生自己是道德责任教育的关键因素

与教育相比，自我教育乃是一种更为深刻、更为根本的教育。从某种意义上讲，学生能否进行自我教育以及在什么水平上进行自我教育乃是衡量教育是否成功，以及在什么程度上成功的一个重要标准。道德责任教育要特别注意发挥人的自觉性。良好道德责任行为的养成不仅要靠外炼，更重要的还是要靠内化。事物的发展和前进是以外因为条件、内因作根据的，外因只有通过内因才能发挥作用，道德责任的教育也是如此。可见，一个人要养成良好的道德责任行为习惯并不是一件容易的事，它需要长期教育、引导和训练的积累，更需要自我审定、自我吸取、自我成型。所以，大学生要想成为一个有道德的人，成为一个高尚的人，成为一个受人尊重的人，成为一个有道德责任感的人，就要做到以下方面。

1. 加强自身修养

个人内在的修养是建立道德责任意识的基本因素，只有通过内在的修养，才能把外在的道德责任要求转化为自身的道德责任意识。自省是加强个人修养的基本前提，一个人缺乏自省，他就永远不能求得良好的发展和完善。

2. 做到知行统一

培养道德责任感就要从具体工作做起，从一点一滴做起，那种放纵自己的欲望、不遵守纪律、任性妄为的行为是错误的，大学生应当学会把握自己的言行，自觉承担责任、履行义务，努力做到知行统一、言行一致。

3. 加强实践

大学生要不断主动、积极地认识、体验、实践，把道德责任规范和要求内化为精神财富。只有在生动、具体的道德责任实践中，亲身体验和感悟到高尚道德情操和高度责任感的伟大力量，才能加深对高尚道德情操和道德责任规范的理解，从而提高履行道德责任的自觉性，把道德责任认识、道德责任观念逐步升华为相对稳定的道德责任行为，从而履行好自己的道德责任。

总之，大学生只有不断地加强自身修养，并外化为自己的责任行为，加强实践，并努力做到知行统一，才能实现自己的远大理想和抱负，才会做一个有益于国家、有益于社会、有益于家庭和有益于自己的有价值的人。

道德责任教育是一个系统工程，必须纳入社会的大体系，建立和健全家庭、学校、社会、自身四位一体的教育网络。家庭是道德责任教育的基础环节，正确进行家庭道德责任教育十分重要；学校是道德责任教育的主要阵地，是使大学生形成道德责任人格的中心环节；社会是多种道德责任教育因素共同发挥作用的综合性渠道。因此，社会关系及社会风气的好坏，对人们尤其是大学生的道德责任人格的培养有着重大的影响。大学生自己是道德责任教育的关键因素，只有自己不断加强修养和锻炼，并加强实践，才能形成良好的道德责任行为习惯。只要整个社会各个领域、各个部门、各个方面都共同行动起来，发挥主动性，互相紧密配合，就会为道德责任教育营造一个奋发向上的精神状态和氛围。我们在运用这些教育渠道对教育对象施加道德责任影响时，必须做到方向一致、协调统一、齐心合力、避免相互抵消。

长期以来，我国高校德育中责任教育存在的缺失和弱化倾向及其带来的相关社会后果，已经引起了全社会的广泛关注。一些大学生不同程度地存在社会责任感缺乏等问题。现实生活中，道德责任的丧失使道德教育改革势在必行。通过对道德责任的内涵、意义与实现条件的分析和现有的高校道德教育的反思，我们可以看到，责任教育还存在一些不尽如人意的地方，如道德教育价值的狭隘与功利主义、目标设定的管制与防范取向、内容的封闭和单一、方法的强制与灌输、教师观与学生观的偏失，这些因素的存在必然使道德教育实效低下。为此，高校必须把道德教育变成学生自由活动的领域，建构一种以学生为主体、以自由为基础的道德哲学和道德教育模式。在道德教育中准确定位，如何把学生的自由具体化等问题，需要各界人士的共同思考与探索。

第五章
大学生责任担当素养的培育内容（二）

第一节　大学生自我责任担当教育

改革开放以来，我国的社会生活发生了巨大的变化，人们的生活水平显著提高，人们的社会心理也发生了深刻变化，尤其是出生与成长在这一时期的大学生，他们更加自信、进取并积极地追求有价值的人生。当代大学生自我责任感的缺失已经成为一个突出问题，如果对此不加以正确引导而任其发展，将会严重影响他们的健康成长，影响他们社会责任感的增强，影响高校德育工作的开展以及和谐社会的建设。因此，对当代大学生自我责任感的培养显得尤为重要而迫切。

一、大学生自我责任意识的核心

"高校教育的目标是培养有创新精神、实践能力和责任担当的大学生。大学生自我责任意识是促进大学生自我全面发展和建设创新型强国的需要。"① 自我责任感是指个体对自己在承担自身发展的责任中做出的行为选择、行为过程及后果是否符合内心需要而产生的情感体验。自我责任感的内容包括自我生存的责任感和自我发展的责任感，如自我生命的责任感和自我身心健康的责任感可以满足自己的物质生活需要，丰富自己的精神生活，有明确的奋斗目标和人生理想，能够捍卫自我人格尊严，并履行自己的义务，从而提升自己的人生境界。归纳起来，自我责任感就是人们对自我生命以及身心健康的责任感，有正确的世界观、人生观和价值观和有良好的道德修养。自我责任感的核心是自爱、自尊、自律和自强。

自爱，即爱惜自己的身体、人格和名誉，是个人责任的基础。

---

① 曾妹．如何培育当代大学生自我责任意识［J］．邢台职业技术学院学报，2020，37（02）：15-17.

自尊，表现在尊重自己，维护自己的人格和尊严，重视自己在社会中的存在价值，喜欢和热爱自我的情绪以及接受自我的意向。一个人如果缺乏自尊就没有人格的追求，就无法体现他的个性，也就否定了自己的存在。

自律，即个人自觉地按照“应当如何”的要求去选择和约束自己的行为，这样有利于他们在平时的学习和生活中正确地把握自己。只有达到了自律，才会成为一个有教养的、高尚的和有责任感的人。

自强，就是独立自主、自力更生，通过自己的努力奋斗使自己不断进取、不断进步。自强是一种不满足现状、不断向上的奋斗精神，在人们履行自我责任的过程中，自强为人们实现自我责任不断提出新的目标和努力的方向，并要求人们为此而做出不懈的努力，它是自爱、自尊、自律的升华。

二、大学生自我责任意识与社会责任意识的关联

（一）大学生自我责任感与社会责任感的区别

自我责任感，是指个体对自己在承担自身发展的责任中做出的行为选择、行为过程及后果是否符合内心需要而产生的情感体验。具体内容包括自我生命的责任感、自我身心健康的责任感、满足自己的物质生活需要、丰富自己的精神生活、有明确的奋斗目标和人生理想、捍卫自我人格尊严、履行自己的义务、提升自己的人生境界。它表现为一种自我认知、自我设计和自我发展的意识和行为。

社会责任感就是在一个特定的社会里，每个人在心里和感觉上对其他人的伦理关怀和所应尽的义务。社会绝不是无数个独立个体的集合，而是一个相辅相成、不可分割的整体。当代大学生社会责任感包括除对个人以外的他人、家庭、集体、社会、生态环境等的责任感，表现为一种有利于他人和现实社会良性发展与协调发展的行为；坚持道德上正确的主张或真理；坚持实践正义原则；愿为他人作出奉献和牺牲等。所以我们一定要有对社会负责、对其他人负责的责任感，而不仅仅是为自己的欲望而生活，这样才能使社会变得更加美好。

（二）大学生自我责任感与社会责任感的联系

第一，责任感是人对客观事物的态度体验及相应的行为反应，二者都在调整着个人的行为。无论是具有较强社会责任感的大学生，还是具有较强自我责任感的大学生，都会在现实社会中表现出一种负责任的行为。

第二，二者在调节个人行为时相互影响。自我责任感的养成是社会责任感养成的前提和基础。因为，人是作为个体而存在的，一个人应对自己的生存和发展负责。从客观上说，如果一个人对自我的生存和发展都不负责任，也就不可能对他人、集体和社会负责任。从主观上说，一个人若对自己的生存和发展不负责任，那么他也不会对他人以及社会的发展负责。因此，如果个人没有自我责任感，社会责任感也将不能形成或保持稳定。反过来，一个对他人、集体和社会等负责任的人也必定是一个对自我负责任的人，也就是说，有高度社会责任感的人，也一定是有高度自我责任感的人。没有高度的社会责任感，低层次的自我责任感就不能得到相对稳定，就不能得到自我显现、自我肯定和自我转化。同样，一个人没有自我责任感，社会责任感也就很难形成。

总之，个人对自我负责是承担社会责任的基础，社会责任感的培养则使自我责任感保持正确的方向，两者相互统一。

（三）大学生自我责任感应自觉上升到社会责任感

自我责任感与社会责任感之间的关系体现了个人与社会、个人发展与社会发展、个人利益与社会利益之间的关系。人的本质，在其现实性上是一切社会关系的总和。离开特定的社会，单个的人是无法存在的，从来就不存在脱离社会、超越社会关系的个人。因此，人类社会作为一个主体，既依赖个人，又超越个人。个人作为价值主体，必须对自己作为人类的一员而负责，为人类的继续发展和后代的生长创造更好的环境作出更大的贡献。同时，个人也必须对自己生活中的他人、群体和社会负责，应当创造出高于自身需要的价值贡献给社会，促进社会的和谐与发展。所以，当个人利益与社会利益发生冲突时，应当自觉以社会利益为重，把自己置身于时代和社会之中，把个人利益与国家利益、民族利益连在一起。个人发展依赖于社会，大学生要自觉地由对自我负责上升到对社会负责。

三、大学生自我责任意识培养的必要性

（一）有利于和谐社会的构建

社会主义和谐社会的特征是民主法治、公平正义、诚信友爱、充满活力、安定有序、人与自然和谐相处，这是一个法治与德治充分融合的社会，是一个人与自身、人与他人、人与自然以及人与社会和谐相处的社会。大学生自我责任感的培养不仅有利于大学生自我身心的和谐，而且有利于大学生与他人、与社会以及与自然的和谐。

大学生是祖国未来的建设者和接班人，他们在建设和谐社会过程中有自身的优势，即

他们在承载科学知识的同时，也在接受、创造、传播着人类文明。他们不仅为社会提供先进的科学技术成果，也为社会提供优良的精神产品，他们将会为社会主义和谐社会的建设提供极大的物质财富和精神财富。大学生通过自我责任意识的培养，养成知法、守法、护法意识；强化自身的法治观念，维护法律的权威尊严；提高自身的道德主体意识、合作精神、团队意识以及集体主义精神；培养自身热爱自然、爱护环境、节约资源的社会公德意识，从而将自身塑造成个性自由发展的、具备强烈自我负责意识与社会参与意识的现代社会的合格大学生。这样不仅可以使当代大学生成为一个个优质的个体，成为社会的优秀建设者，同时，他们在自我成长和自我完善的过程中也可以影响和带动其他人群，共同成为社会主义和谐社会的合格建设者。

（二）有利于高校德育工作的更好开展

大学的道德教育就是要教育学生如何做人，培养出有责任感、能肩负历史使命、具有奉献精神的人。这既是高校道德教育的重要目的，又是高校道德教育的核心内容。思想道德素质状况的核心评价标准是责任意识的强弱，因为责任所包含的道德强制力和道德理性是所有道德规范中最多的，也是社会的道德要求和个人的道德信念结合得最紧密的。换言之，责任在整个道德规范体系中是处于最高层次的。道德教育实际上就是责任教育，它教人负责地行动。当前我国高校的道德教育，不仅要求大学生有渊博的知识，而且要有较高的道德修养。大学生在自己履行责任的过程中，不仅积累了丰富的知识，同时也把道德的外在要求内化为对自身的要求，提高了自己的道德修养水平。

（三）有利于大学生的自我完善与发展

根据辩证唯物主义的原理，物质决定意识，意识对物质具有能动的反作用，意识一旦形成，反过来能够指导人们的行为。意识的能动作用有两种不同的性质：正确的思想意识能够指导人们采取正确的行动，促进事物的良性发展；相反，错误的思想意识会引导人们采取错误的行动，对事物发展产生阻碍甚至破坏作用。自我责任感是属于正确的意识范畴，对人的行为具有正确的指导作用。

首先，自我责任感有利于大学生的自我认知。自我认知包含认识自我的智能、情感、个性、行为的现状及其发展的可能性，能够主动地认识自我的优点和不足。

其次，自我责任感有利于大学生的自我调控和自我设计。大学生通过自我认知和自我反思，认识到自己的缺点、不足，自身的不和谐以及与他人、集体、自然界乃至整个社会的不和谐，就会进行有意识的自我改变、自我调整，扬长避短，进行新的自我设计，以便使自己的智能、情感、个性、行为达到协调和谐。

自我发展和自我完善是大学生逐步学会运用认知能力强化自我意识，自觉地协调、发展自己的知情意行，并尝试实现自我的过程。在这一过程中，大学生主动培养自尊、自爱、自律、自强意识，并将已认知的自我责任意识迁移到各种活动中、内化为自身品质。它具体表现为大学生能随时随地注意自己的知情意行，并有较强的自我学习、自我保护和自我调控能力。大学生正是通过这种过程来不断地提高自己、完善自己。

（四）有利于大学生社会责任感的不断增强

个人是社会的一分子，一个对自我负责的人通过不断的自我认知、自我反省、自我设计、自我调整，从而实现自我提高和完善，使自己成为一个积极向上的人，成为一个自尊、自爱、自律、自强的人，成为社会整体中的一个健全、独立、完满与和谐的部分，这本身也是对社会负责的一种表现。任何对社会的责任都是基于个体人格独立、健全、完整之上的责任担当。

对自我负责是对社会负责的基础和前提，没有自我责任感，社会责任感也将不能形成或稳定。自我责任感还有助于大学生形成正确的世界观、人生观和价值观。自我责任感较强的大学生生活态度积极，有明确的奋斗目标和人生理想，他们会把自己的行动与社会的要求协调起来，自觉地把自己融入社会的大环境；把自己的利益与集体的利益、国家的利益、民族的利益以及社会的发展连在一起，在与社会的和谐发展中实现自己的人生理想和人生价值。

有自我责任感的大学生能够自觉学习、勤俭自强，能够为社会创造更多的财富；有自我责任感的大学生也注重个人道德修养的提高，他们更懂得尊重自己、尊重他人，自觉做到爱国守法、明礼诚信、勤俭自强、敬业奉献、保护环境、节约资源，这些都有利于大学生社会责任感的增强。

四、大学生自我责任感的培养对策

当代大学生自我责任感的培养应遵循社会、学校、家庭以及大学生个人四位一体的原则，通过外因、内因共同作用于大学生自身，使自我负责意识内化为个人的品质，外化为良好的责任行为。

（一）优化社会环境

1. 建设社会主义核心价值体系

社会主义核心价值体系的基本内容包括马克思主义指导思想、中国特色社会主义共同理想、以爱国主义为核心的民族精神和以改革开放为核心的时代精神、社会主义荣辱观，这五个方面的内容，各具功能、各有侧重，相互联系、相互贯通、相互促进，是一个有机统一的整体，共同构成了社会主义意识形态领域的根本体系，是一个结构完整、逻辑缜密的科学体系。社会主义核心价值体系是一种揭示了自然界、人类社会和思维发展的普遍规律的基本理论、立场、观点和方法，是一种关于社会发展和人生进步的根本价值取向、目的追求和精神境界。它不仅作用于经济、政治、文化和社会生活的各个方面，而且对每个社会成员的世界观、人生观、价值观都有着深刻的影响。

如今，我国的社会经济成分、组织形式、利益分配形式和就业方式等日益多样化，人们的价值取向、道德观念和文化生活也日趋多样化。在当前思想活跃、观念碰撞、文化交融的时代背景下，必须用社会主义核心价值体系引领多元的价值观念和社会思潮，努力在全社会形成统一的指导思想、共同的理想信念、强大的精神支柱和基本的道德规范。这样不仅可以为大学生的身心健康发展创造良好的社会环境，而且社会主义核心价值体系能够包容当代大学生的普遍而合理的价值追求，能够引导他们走出片面、狭隘、自私的价值追求，也就能够使青年大学生焕发出极大的热情和积极性，能够使他们普遍地认同和信奉社会主义核心价值体系，在正当基础上向高尚和伟大的价值挺进，能够使他们相信只要坚持去做、用心去做，每个人都会不断有所收获、有所提高。

（1）合理吸收各种社会思潮的有益成分。用社会主义核心价值体系引领多样化的社会思潮，大学生要主动汲取多样化社会思潮中的各种有益成分，既不断追求自身的发展和创新，又不断寻求和扩大社会思想共识，以共识巩固发展，不断提升社会主义核心价值体系的生命力、凝聚力和感召力。在形形色色的多样化社会思潮中，存在着大量与社会主义核心价值体系的基本精神和主要方向比较一致的进步思潮。这些思潮或者本身是社会主义核心价值体系的一个构成要素，或者是在社会主义核心价值体系的影响推动下形成和壮大的。只有大力弘扬中华民族的优秀传统文化，积极借鉴人类有益文明成果，主动汲取和广泛聚合多样社会思潮中的一切具有科学价值和人文精神的有益成分，才能真正激发活力、引领潮流，才能确保当代中国社会思潮的主流体现社会主义先进文化的前进方向，才能进一步打牢全党全国各族人民团结奋斗的思想道德基础，也才能形成全民族奋发向上的精神力量和团结和睦的精神纽带，更好地建设中国特色的社会主义文化强国。

（2）充分包容多样社会思潮中的无害因素。社会主义核心价值体系既突出坚持一元化指导思想，又强调“尊重差异、包容多样”；既明确了共同的理想，又涵盖了不同阶层不同群体的愿望；既坚持了先进文化的前进方向，又尊重了不同群众的思想状况；既体现了先进性要求，又体现了广泛性要求。用社会主义核心价值体系引领多样化的社会思潮，要在坚持导向一元的基础上，充分尊重社会文化的多样性特点和合理性部分，善于包容多样社会思潮中与社会主义核心价值体系的基本精神和主要方向并不相悖的成分，在尊重多样性、包容差异性中构建社会主义和谐社会。我们只有尊重差异，才能超越民族、城乡、地域和阶层等多方面的差异，增强社会成员的归属感和向心力；只有尊重差异，才能扩大社会认同；只有包容多样，才能增进思想共识，才能团结不同阶层、不同认识水平的人们，才能充分挖掘和鼓励不同阶层、不同群体所蕴含的积极向上的思想精神，也才能最大限度地形成思想共识，凝聚力量，万众一心地建设中国特色社会主义。

总之，只有用社会主义核心价值体系引领社会思潮，才能为当代大学生自我责任感的培养创造良好的社会环境，才能够引导当代大学生积极追求合理的价值取向。

2. 健全法律法规及责任制度

青年大学生虽然有思想，但由于他们的思想还不成熟，极易受到周围环境及社会风气的影响。青年大学生自我责任感的形成与提高不仅取决于价值引领，还跟社会对不良现象的有效遏制和惩处有关。而这些不良现象的遏制和解决单纯靠人们的道德约束是不够的，需要建立和健全法律制度。对违法事件进行严厉制裁，绝不手软，坚决维护法律的尊严，让那些腐败和违法乱纪以获取不正当利益的行为无路可走，真正做到保证公平、正义。同时还要制定各种形式的责任制度，并且要严格地落实。一方面可以督促人们去履行责任；另一方面要进行严格的惩罚和制止，有效的追究责任。严格落实责任到人，对于责任的履行要奖罚分明，对认真负责的，要奖励和表彰；对失职渎职、互相推卸的，要予以追究和严惩。只有明确了责任规定和落实责任追究制度，人们才能自觉自愿地承担自己的责任，才能在全社会确立一种良性的责任导向。

（二）优化学校环境

在新时期新阶段，高校思想政治教育工作进入一个新的更加开放的环境，丰富大学生思想政治教育的内容既面临着巨大的机遇也面临着许多的挑战。在这种时代背景下，高校思想政治教育的内容要结合社会现实及学生的实际情况，体现时代性和针对性。高校思想政治教育要坚持以理想信念教育为核心，以爱国主义教育为重点，以思想道德建设为基础，以大学生全面发展为目标。

1. 优化教学与管理方法

高校德育要充分利用现代科学技术和手段，积极借鉴国外责任教育的有益经验，改革和创新教育方法，改善管理方式，拓宽德育渠道，以便有效促进当代大学生自我责任感的养成。

（1）在教育方法方面，灌输和启发相结合。自我责任感是属于道德层面的，而道德不是自发形成的，需要有计划、有目的地灌输。而道德行为是发自内心的，道德行为习惯的养成还需要靠不断地启发自觉才能奏效，因而，高校教育要采取灌输和启发相结合的方法。在教学中，教师要多启发、多诱导，让学生参与互动，调动学生的主动性和积极性，让学生放开手脚，让学生动起来，形成知识迁移。同时让学生在讲故事、朗诵、问答和角色扮演中自己教育自己，逐步意识到自己身上所承担的责任，从而自觉地去履行自己的责任。

（2）加强道德实践，发挥大学生的主体作用。人的自我责任感是认识过程、意志行为过程和情感过程的统一，而实践是这一切的基础。人对自己的道德行为的控制力不会偶然产生，它只能通过道德实践活动，在各种社会关系和交往中判断道德的是与非、善与恶，形成道德情感，从而养成良好的道德行为习惯。学生是道德责任的主体，培养大学生的责任感，就要尊重学生的主体地位和主体人格，不能仅靠“道德灌输”和对道德规范的死记硬背来达到，还必须通过各种社会实践活动，发挥学生的主体作用，强化他们对责任感的认识。社会实践活动能促使大学生对社会生活的认识更加深刻，在观察、感受社会生活中培养责任感，增强自己的责任意识和责任行为能力。

（3）建立责任评价制度，以他律来推动自律。高校要建立一套科学合理的责任评价和管理制度，用规范来监督、约束和遏制不负责任的思想及行为，以“他律”来推动“自律”。如果有责不担，将会受到相应的追究和惩罚，并为此付出相应的代价。只有这样，责任感才会在大学生的内心成为一种自觉，才能达到有效遏制校园中一切不负责任的行为。高校需要建立一套合理的责任评价体系和奖惩标准，明确规定哪些行为是被鼓励的，哪些行为是被禁止的，对于自觉承担和履行责任的学生要给予鼓励和奖赏，对于逃避责任的应给予相应的惩罚，充分发挥责任评价机制的教育引导作用。把大学生的责任评价作为大学生综合素质评定的一个重要方面，如实记录，并写入学生的期末档案，作为以后个人贷款、抵押、用人单位招聘或升迁的一个参考指标，直接与大学生未来的工作和生活密切联系起来。在这一约束机制下，大学生就不会轻易放弃自己的责任。

（4）拓宽德育渠道，加强德育隐形教育，增强实效性。高等学校应该在普通课程和专业课程的教学中以及学生的管理工作中不断加强德育渗透。高校应实行德育的“全员教育、全程教育、全方位教育”，让德育渗透到各学科、各专业、各阶段，并把德育工作作为一项重要的任务长期来抓。在教学中，充分发动一切教师在所教学科中无形地渗透德育内容，如计算机专业，教师可以教育他们充分利用高科技为社会创造财富，而不是利用高科技搞破坏；环境学科的教师可以教育学生要珍惜我们生存的空间，爱护环境、节约资源等。在管理工作中，高等学校应设有专家咨询团队，从事非学术的咨询评议活动，当学生遇到某些心理、学习、生活上的困难时，由专家负责解答这些问题。此外还要有精神学、法学等方面的专家，定期对学生的思想、心理及生活问题给予评议，旨在培养学生健全的人格。在组织校内外活动中，也可以渗透教育的内容，使学生在不知不觉中受到道德的熏陶。

2. 加强高校教师的师德修养

当代大学生自我责任感的树立与高校教师的言传身教有着直接的关系。当前高校应全面提高教师队伍的职业道德素质和责任意识，加强管理和培训。高校教师本人也应自觉学习教育法律法规、教学管理规章制度、教师职业道德规范和优秀教师事迹等，结合工作实际，自觉提高道德修养以改进工作作风；严格履行岗位责任，严谨治学，从严执教，真正做到以德修身、以德治教、以德育人。教师在传授知识的同时，通过良好的仪表、文明的语言、高尚的道德等给学生以潜移默化的影响。在课堂教学活动中，教师要为人师表，不宣泄个人情绪，不散布不良言论，敢于管理，既要严格要求学生，又要热爱学生、尊重学生和关心学生，积极引导学生自主学习、健康成才。

3. 构建良好的校园文化

校园是培养人、教育人的地方。良好的校园文化环境具有鲜明正确、鼓舞激励的导向作用，它可以促使学生在浓郁的文化氛围中潜移默化地健康成长。建设良好的校园文化需要做到以下三点。

（1）加强基础设施建设。高校要不断加强学校的基础设施建设，努力营造高雅的校园环境，使校园的山、水、园、林、路等达到使用功能、审美功能和教育功能的和谐统一。用优美的校园景观激发大学生对校园的热爱之情，陶冶大学生关爱生命、关爱自然、关爱社会、关爱他人的美好情操。

（2）完善各项管理制度。高校要把修订和完善制度作为工作重点，全面规范学校各方面的规章制度，把此项工作作为推进依法治校的重要环节。通过加强制度建设，进一步规范学校的管理活动；规范广大师生的教、学行为；创造健康和谐的学习和工作氛围。

（3）加强校园精神文明建设。良好的校园精神文化有利于大学生自我责任感的提高。校园精神文化具体体现在建设良好的校风、教风、学风和丰富的校园文化活动方面。在校风建设方面，高校要在充分挖掘学校历史传统宝贵资源的基础上，结合学校发展战略和规划，根据学校办学思想和理念，大力营造崇尚科学、严谨求实、善于创造、具有时代特征和学校特色的良好校园风气。在教风建设方面，高校要扎实开展师德教育，制定完善师德规范，严格师德管理，加强教师思想品德和学术道德教育，宣传师德建设先进典型，积极建设“志存高远、爱国敬业、为人师表、教书育人、严谨笃学、与时俱进”的优良教风。在学风建设方面，高校要制订、完善大学生行为规范，并严格管理，特别是考试纪律管理，营造良好的学习氛围，努力形成勤于学习、奋发向上、诚实守信、勇于创新的良好学风。

此外，高校还要精心设计和组织开展内容丰富、形式新颖、吸引力强的思想政治、学术科技、文娱体育等校园文化活动，把德育、智育、体育、美育渗透到校园文化活动之中，使大学生在活动参与中受到潜移默化的影响，思想感情得到熏陶、精神生活得到充实、道德境界得到升华。总之，良好的校园文化氛围有利于大学生自我责任意识的培养。

（三）优化家庭环境

大学生在自我责任感的形成过程中，家庭的影响是最早的也是极其重要的。家长是孩子的启蒙教师，也是孩子的终身教师。因此，家长应自觉负责，以身示范；在日常生活中，注意培养孩子的责任意识和责任行为，同时要改变重智轻德的观念，重视孩子道德的培养和身心健康成长。

1. 家长自觉负责，以身示范

自我责任感的形成过程是一个在人际交往中观察、模仿他人责任行为的学习过程。父母是子女接触、观察、模仿最多的对象，家长自身的道德品质、责任行为、文化素养以及生活经历等都会对子女的一生产生影响。尤其在子女的成长过程中，父母对子女责任感方面的教育，身教胜过言传。

（1）作为父母自身要不断学习，加强文化和思想修养，时时处处以身作则，起到榜样的作用，让子女看到父母做人做事的诚实和负责任的态度。

（2）父母要勇于当着孩子的面承认自己的错误并勇于承担自己应负的责任，这样的实际行动比单纯说教更有说服力。

2. 家长培养子女的责任意识与责任行为

家庭教育应注意从小培养子女的责任意识和良好的行为习惯。

（1）帮子女树立责任意识，教育子女要对自己的言行和选择的后果负责。不要为自己的失败找借口，让其意识到自己是一个独立的个体，要对自己行为的后果承担责任。对子女独立行为的结果，无论好坏，父母都要鼓励子女敢作敢当，不逃避退缩。

（2）父母要培养子女良好的行为习惯。家长要有意识地通过日常生活劳动培养子女的责任感。比如，自己整理房间、自己洗衣服；要求子女按时作息，不挑吃穿，自己的事自己做。同时作为家庭的一个成员，还要帮助洗碗做饭、购物买菜、打扫卫生及其他一些家庭劳动等。通过日常劳动培养子女讲卫生、讲自立、讲奉献、懂节俭、懂感恩的良好行为和习惯。

3. 家长关注孩子的道德修养与心理健康

家长要改变重智育轻德育的思想，要把培养子女的道德修养和心理健康作为重中之重。家长要用社会所共同倡导的价值观念、行为规范教育子女，帮助孩子正确认识自我与他人、自我与社会的关系；培养孩子尊老爱幼、团结同学、乐于助人、文明礼貌、诚信友爱、遵守纪律、勤俭节约、艰苦朴素、感恩奉献等美德；培养他们自尊、自爱、谦让、合作等基本的道德品质。同时，家长也要关心孩子的心理健康。大学生面对躁动、浮华的世界，容易经不住诱惑，易于陷入狭隘、自私、放纵自我的境地。父母要了解各学习阶段子女的生理、心理特征，能正确对待大学生的情绪和情感变化；要注重与子女进行心与心之间的交流，随时注意子女的思想动态和价值取向，发现有偏差和错误要及时予以有效的引导。父母还要教育子女学会自我调适，养成乐观进取、豁达开朗的精神和健全的人格。

（四）大学生培养自我负责意识

大学生自我责任感的培育固然离不开学校、教师的教育和引导，离不开社会环境的影响，但是，按照马克思主义哲学的观点，这些都是外因，外因是事物发展变化的条件，内因是事物发展变化的根据，外因只有通过内因才能起作用。所以，大学生自我责任感的培养归根结底还是依赖大学生自身作用的发挥。因此，大学生要从自身做起，树立科学的世界观、人生观和价值观，自觉做到自尊自爱、自律自控和自立自强。

1. 自尊自爱

（1）正确地认识自我，全面地评价自我。自我认识的水平高低是一个人文明程度的标志之一。如果对自己的真善美认识不足，也就不知道爱自己的什么。相反，一个人如果能够正确地如实地认识和评价自己，就能正确地对待和处理个人自身，个人与社会、集体及他人的关系；就能克服自己的缺点，充分发挥自己的长处；就能在工作中充分展示自己的能力并发挥自己的作用。

在认识自我的基础上，大学生更要学会全面地评价自我。自我评价是对自己能力、品德、行为、兴趣、爱好、思维方式的特点、毅力的恒久性、已有的知识结构、献身精神等方面作出评价，它最能代表一个人自我认识的水平。一个心理健康的人能够作出恰当的自我评价，他们能体验到自己存在的价值，能接受自己，对自己抱有正确的态度，不骄傲也不自卑。心理不健康的人常缺乏自知之明，对自己的优缺点缺乏正确的评价，自高自大、孤芳自赏或自暴自弃。

（2）大学生在正确地认识自我和评价自我的基础上，要做到自觉地、有意识地爱护自我、爱惜身体、珍惜生命。在任何时候都不轻易放弃生命和生存的权利，即使面对再大的困难、打击，甚至疾病的折磨，也要珍爱生命，与困难或病魔做顽强的抗争。珍爱自己的生命还要有健康的生活方式，不抽烟、不酗酒、不赌博、不吸毒、不使自己养成不良的生活习惯。爱惜身体要做到按时作息、饮食有规律、生活有节制、杜绝垃圾食品、坚持运动、重视锻炼，使自己拥有健康的体魄。

（3）大学生还要尊重自我，爱惜自己的人格和名誉，不为金钱、权力、利益、美色等丧失自己的人格和尊严，在任何情况下都不做有损道德的事。在日常生活中，自觉遵守公民道德规范，遵守社会公德、职业道德和家庭美德，自觉地以社会公认的道德准则来规范自己、约束自己，并且按照“理想的自我”，力求矫正自己、完善自己，注意完善道德修养。

（4）大学生要学会接纳自我、欣赏自我、改进自我、学会自信，善于释放自己的压力，培养良好的心理素质。

2. 自律自控

自律是与他律相对应的一个概念，自律是要求个人自觉地按照一定的社会道德评价标准对自己的言行进行自我审视并自我调控，进而达到与社会正常道德水平相一致的自我约束行为，即按照“应当如何”的要求去选择和约束自己的行为。自控即控制自己的情绪和言行。培养责任自觉性，形成道德自律自控，是大学生道德修养的重要目标。一般来说，大学生学习阶段是一个人相对比较独立的时期，即在生活中远离了父母，在学习中又没有高中阶段的严格要求，这一时期的大学生自由性、随意性强。这既为大学生塑造健康独立人格创造了良好的外部环境，同时也孕育着潜在的风险。

因此，大学生只有做到自律自控，才能在成长中面对纷繁的充满诱惑力的世界择善而行；才能有利于他们在平时的学习和生活中正确地把握自己，有效地约束和控制自己的言行并及时改正不正确的言行，增强自我责任感。

3. 自立自强

当今社会是一个竞争越来越激烈的社会，一个人如果缺乏独立意识、什么事都依靠别人迟早会被社会边缘化，最终沦为工作、生活的失败者。凡是事业有成的人士往往都是有着很强独立生存能力的人，因为他们在自己的成长过程中独自经历了困难和挫折，因此，大学生要培养自己的独立意识和自强精神。自立自强不但可以使当代大学生在校园学习生活中更加充实、学习更多的知识，为将来走向社会打下坚实的基础，同时也可以使他们有足够的心理准备去应对困难、挫折和打击，使自己在生命的转型中不断地走向成功。大学生在学习期间，要从以下方面努力培养自己自立自强的能力。

（1）勤于动手，独立地处理日常生活问题。大学生自从进入大学校门那一天起就意味着从父母呵护的小圈子中走出来，那种原先日常生活中依靠父母的状态就要相应地发生改变。吃饭、洗衣、打扫卫生、生活管理、学习以及与同学、教师的相处问题等都要靠自己来处理，这些基本生活问题的处理是大学生走向自立自强的第一步。

（2）勤于动脑，思想独立，养成独立思考的习惯，不要人云亦云、不知所措。同时，在做决定时，不要总是依赖别人，或者犹豫不决，而是要在独立思考、综合考虑的前提下自己做决定。思想决定行动，只有思想独立，才有可能行动独立。

（3）保持经济独立，自己动手，丰衣足食。大学生通过勤工俭学或参与其他正当的社会实践活动，靠自己的体力、脑力或知识挣钱供自己生活消费，这样不仅参与了社会实践，锻炼了自己的社会适应能力，使学得的理论与实践相结合，培养自己自力更生的能力和艰苦奋斗的作风，在实践中不断提高自己，同时又可以减轻父母的经济负担，增强自己的自信心和独立性，正所谓一举两得。

（4）有坚强的意志，要自强不息。生活中遇到不顺心的事是很正常的，艰难挫折是人生的伴侣，无论社会发展到何种程度它都会和我们同行，只不过是在不同时期不同的人身上表现不一样而已。关键是如何去面对、处理困难。痛苦常使弱者厌世轻生，却使强者更加清醒奋进。当代大学生应当坦然面对生活、学习中的困难，不要轻易放弃。要把困难看作人生的一笔财富，当成磨炼自己意志的机会。

第二节　大学生家庭责任担当教育

一、大学生家庭责任意识的解读

“一个家，既是人们梦想开始的地方，也是一个社会、民族甚至国家进步和发展的重点之处。”① 家庭是指在婚姻关系、血缘关系或收养关系基础上产生的，由亲属之间所构成的社会生活单位。家庭责任是个人作为家庭的一员，而应为维护家庭和发展家庭所尽的职责。

作为年轻人中优秀的群体，作为 21 世纪祖国建设的生力军，当代大学生是祖国的未来和希望，他们接受过高等教育，具有较高的综合素质，比社会大部分一般人群掌握着更多的学识和能力，正是因为自身的高素质，社会给予大学生群体更高的期待与希望，当代大学生肩负着更多的责任，包括一般社会成员应当承担的责任与社会赋予的更多特殊的责任。

大学生作为祖国的天之骄子，肩负着多方面的责任，其中最重要的是自我责任、家庭责任、他人责任和社会责任。而大学生在正确认识自身角色的基础上，产生了相应的责任意识。大学生作为自己家庭的一员，在逐渐认知自身在家庭中责任的基础上，产生了家庭责任意识。大学生不但要在整个社会中担当好公民的角色，在家庭中更要努力扮演好自己的角色，发挥自己在家庭建设中的作用，自觉承担家庭责任，积极践行家庭道德规范。

大学生家庭责任意识是大学生所应具备的一种责任意识，是大学生在正确理解自身在家庭中所扮演的角色的基础上，切实体会到自身在家庭中所应担负的责任，自由自觉、自主自律地把握自身行为，依据家庭道德规范的要求选择自身行为，能够促进家庭的和睦与发展。在自觉行为的过程中所形成心理倾向与情感体验即大学生的家庭责任意识。

大学生家庭责任意识的培养主要贯穿在当今的教育过程中，主要是指学校、家庭或社会在构建和谐社会与和谐家庭的环境下，依据一定的道德规范、社会要求对大学生进行以家庭美德为主要内容的教育，帮助大学生培养高尚的家庭道德品质、积极的责任意志，提高承担责任的能力，逐步形成较强的家庭责任意识，自觉履行家庭责任，促进大学生自身与整个家庭共同发展进步的过程。

二、大学生家庭责任意识培养的意义

（一）有利于大学生履行家庭责任

当代大学生在整个家庭中成为受保护的重点对象，家庭的其他成员尤其是父母投入了较多的注意力在子女身上。过度的关注让大学生们习惯了被保护的生活，不少大学生对家庭的责任观念淡薄，只愿享受父母对他们的关爱与照顾，而不愿去想怎样去报答父母的恩

① 严慧明．浅析大学生家庭责任意识的缺失与培养［J］．太原城市职业技术学院学报，2017（09）：81-83.

情。他们认为父母给予自己生活的一切都是应当的，理所当然的。

培养大学生的家庭责任意识，是使当代大学生明确自己在家庭中的角色任务，懂得自己在家庭中应该尽到的义务，通过自身的刻苦努力为家庭的生存和发展创造良好的条件，保证家庭成员尤其是自己的父母能够平安、愉快、健康地生活。通过对当代大学生进行家庭责任方面的教育，主要是家庭道德规范、感恩教育等，逐渐培养起他们对家庭的责任感，努力提高承担家庭责任的能力，家庭责任意识不断得到增强，有利于大学生更加自觉更好地履行自身的家庭责任。

（二）有利于大学生社会适应能力的提高

责任意识是大学生健康成长的内在要求，责任感是大学生健康人格的突出表现。大学阶段是青年人走向社会的过渡阶段，大学生步入高校后，相对于以往的时光，在现实和心灵上都拥有了更多自己的空间，向往自由生活，但大学生理性控制生活能力还比较低。强化责任意识，才能使大学生认识到对家庭，对社会的责任，在面对人生选择时，大学生们能够正确抉择，并顺利开始社会生活。

家庭责任意识培养是大学生职业素质的重要组成部分，一个对家庭高度负责的人，才能对工作有责任感，才能踏踏实实工作。一个有着强烈责任感的人，工作热情会较高，对工作中不合理、不科学的生产方式、管理方式等问题，会因自身责任感的促使，形成批评与革新的愿望，推动工作科学化，有利于更好地胜任工作，同时亦可树立良好的个人形象。

家庭责任意识的培养能够促进大学生个人能力的提高，当大学生自身有着高度的家庭责任意识，本着对自己负责、对家庭负责的态度，大学生们势必会努力学习，强化自身的知识素养，提高自身技能，全面发展自身各方面的素质。这对于以后步入社会是十分必要的，提高了大学生的社会适应能力。

（三）有利于推动大学生全面发展

健全的人格和全面发展的人是教育的最终目标，大学生的全面发展主要包括三个方面的内容：①大学生体力与智力的全面发展，体力与智力是每个生命个体从事一切活动的身心基础，对于大学生群体也不例外，大学生体力与智力的全面发展是其他一切发展的先决条件；②大学生生理与心理的全面发展，高校教育工作要把大学生的生理肌体的发展完善作为目标之一，而大学生良好心理素质的培养更是十分重要；③大学生思想道德的全面发展，良好的道德品质是个体在社会生存的必要条件。

责任意识的培养与大学生的全面发展关系密切，具有一定的责任意识对大学生生理和心理的健康发展，对大学生知识的获得与能力的发展，对大学生的道德素质的提升都有重要的推动作用。责任意识强的大学生能自觉把自身的发展与社会的发展结合起来，具有较强的意志，更有利于实现自身的全面发展。大学生在逐步走入社会的过程中，无论是增强自身的社会适应力还是实现人生价值，都是在自我的不断完善与发展中进行的，这个过程都离不开一定的责任意识。

责任与人格相互联系，自觉履行责任是人格完善的标志，同时也体现出个人的人生价值。个体在社会中生存，处在一定的社会关系，本质在于他是一定社会关系中的责任主体。个人按照一定的社会角色，履行自己的责任，才会凸显个人人格，感受到人生的尊严和价值，实现个人价值与社会价值的统一。

当代大学生作为社会的优秀群体，应该承担起自身的责任，包括对自己、他人、家庭、社会等的责任。家庭在每个人的成长过程中发挥着重要作用，而个人对于所处的家庭也需要负责，大学生更应肩负对家庭的职责。培养大学生的家庭责任意识，提高大学生的道德认知和道德觉悟，增强大学生的家庭责任感，有助于健全大学生的人格品质，真正体现个人的尊严、价值，推动大学生的全面发展。

（四）有利于建设和谐家庭

“对大学生进行家庭责任教育不仅是弘扬中华民族传统家庭美德，构建社会主义和谐社会的需要，也是培养大学生家庭责任感和健全人格，促进大学生勇于担当家庭责任，促进家庭和谐的需要。”① 和谐家庭的建设包括的内容非常广泛，涉及政治、经济、文化、法律、伦理等众多领域。从本质上来说，构建和谐家庭就是通过培养积极向上的家庭文化、民主公正的成员关系、良好和谐的家庭氛围，构建家庭成员之间、家庭与社会之间、家庭与自然之间和谐相处的家庭模式，推进家庭与家庭成员的共同发展进步。

责任，对每个家庭成员来讲是非常重要的概念。家庭成员在享有家庭带来的自由和权利的同时，要担当起应有的责任，履行相应的义务。努力为发展家庭贡献自己的力量，奉献出自己的所能，同甘共苦、风雨共舟。大学生更应承担起对家庭的责任。

大学生家庭责任意识的培养有助于建设和谐家庭，同时能够推动和谐社会的建设。和谐社会建设的目标是达到人与社会的和谐、人与自然的和谐以及人自身的和谐。家庭是社会重要的组成部分，发挥着重要的作用，家庭是否和谐能反映出人与人之间是否和谐，以

---

① 罗朝安．新时代大学生责任意识培养研究［M］．北京：北京工业大学出版社，2019：177.

及和谐程度如何，这很大程度上影响着社会的和谐程度，建设和谐家庭是构建和谐社会的必然要求与重要影响因素。大学生群体作为各自家庭的成员在和谐家庭建设中发挥着重要作用，大学生自身的素质影响着整个家庭的和谐程度，进而影响着和谐社会的构建。

大学生家庭责任意识的培养，要以和谐家庭建设为背景，以家庭道德规范为主要内容，逐步提高大学生对家庭责任的认识，使他们能够主动自觉地承担起相应的责任，更好地发挥自身在整个家庭中的作用，协调家庭成员之间的关系，化解家庭内部矛盾，营造良好的家庭氛围，维护家庭的稳定与和谐，推动和谐社会的构建。

三、大学生家庭责任意识培养的内容

（一）孝敬父母的责任

我国非常注重礼仪，中国的孝道也是源远流长。孝敬自己的父母，是子女一种起码的义务和责任，培养大学生的家庭责任意识首先应包括对于父母的孝敬责任。

1. 孝敬

孝敬以亲人间的血缘关系为基础，对于父母，如果只是单纯停留在养活的层面，做不到发自内心的尊重与敬爱，这不是孝。父母不仅需要生活上的照顾，更需要感情方面的温暖。当代大学生要更加注重父母的精神需要，努力为父母开拓多样的生活形式，丰富父母的生活世界，满足父母的心理需要。因此，大学生应该时常和父母进行感情上的交流，平时多给父母打电话，多回家看父母，在与父母接触时，态度要和气，语气要温和。

2. 孝顺

孝顺父母包含理解父母，关心父母，敬爱父母，尽可能理解并支持父母的行为选择。但父母的决定并不是与子女的完全一致，当两者不一致时，作为子女要充分理解父母，设身处地地从父母的角度着想，尊重父母的思想。但是尊重父母的决定并不等于盲目地服从，如果自己父母的选择与决定不符合社会规范时，作为子女的大学生要耐心地劝说，以真情打动父母，以真理影响父母，帮助父母改变自己的错误选择与决定，不要将自己的感受随意强加在父母身上。

3. 孝思

子女如果不在父母身边的时候，要经常想念与牵挂自己的父母。大学生外出求学，一般都是在自己生活的地方之外学习，有的甚至离家较远。所以要经常问候父母。作为子女，大学生群体应该在父母有生之年做到尽孝。大学生们在照顾好父母的同时，应该保重自己的身体，处理好自己学习和生活上的事务，不让或少让父母为自己操心，这也是为尽到孝敬父母的责任所应该做的。

（二）关爱兄弟姐妹的责任

父母、子女之间，兄弟姐妹之间，每个家庭成员之间，都有相互依恋、相互尊重、相互关心、互养互助的需要。兄弟姐妹也是家庭的重要成员，所以大学生对于家庭的责任理应包括如何对待兄弟姐妹，而我们所强调的培养大学生的家庭责任意识，在对待兄弟姐妹上，要做到能够关爱兄弟姐妹，和睦相处，为家庭的发展共同努力。

兄弟是传统家庭中的重要关系，从传统社会开始，我国的伦理规范就非常重视兄弟关系的协调。古人提倡“孝悌”，悌就是处理兄弟关系的行为规范，主要体现在“兄友弟恭”。古人用以协调兄弟关系的伦理规范同样适用于当今社会中。兄弟姐妹关系是重要的家庭关系，直接影响着家庭的和睦。兄弟姐妹之间有着特殊亲密关系：①同为一父母所生，有着割不断的血缘关系；②从小生活在同一个家庭，无论是学习还是玩耍，都是结伴，所以在世界观、人生观、价值观方面互相影响，有着许多共同兴趣爱好和共同语言。

作为当代大学生，要想更好地培养对自己家庭的责任意识，就要处理好与兄弟姐妹的关系。大学生要珍惜这种天然的兄弟姐妹情谊，培养互爱互让的良好品质，在学习上、生活上互相关心、互相爱护、互相礼让。在朝夕相处的过程中，兄弟姐妹之间难免会因为某些事情发生争执，滋生摩擦，在解决这些摩擦时会使兄弟姐妹们学到更多与人相处的社交技巧。在孝敬父母和赡养老人方面，要共同承担责任和义务。兄弟姐妹间互帮互助，共同应对困难，建设和谐家庭，使每个家庭成员都能感受到家庭的温暖，感受到来自亲情的家庭幸福。

（三）维护家庭和睦的责任

家是一个温暖的场所，不光是家庭成员身体的居留地，更是精神上的坚强后盾。当前国家正在着力构建和谐社会，包括人与社会的和谐、人与自然的和谐、人自身的和谐。和谐家庭很大程度体现的是家庭成员之间的和睦程度，而人与人之间的和谐是和谐社会的重要目标，因此，和谐家庭的建设与构建和谐社会是紧密相关、密切联系的。而家庭和睦是促进家庭和谐必不可少的条件。当代大学生作为社会的成员，有责任为和谐社会的构建贡献自己的力量，同时作为家庭成员，也有责任维护家庭和睦，推进和谐家庭的建设。

在当前中国，和睦的家庭是主流，主要是受中国几千年传承的系统的家庭伦理规范的影响，这些家庭伦理道德规范在历史的长河中不间断地发挥着教化、循导的作用。家庭和睦是主流，但家庭也会有矛盾与摩擦，家庭内部的矛盾会影响家庭的和睦，但只要最终能顺利解决，是不会影响家庭和睦的大局的。当面对矛盾与摩擦时，要及时与兄弟姐妹之间沟通与交流，发现产生问题的原因，一般矛盾的产生的责任是相互的，作为大学生要主动沟通，主动承担自己的责任，妥善处理好关系。

四、大学生家庭责任意识培养的对策

（一）发挥高校在大学生家庭责任意识培养中的作用

1. 丰富家庭责任意识培养的内容

高校在对大学生进行家庭责任教育，培养当代大学生的家庭责任意识时，除了向大学生教授传统的道德内容，如世界观、人生观、价值观的教育外，还要针对家庭责任的内容以及当前大学生在这方面存在的问题，不断丰富大学生家庭责任意识培养的内容。

（1）生命责任教育。生命责任教育旨在引导大学生认识与承担生命责任，通过履行生命责任，增强对家庭的责任意识。一般人们会认为生命是属于自己的，个人的命运掌握在自己手中。从公民个人权利角度来讲，生命权是公民一项重要的权利，是人权的基本权利。但是，这并不意味着个人就可随意剥夺生命的权利。每个人不仅具有个人的自然属性，同时具有社会属性，是属于整个社会的人。因此，每个人的生命不仅对个体具有重要意义，对自己的家人，对社会同样具有意义。父母给予我们生命，努力为我们创造良好的生活，让我们可以感受到生活的幸福，绽放生命的光彩。即使大学生们在生活中遇到再大的困难，也要珍惜生命。

高校在平常的思想教育过程中，就要对大学生进行生命责任教育，把大学生的生命责任教育纳入家庭责任教育的内容体系中去，纳入高校德育的内容体系中。积极引导大学生珍爱生命，懂得自己的生命对自身与整个家庭的意义，生命的存在是承担家庭责任最基础的条件，要好好生活，才能不辜负家人的期盼，才能更好地承担起家庭责任，才能体现个人的人生价值，回报社会与国家。

（3）感恩教育。感恩是一种良好的品德，大学生作为社会的公民，应培养感恩的道德品质，对于帮助过自己的人，要心怀感恩之心，懂得用自己的行动去回报他人。大学生的感恩教育是将感恩的知识教授给大学生，逐渐培养大学生的感恩意识，激发感恩行为的教育。对大学生进行感恩教育，有助于完善大学生的人格，增强大学生的责任意识，弘扬中华民族的传统美德，促进社会和谐。大学生需要感恩的对象有很多，在大学生的整个成长过程中，所有帮助过大学生的人都值得去感恩，包括自己的父母、教师、朋友等。但联系到家庭责任意识方面，最应该感恩与回报的是父母。

高校开展感恩教育的方式有多种。在教学方面，一方面要充分利用高校思想政治理论课，把感恩教育渗透到思想政治理论课中，在课堂上设置一些贴近学生生活的、有感染力的真实事例来教育大学生，最好是当代大学生的事例；另一方面，充分发掘与利用其他学科的感恩资源，培养学生的感恩意识，很多社会人文学科中都有感恩意识教育的素材，任课教师要学会发掘与利用，在讲授相关素材知识时，要有意识地培养学生的感恩意识，尤其是对父母的感恩之心，增强对家庭的责任意识。在其他方面，要创设良好的校园感恩的氛围，使大学生在周围环境的熏陶下培养自己的感恩意识。高校要充分利用好学校的宣传设施，比如校园展板，宣传一些优秀的感恩事迹，还有校园中的建筑空间，比如教学楼，可在楼房墙壁上悬挂一些感恩父母、回报社会的著名语句等。学校也可经常组织一些以感恩为主题的校园活动，比如在母亲节、父亲节时开展“感恩父母”的主题演讲活动，在活动中让学生体会到父母无私的爱与关怀，体会到自身的责任。

2. 创新家庭责任意识培养的方式

在大学生家庭责任意识培养方式上，传统的思想道德教育的形式仍发挥着重要的作用，但针对当前大学生家庭责任意识培养方面存在的问题，改革传统的教学方式是现实发展的需要，同时应根据时代的发展以及大学生本身的实际情况，不断探索与创新大学生家庭责任意识培养的方式。

（1）改革传统的教学方式，尊重学生的主体地位。高校教师要稳健地改革教学方式，尤其是改革高校思想政治理论课的教学方式，更好地发挥重要作用。一方面，在课堂上，要不断创新教学手段，充分利用多媒体教学资源，可运用情景教学的方式，根据课程的教学目标与大学生的自身的实际情况，创设相关的情境，努力激发学生参与课堂活动的主动性。可以充分利用网络资源，比如“感动中国人物”视频，通过真实事例的呈现，使学生切身感受到家庭责任的存在。另一方面，在课堂外，要多组织学生参与社会实践。高校应当适度改革思政课的考核方式，把实践能力作为考核标准之一，可采用平时表现、期末考试和实践表现综合来考评学生。学校要多组织一些与感恩意识或者责任意识培养相关的社会实践活动，如带领学生参加社会志愿活动，帮助孤寡老人、义务献血等，在寒暑假组织大学生去偏远、贫困山区支教等，多给大学生提供了解社会、关爱他人的实践机会，有助于增强大学生的家庭责任意识。

（2）充分运用网络资源，开拓网络教育载体。近年来，随着科技的飞速发展，网络已深入到生活的方方面面，为人们的工作与学习带来极大的便利，越来越成为人们获取信息的重要渠道。当代大学生拥有丰富的科学文化知识，个性突出，创新能力强，成为网民的重要组成部分，深受网络的影响。高校可利用网络载体，培养大学生的家庭责任意识。

第一，加强校园网建设，弘扬主流价值观。高校都有自己的校园网，作为整个学校重要信息发布的平台。许多高校的校园网政治色彩浓重，缺乏校园特色内容，导致学生访问量过少，宣传效果不佳。既然是学校的网站，服务对象理应是大学生，所以高校要积极去改进校园网，通过相关的技术支持等手段，根据高校自身的实际情况，创办有特色的校园网站。在大学生家庭责任意识方面，积极宣传优秀大学生的事迹，可以组织大学生投稿活动，给予一定的奖励。

第二，充分运用新媒体资源，比如微博、微信、贴吧、QQ 群、校园论坛等平台开展大学生的家庭责任教育。随着网络科学技术的发展，网络越来越影响着国民的生活，对大学生的日常生活更是产生较大的影响，尤其是众多网络交流平台的出现。大学生们可以在遵守网络文明规范的前提下，发表自己的观点，深受学生的青睐。因此，高校也可利用这些网络交流平台，开展家庭责任教育，可注册学校官方的账号，在网络社区与大学生开展互动，增进学生对学校的感情，传递正能量，增强大学生的责任意识。比如可以在校园论坛上，开设专门的版块，分享经典书籍的内容，同时设立孝德名言、孝德大讲堂、校园学子孝事报道等版块，充分运用网络载体，开拓高校家庭责任教育的手段，增强大学生的家庭责任意识。

第三，开展丰富多彩的网上教育活动。为更好发挥网络载体在大学生家庭责任意识培养中的作用，激发学生的积极性与兴趣，高校相关工作者要积极策划与开展丰富多彩的网上活动。高校可以在相关节日，比如母亲节、父亲节，开展相应的活动，增进大学生与父母之间的感情交流；针对大学生比较关注的热点事件，开展网上讨论，鼓励学生积极参加。

3. 营造良好的校园环境

环境对一个人道德品质的形成具有潜移默化的作用，大学生家庭责任意识的形成作为道德品质之一，同样受环境的深刻影响。因此，高校在培养大学生的家庭责任意识时，除了进行理论方面的教育，实践活动的锻炼外，营造良好的校园环境与氛围也是重要的途径。

（1）重视校园物质文化建设，创设优良的育人环境。校园是大学生学习和生活的主要场所，代表的是整个学校的办学条件与历史特色。高校要根据时代的发展与学校自身的实际情况，不断继承、发展与创新，加大相应的资金投入，提升学校的硬件设施水平，美化校园自然环境，加强校园的卫生清洁，建设有特色的校园建筑，增加文化设施和体育运动设施，从硬件条件方面为大学生创设优良的育人环境。大学生置身于美丽的校园环境中，时刻感受着学校的校园文化，自然而然会受到好的教化。学校的各种设施、校园场所、道路，都有专人维护与清洁，体现一种良好的责任文化。在环境优美、责任文化氛围浓厚的校园环境中，高校更有利于开展大学生的责任教育活动，促进大学生家庭责任意识的形成。

（2）重视校园精神文化建设，培育良好的校园文化。校园精神文化是整个校园文化的中心内容，相比校园的物质文化建设，校园精神文化建设更为重要。校园精神文化集中体现在学校的校风、教风、学风和文化氛围。学校的治学理念与态度，学生的学习积极性、态度与动机，教师的知识素养与道德品质都是衡量校园精神文化建设水平的标准，对大学生形成家庭责任意识发挥着重要的作用。

高校要抓好制度建设，规范校风校纪，开展相应活动，建设良好的学风校风，逐渐形成博学笃行、求实严谨、弘扬道德、爱好科学的良好校风，乐观向上、勤奋好学、开拓进取的良好学风。开展师德教育与技能培训，扩大教师的知识素养，提高教师的道德素质，发挥好教师在大学生责任意识培养方面的积极表率作用，使大学生在良好的校园精神文化环境中，在优良的校风、学风的熏陶下，自觉意识到自己的使命与义务，包括对家庭，对社会以及对自身等方面。

（3）充分利用高校社团活动，营造良好的责任氛围。学生社团是高校主要的学生组织，由学生自愿参加，学生管理，是学生参加活动的主要渠道。高校可充分利用高校社团，把社团活动作为对学生进行思想政治教育的重要渠道。高校要加强对学生社团的引导与管理，充分给予社团自主权，为各种社团的发展与活动的开展创造条件。在大学生的家庭责任意识方面，高校要组织相关的社团开展活动，比如举办摄影比赛，鼓励学生捕捉自己父母感人的生活瞬间；放映精彩感恩电影，用电影这种生动的艺术形式来感染大学生，培养他们对家庭的责任意识；开展“校园感动人物”的评选活动，表彰一些孝顺父母、自立自强的学生，树立榜样，影响全校大学生，形成良好的校园责任氛围。

4. 引导大学生参与实践活动

大学生家庭责任意识培养属于道德活动的范畴，而道德活动在本质上是实践的。只有把所学的知识、所懂的道理与自己的行为活动联系起来，运用到行为过程中，这样才能真正达到道德教育的目的。

社会实践是大学生思想政治教育过程中必不可少的重要组成部分，有利于大学生更好地认识社会，锻炼自己，增加本领，提升能力，增强社会责任意识。因此，在培养大学生家庭责任意识的过程中，也要引导大学生参与实践活动，包括课内实践活动和社会实践活动。既要让大学生学习家庭责任知识，同时也要通过组织实践活动逐渐增强家庭责任意识，提高家庭责任能力，逐渐养成良好的责任行为习惯。

（1）就高校教师而言，作为大学生家庭责任意识的主要培养主体，在课堂中既要完整准确地传授家庭责任的相关知识，使大学生明白自身所应肩负的家庭责任，意识到家庭责任是自己不可推卸的责任，有必要提高自己履行责任的能力，同时也要运用多种方式开展课堂实践活动，对大学生进行家庭责任的行为训练。例如：模拟相关的生活场景，家庭面对困难，需要大学生作出选择，作出具体的行为，帮助自己的家庭摆脱困境，通过这样的情景模拟，可以提高大学生的实际认知、判断和行为选择的能力，锻炼大学生的责任意志，提高履行责任能力。

（2）在大学生家庭责任意识培养的过程中，高校要有计划地组织一些实践活动，逐渐创新社会实践的活动内容与组织形式，使学生在实践活动中得到感染，提升家庭责任意识。大学生实践活动的形式多种多样，包括校园活动、社会咨询与服务、义务劳动、社会志愿活动等，通过积极参与这些实践活动，会让大学生们更好地了解社会，把所学的理论知识服务社会，服务人民。高校有针对性的开展一些与家庭有关的实践活动，比如开展以家庭为主题的班会、演讲会，邀请一些在家庭责任方面有突出表现的社会道德模范，以他们的先进事迹感染大学生，传递榜样力量；组织学生定期帮扶困难家庭，在帮扶过程中，大学生们的道德品质会受到很大影响，能够设身处地体会到自己父母的艰辛，增强对父母，对长辈的感恩意识，提高履行家庭责任的自觉性。

（二）营造良好的家庭责任意识氛围

1. 转变教育理念，重视责任意识的培养

家长在进行家庭教育时，要重视子女责任意识的培养，家长要对大学生子女开展家庭责任教育，让子女懂得珍惜与感恩，更要清楚认识到自身在整个家庭中的角色，明确自己的家庭责任，要把父母的期望与肩负的家庭责任化成自己的精神支柱与学习的动力，在大学阶段刻苦努力，增长自己的本领，增强履行家庭责任能力。

2. 丰富家庭文化生活，形成平等和谐的家庭氛围

家庭是整个人类社会的基层组织，家庭的和谐程度影响着整个和谐社会的构建，大学生家庭责任意识的培养离不开民主、平等、和谐的家庭氛围。

（1）形成良好的家风。家风也即门风，是一个家庭及其成员对待家庭生活各种问题、处理家庭内外各种关系等方面所形成的一贯态度和行为，是家庭在发展过程中逐渐形成的环境氛围，突出反映出家庭伦理与道德规范。

第一，坚持平等原则。作为家长，要树立家长与子女是平等的观念。正因为孩子是未来社会的公民，所以家长与子女的人格是平等的。家长要坚持平等的原则，家庭成员享有平等权利，履行平等义务。全体成员在平等自由的气氛中，和谐相处，共同生活。子女成年后，就要让他们自己决定自己的事情，对自己的决定负责，培养独立的人格与尊严，也有利于形成良好的责任意识。

第二，坚持民主原则。社会主义新型的家庭规范应该遵循民主平等的理念，社会主义家庭是建立在生产资料公有制基础上，家庭成员之间是人人平等的关系。因此，在管理上是以每个家庭成员都是家庭的主人为基本点的。在家庭生活中，要尊重每一个家庭成员，给予家庭成员充分表现自己的机会，创设良好的家庭环境，形成民主协商的氛围。家长应充分尊重大学生的决定与选择，充分培养大学生的自主意识，给予他们担当责任的机会，教育大学生对家庭要有奉献精神，那种只讲索取不讲奉献的人，既是不道德的，也是不负责任的。在民主和谐平等的家庭氛围中，培养大学生的家庭责任意识。

（2）丰富家庭文化生活。家庭的文化生活在整个家庭的和谐发展中发挥很大作用，可以增强家庭成员间的互动与联系。每个家庭应依据各个家庭成员的兴趣爱好、性格特征与身体条件选择适合自己家庭的丰富多彩的文化活动，一个家庭越有文化品位，越能充分满足家庭成员日益增长的感情和文化需求，它也就越有凝聚力。

在大学生成长的过程中，家庭要多组织一些审美型、创造型文化活动。家庭文化建设应首先满足子女的智力开发、学习深造的要求，根据家庭经济状况给子女装备电脑等学习设备，为大学生的成长成才营造一个良好的学习环境；多让孩子接近大自然，了解历史、文化及科技发展，比如旅游，参观博物馆、科技馆，参加各种夏令营等活动，在这些活动中增长见识，接触社会，增进与他人的人际交流，在与父母相处的过程中，越发感受到自身肩负的家庭责任。在开展家庭文化活动之前，家庭成员要集中讨论，民主协商，形成统一意见后列入计划，可以让大学生充分参与到这个过程中，通过策划整个家庭文化活动，包括组织形式、活动预算、活动安排等，提升大学生的能力，更有利于培养大学生的家庭责任意识，为家庭贡献自己的力量。

3. 家长提高自身素质，发挥自身的榜样作用

家庭是社会的细胞，家和万事兴。家庭教育的好坏直接影响着子女人生观的形成。好的家庭教育可以使子女成长成才，具有远大的理想、崇高的品德。进行道德教育的主体自身必须具备较高的道德品质，自觉遵守道德规范，才有资格去教育他人。

在大学生进入大学校门之前，基本都是与父母一起生活，父母的任何举动与言行，都对大学生自身产生了或多或少的影响。假如家长自身不正，品德不端，缺乏家庭责任意

识，没有承担自身所担当的社会角色的责任，那么他的言行教育的正面影响力就大打折扣。因此，要想更好地培养大学生的家庭责任意识，家长自身要以自己的言行仪表为子女树立良好的榜样。

家长是一面镜子，家长要树立良好的家庭责任意识，为大学生树立良好的榜样。家长只有逐步完善自身的知识结构、扩大知识储量，同时积极遵守社会道德规范、提升品德素质，用科学的教育理念培养孩子，以自己履行家庭责任的实际行动影响孩子，才能更好地为大学生树立良好的榜样，发挥表率的作用，使大学生在家长的影响下，更自觉地树立家庭责任意识，不断提高履行家庭责任的能力。

（三）完善大学生家庭责任意识培养的社会环境

1. 构建家庭责任意识培养的舆论氛围

大学生家庭责任意识的培养同样需要良好社会环境的支持，其中舆论环境是非常重要的一方面。社会舆论反映的是整个社会对公民行为的一种监督，正确的舆论反映着社会中绝大多数人的愿望与价值诉求。社会舆论主要通过报纸、广播、电视、网络等大众传播媒介，对公民的某一行为的褒贬传递主流的价值观，指明行为准则，引导行为方向，推动公民依据社会道德规范进行行为选择。社会舆论机制能在整个社会范围内营造善恶分明的氛围，给行为主体造成强大的心理压力、荣誉感，迫使行为主体作出符合社会公众舆论要求的道德行为，从而起到抑恶扬善的作用。大学生群体的家庭责任意识作为一种重要的道德品质，同样需要良好的舆论环境的支持。社会要积极为大学生的家庭责任意识的培养营造良好的舆论环境与氛围。

（1）充分发挥大众传播媒介的正面宣传作用，利用好报纸、广播、电视、网络等大众传播媒介，宣传社会主义的核心价值观和公民基本道德规范，尤其是家庭伦理规范的普及与传播，大力宣传社会感恩的典型事例，尤其是大学生孝敬长辈、承担家庭责任、自立自强的先进事迹，在电视台以及一些主要的门户网站多传播一些感恩的公益广告，在整个社会形成培养大学生家庭责任意识的良好氛围，积极引导大学生要从自身做起，勇于承担家庭责任，努力增强自己履行家庭责任的能力，使自己成为一个有责任心、积极上进的社会有用人才。

（2）开展舆论监督。社会舆论监督虽然不具有法律的强制效力，但仍可以通过强大的社会舆论和评价力量，在事前进行正确的责任导向，事中进行客观的道德评价，事后进行道德谴责或赞扬从而直接影响大学生对待家庭责任的态度和践行程度。对那些不懂感恩、家庭责任意识淡薄、给家庭造成极大伤害的社会现象进行揭露和批评，尤其是对大学生群体中不良现象的揭露，抨击一切对家庭不负责任的行为，褒奖极具感恩意识的大学生，树立优秀的大学生榜样，引导大学生逐渐改变自身家庭责任缺失的行为，强化家庭责任意识。

2. 营造民主、文明与和谐的社会环境

社会是一个大的整体，每个人都在与他人联系着，大学生虽然大多数时间在学校中度过，但当今社会，随着科技的发展，现代化水平的增强，大学生受社会的影响愈来愈突出，社会的方方面面都会影响到大学生的成长。良好的社会环境更有助于大学生良好道德品质的形成，包括大学生的家庭责任意识。

（1）以健全的制度规范社会环境。社会生活各个方面的正常运转需要健全制度的保障，包括政治、经济、文化等方面。良好的社会环境，尤其是良好的责任环境更有助于大学生培养自身的责任意识。

在政治层面，不断完善“权利与义务”相统一的运行机制，保障公民的政治权利，同时倡导公民自觉主动履行义务，公民责任与义务的履行可以保障公民更好地享有政治权利，民主、平等地参与社会公共事务。健全党员管理与监督机制，促使党员特别是领导干部要时刻记住自己的党员身份，主动履行社会责任和义务，改变不良的工作作风，杜绝腐败现象的发生，为群众树立负责任的良好党员形象。

在经济方面，要进一步推进中国特色社会主义市场经济体制改革，推动社会主义市场经济的稳健发展。建立与健全社会主义市场经济的管理机制，不断规范市场经济秩序，约束市场主体行为；加强法治建设，以法律维护市场主体的合法权益，营造公平、公正的经济发展环境。

在文化方面，加强文化制度建设，积极推进文化体制改革。加大整个社会文化大环境的治理力度，规范文化市场秩序，抵制落后的文化形式，发展积极健康的文化产业。要全面推进社会主义文化在管理机制、运行机制、投入机制以及保障、激励约束机制等方面的改革，增进社会主义文化发展的活力，营造和谐的文化氛围。

通过健全政治、经济、文化方面的制度，营造良好的责任环境，推进大学生家庭责任意识的培养。

（2）树立良好的社会风气。社会风气是指整个社会所呈现出来的精神风貌，集中体现了社会公民的价值观念、风俗习惯、道德风尚等。树立良好的社会风气既是人民群众安居乐业的要求，也是培养大学生家庭责任意识的需要。当前我国正在构建和谐社会，要在整个社会大力弘扬社会主义核心价值体系，弘扬爱国主义、集体主义、社会主义思想，传播社会公德、职业道德、家庭美德，促进良好的社会风气的形成。

优化社会环境是政府的责任，政府应担负起优化社会环境的责任，从倡导家庭责任入手，抓好精神文明建设，在社会上开展向道德模范学习的活动，更要广泛宣传在家庭道德方面有突出表现的模范人物，为大学生群体树立良好的社会榜样，形成重视家庭责任的社会风气，积极为大学生思想道德品质的提升营造文明、和谐的社会环境。

政府培育良好社会风气的方式有多种，比如充分发挥大众传播媒介的宣传优势、通过开展党员学习道德模范活动，进而影响其他社会公民等方式，活动已成为道德教育的重要载体。政府的相关职能部门，如文化、教育等机构，要积极举办形式多种多样的群众性感恩活动，如“十大孝子”“孝亲敬老模范”“大学生孝子”评选活动等，包括国家、省市等不同的级别，具体到居民生活的社区，也应举办类似的感恩活动，充分调动起公民参与的积极性，推荐身边具有较强家庭责任意识的公民，在活动过程中，也应在大学校园广泛宣传，使大学生充分参与活动，选出身边的模范学生。

通过营造社会感恩氛围，树立良好的社会风气，培育社会感恩文化，加深大学生对家庭责任的认识，促进大学生家庭责任意识的培养。

（四）加强大学生的自身修养，提升家庭责任意识

1. 思想上重视家庭责任意识的培养

哲学上，事物的变化与发展是内外因共同作用的结果，内因是事物发展的源泉与动力，外因是事物发展的条件，而外因只能通过内因起作用，公民道德品质的形成也是如此。良好道德品质的培养不仅要靠外部条件的影响，更重要的还是道德主体自身的努力。大学生的家庭责任意识，作为大学生的一种重要的道德品质的培养，只靠高校、家庭、社会的努力是不够的，更重要的是大学生自身能把外在道德规范要求内化为自己的责任行为。大学生家庭责任意识的培养需要大学生自身的不断努力。

（1）正确界定自身角色。每个人生活在世界中，都处在一定的社会关系中，是社会中的人，承担一定的社会角色。每个社会个体都应正确界定自己的社会角色，大学生群体也应如此。当代大学生要正确分析与把握自身的社会角色，和其他的社会公民一样，大学生群体扮演着多重的社会角色，社会公民、家庭子女和高校学生，每种社会角色对应不同的责任。

作为社会公民，要遵守社会公德，遵守社会的法律法规，具备一定的社会责任意识，关心国家的发展与民族的命运，把自身的发展与国家的需要紧密联系起来；作为家庭子女，要遵守家庭伦理规范，具有一定的家庭责任意识，认识到自身在家庭中的角色与地位，尽到作为子女的责任与义务；作为高校的学生，要把提高科学文化素质和思想道德素

质作为自己的主要目标，同时遵守学校的各项规章制度，关心学校发展的方向，努力做一个优秀的大学生。大学生群体只有正确界定自身的社会角色，才能更好地认识与评价自我，更好地承担起角色责任。

（2）重视家庭责任意识的培养。大学生群体肩负着来自多个社会角色的责任，其中包括家庭责任，大学生群体要从思想上高度重视家庭责任意识的培养。家庭是大学生成长的第一场所，父母更是子女的第一任教师，大学生的成长离不开家庭的呵护，父母的养育。从进入大学生校门后，大学生一般都远离父母，独立性逐渐增强，但无论是经济上还是情感上，大学生群体对家庭仍有很强的依赖性。

作为家庭的一员，大学生自身要认识到家庭责任的存在，意识到父母给自己所创造的一切是充满艰辛与不易的，要懂得珍惜，更要树立较强的家庭责任意识，孝敬与关心父母，与自己的兄弟姐妹和睦相处，对自己将来组建的家庭要有所认识，正确对待爱情与婚姻。只有从思想上高度重视大学生家庭责任意识，才能转化成自身的责任行为，将家庭责任落到实处。

2. 提高履行家庭责任的能力

大学生群体仅仅在思想上高度重视家庭责任意识的培养是远远不够的，更重要的是要把这种高度重视家庭责任的精神转化为前进的动力，进而形成责任行为，真正把高度的家庭责任意识落实到具体的行为中，落实到大学生的生活中去，不断提高自身履行家庭责任的能力。

（1）加强家庭责任相关知识的学习。思想是行为的先导，而思想是以知识为基础的。所以，大学生培养自身的家庭责任意识，首先要学习相关的知识，这是形成家庭责任意识的基础和前提。大学生要自觉加强家庭责任相关知识的学习与了解，包括传统文化中与家庭责任有关的知识，如传统“孝道”思想的精华、社会主义道德规范，主要是对家庭伦理规范的学习，明确自己作为大学生在家庭中应肩负怎样的责任，对自己现有对家庭责任的认知水平做出正确的评价，及时发现自己在家庭责任认知上的不足与缺陷，并通过自己的努力学习，不断完善自己，为履行家庭责任行为奠定良好的认知基础。

（2）提高自身素质，完善自我。大学生履行家庭责任的能力，与自身的素质是紧密联系的，包括科学文化素质和思想道德素质以及各方面的能力。大学生要把自身肩负的家庭责任转化成自己努力的动力，树立远大的理想，注重自身的学习，认真学习自己的专业知识，同时积极拓宽视野，增加其他方面的知识储备，提高科学文化素质；注重良好道德品质的培养，努力学习传统美德与社会主义道德知识，遵守基本道德规范，培养慎独自律精神，形成良好的道德素养；积极参加实践活动，更加充分认识社会、认识自己，提高自己各方面的能力，锻炼道德意志，培养吃苦耐劳的道德品质。通过不断提升各方面的素质与能力，大学生才能够更好地承担起家庭责任。

（3）积极参与实践活动。大学生在掌握了家庭责任的相关知识以及不断提升自身能力之后，仍要积极参加实践活动，加深对家庭责任的认识。大学生要积极参与学校组织的家庭责任实践活动，走出校门，多了解社会，多向社会道德模范学习，遵守学校相关的实践规章制度，同时也要积极发挥主观能动性，将两者有机地协调起来。在活动中锻炼家庭责任意志，提高履行家庭责任的能力。比如积极参加“感恩主题班会”活动，“感恩主题演讲”活动，把自己与父母的故事分享给别人，在启迪别人的同时，进行自我教育，通过与其他同学作对比，发现自己在履行家庭责任方面的不足，及时反思与总结，更好地改进自我行为；参与社区关于家庭责任的调研活动，通过参与家庭责任问卷的制作与调查，问卷结果的讨论，加深对家庭责任的认识。

大学生同样可以把自己的家庭作为活动的基地，假期帮父母分担家务，多与父母聊天，做自己力所能及的事情，也可以与父母互换角色，学习如何科学合理地计划好家庭中的各项事务与开支，体验一次做家长的艰辛，懂得父母的养育之恩，激发自身的家庭责任意识，自觉形成履行家庭责任的行为习惯，不断提高履行家庭责任的能力，更好地回报父母，回报家庭，回报社会。

第六章
大学生责任担当素养的培育内容（三）

第一节　大学生集体责任担当教育

一、集体主义及其教育的科学界定

（一）集体与集体主义

对集体和集体主义概念进行科学界定，是开展大学生集体责任担当教育相关理论研究的基础性工作。

1. 集体

集体是与个人相对而言的。集体并不等于一群人，而是一个有目的地组织起来进行活动的机构。换言之，集体的形成并不是偶然发生的，它不是多个个体无目的地聚集，而是有着相同目标、共同利益的成员所结成的联合体。集体应具备的特质如下。

（1）集体是一个利益共同体。集体成员具有一致的奋斗目标，并自觉为实现这个目标获得利益而努力奋斗。

（2）集体强调其自身的“整体性”。个体必须无条件服从集体，每个个体都依托于集体，作为其中一员而存在，单个个体利益的实现则自然而然地有赖于集体利益的实现。

（3）集体具有高度的团结性和凝聚力。集体是在个体自愿的基础之上所建立起来的联合体，因此集体成员之间能够和谐相处，团结协作，且充满凝聚力。

2. 集体主义

在当今思想理论界中，存在着许许多多的“主义”。因而，要想更好地理解“主义”的科学内涵，就要从其本质特征为着眼点，也就是抽象化和意识化。

（1）集体主义的内涵。集体主义是调节三方利益关系的价值准则，更是社会主义道德建设必须遵循的重要原则。中国共产党自成立以来，便一贯提倡集体主义。随着时代的发展，集体主义也不断被赋予新的时代内涵。迈进新时代，人们也对集体主义产生了新的理解，不再是片面地强调集体利益的至上性，而是倡导集体利益的优先性。换言之，在保证国家利益和社会整体利益的前提下，也要尊重和保障个人的合法利益。即追求国家利益和个人利益的和谐统一。

（2）集体主义的特征。集体主义与社会主义相伴生，是社会主义的本质规定，并具有如下特征。

第一，集体利益神圣不可侵犯。社会主义国家所讲的集体，才是最“真实的集体”，才能体现广大劳动人民的根本利益。由此观之，个人利益和集体利益在这里达到了一致。个人利益是无法脱离集体利益而单独存在的，从某种程度上看，集体利益和个人利益是共存亡的。

第二，正视并充分保障个人的合法利益。逐利是人的天性，它是一种客观存在的事实，刻意抹煞个人利益，不仅会打消个体的劳动积极性，也终将导致集体主义的消亡，失去了存在基础和原有功能的集体也会变成“虚假的集体”。换言之，集体主义之所以焕发出强大的生命力，正是在于其尊重个人的正当和合法利益。但值得注意的是，在某些时刻，个人有义务也有必要做出牺牲和让步来维护国家利益。

第三，辩证地认识并处理集体利益和个人利益的关系。一方面，我们要为个人利益的实现提供最大化的保障，鼓励个人通过正当竞争来获取合法利益；另一方面，要防止个人为片面追求经济利益而损害国家集体利益的行为。因而，我们必须要妥善处理好集体利益和个人利益之间的关系，促进集体和个人的不断完善。

在此基础之上，既充分调动个体的劳动积极性，又推动整个社会和国家的发展和进步，最终实现共赢。

（二）集体主义教育

集体主义教育是建立在社会主义公有制基础之上的，其实质就是帮助受教育者正确认识并理解集体主义的科学内涵，使其能够妥善处理好国家、集体和个人三者之间的关系。因此，主要从三个方面来理解其内涵：①引导受教育者正确认识集体主义，集体是个人基于相同目标或者共同利益而自愿形成的集合体，集体中的每个成员都会为实现这一共同利益，也是其个人利益而付出努力，换言之，集体和个人并不矛盾，两者相互促进；②引导受教育者妥善处理好利益关系，在某些时刻，集体利益和个人利益难免出现矛盾冲突，在处理这种矛盾时，个体要牢固树立大局意识，无条件地做出适当的让步和牺牲；③通过集体主义教育，厚植集体主义情感，使每个成员形成符合社会主义集体主义的道德原则和价值标准，进而形成良好的集体主义行为习惯。

1. 集体主义教育的特征

（1）思想性和政治性的统一。集体主义是一个思想认识方面的问题。人们对集体主义的认识总是存在于自己的头脑深处，它属于一种精神现象。集体主义教育是一种在人的头脑里搞建设的思想教育活动，是对人的思想以及价值理念的深刻塑造。因此，集体主义教育本身具有思想性。

同时，集体主义与社会主义相伴生。集体主义的形成和发展离不开社会主义制度所提供必要物质基础和可靠保障。同时，集体主义教育的主要内容不可避免地带有强烈的政治色彩。旨在对人进行思想政治教育，引导人们正确认识社会主义集体主义。由此可见，集体主义教育是思想性和政治性的统一。

（2）理论性和实践性的统一。集体主义教育既具理论性，又有实践性的特征。因为它不仅仅是一个理论方面的认识问题，更是一个现实的实践问题。具体来说，作为一项思想理论教育活动，集体主义教育本身就具有鲜明的理论性，但是集体主义价值观形成的过程一定是与现实以及社会实践活动相结合的过程。即是说，集体主义教育在本质上是一种教育实践活动。从某种程度上来说，集体主义教育获得实效性的关键在于个人能否自觉将集体主义意识和情感转换为实际行动与实践，也只有在社会实践中培育的集体主义价值观才更具有持久性和深刻性。

（3）历史性和时代性的统一。集体主义在社会历史发展的过程中并不是一成不变的，不同时期、不同阶级的集体主义类型、内容等都具有明显的差异性。随着时代的变迁，人们的思想也会发生相应的变化，而且在不同的历史时期，集体主义教育也具有不同的表现形式和特点。集体主义的历史性是指其作为一种价值观，在一定程度上反映了当时的社会物质生活条件和社会关系。由于生产力发展水平和社会制度的差异，集体主义的形成经历了不同的发展阶段，也有着不同的表现形式。

但随时代变迁和社会进步，人们逐渐对集体主义教育科学内涵的理解更为透彻和深刻。即从原始社会的群体主义进化为新时代的社会主义集体主义。简言之，集体主义教育是与时俱进，处于发展完善之中的。

2. 集体主义教育与社会主义、爱国主义教育的关系

爱国主义、集体主义和社会主义教育血脉相连，融汇于中国社会伟大进程之中。

爱国主义就是千百年来巩固起来的对自己祖国的一种深厚的感情。换言之，爱国主义

就是指个人对于自己祖国的认同、归属以及热爱之情。爱国主义教育则是培养并增强个人对祖国的热爱之情以及对本民族和文化的认同感、归属感，使其自愿为维护祖国利益而献身的思想教育活动。从某种程度上看，爱国主义教育和集体主义教育相辅相成。因而具有一致性，他们都强调国家利益的首要性和优先性。

社会主义教育就是教学生认清世界发展大势，让学生清醒地认识到社会主义制度的优越性，打心底里认同、拥护并信任中国共产党的领导，从而坚定社会主义道路自信。集体主义与社会主义共存亡。换句话说，集体主义集中体现了社会主义的意识形态属性。因此，坚持集体主义，在本质上就是坚持社会主义。

综上所述，集体主义、爱国主义和社会主义教育的具体内涵有所不同，但他们都是为国家建设和发展服务的，有机统一于建设伟大实践中。从某种程度上看，爱国主义教育为集体主义教育和社会主义教育的顺利进行扫清了思想障碍。而集体主义教育则架起了爱国主义和社会主义教育之间的桥梁，起到了交通枢纽的作用。

二、大学生集体责任担当教育的路径

当前大学生集体责任担当教育存在着诸多问题，尤其是在自我教育、优化内容、拓展途径、营造环境等方面更需要加以改进和完善。为此，必须多措并举、多元发力，通过全方位的改革创新，切实提升其针对性和实效性。

（一）加强自我教育，促进内化与外化

教育要通过自觉的生活才能踏入更高的境界。大学生集体责任担当教育效果的提升，必须是大学生主动重视并加强对自身的集体责任担当教育，即自觉的集体责任担当教育。加强自我教育，用科学的理论武装头脑，正确认识集体主义的科学内涵，从而树立正确的集体主义价值观。同时，也要积极参与社会实践活动，增强大学生对于集体责任担当教育的获得感。

1. 用科学理论武装头脑，正确认识集体主义

马克思主义理论不仅是我们正确认识世界的科学指南，更是我们改造世界的重要思想武器。新时代的大学生是未来中国发展的储备人才，他们的思想状态，特别是思想觉悟的程度如何，不仅关系到实现“两个一百年”奋斗目标，更关系到中国伟大梦想的最终实现，还有社会主义事业的光明前景。

迈入新时代，我们国家面临的形势愈加错综复杂。青年大学生作为建设祖国的生力军，必须时刻保持头脑的清醒，让正确思想指引人生方向。因而，必须端正态度，拓宽看

待问题的视野以及分析问题的深度和广度。

（1）用科学的思想武装头脑，学会用马克思主义的科学立场、观点和方法来认识并区分集体主义、小团体主义、整体主义等容易混淆的概念，以期更好地理解并把握集体主义这一概念的科学内涵。

（2）在正确理解集体主义这一概念的前提下，重新梳理国家利益、集体利益和个人利益之间的关系。

（3）集体主义思想既是思想政治教育的主旋律，也是马克思主义理论的核心内容。对其展开系统学习，为正确认识并掌握集体主义本质和科学内涵奠定坚实基础。

2. 树立集体责任观念，增强集体责任担当意识

思想是行动的先导，认识是行动的动力。诚然，只有对集体主义这一概念形成正确的认知，才能进一步理解其科学内涵，为集体主义价值观的形成创造有利条件。因此，必须要传授学生科学的思想，来扫清学生头脑中存在的思想障碍。

（1）大学生要明晰集体责任担当教育的本质特征。集体主义和个人主义在意识形态领域是两种相互对立的价值观和思想方法。它作为社会主义社会的基本价值准则，推动并促进了共产主义道德的产生和进一步完善。

（2）大学生要明确自身的历史使命和责任担当，增强集体主义意识。新时代的大学生必须坚定理想信念，相信共产主义是可以实现的价值目标，同时要增强对国家的认同感、归属感以及对本民族优秀传统文化的自豪感，从而牢固树立集体责任观念，始终将集体利益和国家利益放在优先位置，进而明确自身所担负的时代重任，自觉将个人理想和国家前途命运紧密结合，以理想信念引领历史使命，以创新精神诠释责任担当，脚踏实地为实现民族复兴、远大理想和共同理想出谋划策。

3. 践行集体主义实践活动，强化集体责任情感

加强集体责任担当自我教育，不能仅仅停留在对理论知识的理解和掌握上，还要打心眼里对其产生认同感，并以此作为活动的科学指南。

（1）积极主动参与班集体开展的各项活动。班集体是大学生学习和交流的又一重要场所，大学生作为班集体的一员，应当积极主动参与班集体中举行的各项活动，从而树立集体意识，增强集体荣誉感。同时，积极参加班集体的建设，通过确立班集体的共同目标，让集体成员在实现目标的过程之中，进一步加深彼此之间的了解和沟通，形成相互尊重、互相关心、团结合作的良好班级氛围，从而加强大学生对自身班集体的归属感和认同感。

（2）积极参与社会实践活动。新时代的大学生应该走出校园这个象牙塔，主动亲近社

会、了解社会、服务社会，在社会生活实践中将集体主义理论知识转化为实际行动。通过积极参与志愿服务等活动，切身体会到帮助他人和奉献社会的意义，培育学生的乐于助人和甘于奉献的精神品质，营造好集体责任担当教育的精神家园，以期进一步唤醒学生的责任意识和担当精神，形成强烈的集体主义情感，真正做到将集体责任担当教育内化于心、外化于行。

（二）坚持内容为王，增强吸引力

高校课堂作为集体责任担当教育的主渠道，必须在优化集体责任担当教育内容上下功夫，把原本枯燥的教学内容变得生动有趣，增强大学生集体责任担当教育的吸引力和感染力。此外，尤其要注重澄清大学生对于集体责任担当的思想困惑，以此来增强他们对集体责任的认同，引导大学生在真学真信中坚定集体主义价值观。

1. 充分挖掘红色文化，用红色基因铸魂育人

中华民族的奋斗史就是集体责任担当教育的生动素材和教科书。党在革命年代所铸就的红色文化是我们特有的宝贵精神财富，它不仅承载着党的光辉历史和优良传统，还具有文化传承、思想教育和历史镜鉴等时代价值，尤其是对大学生集体责任担当教育具有独特价值功用。

红色文化的确具有天然的优势。新时代更需要发挥好红色文化的精神力量。在当代中国，人们的经济水平不断提升，生活条件向良好态势发展，因此，在精神文化等层面的需求就日益强烈。身处全球化时代，各种思想文化和价值观念大量涌入，不断冲击着大学生的思想观念。因此，要充分挖掘红色文化，通达学生的价值认知，实现马克思主义理论教育和中华优秀传统文化的有机统一，让文化基因融入大学生的精神血脉，从而为大学生的成长成才点亮信仰之灯，掌好人生之舵。

（1）让红色文化成为集体责任担当教育的“活教材”。红色文化为集体责任担当教育提供了鲜活素材，而集体责任担当教育则为红色基因的弘扬提供途径，两者相得益彰。这就意味着，必须把红色文化融入教材，融入思政课堂之中，让思政课变得有滋有味，从而更好承担起铸魂育人的职责。同时，对现有的思政教材进行最大限度地利用，充分挖掘并整合其中蕴含的红色文化，进行红色文化专题教育，在备课和讲课的过程中花心思讲好革命红色故事，将红色文化的精神实质渗透到集体责任担当教育教学的全过程，在学生们的心中深埋一颗颗红色的种子，让学生们传承红色基因，真实地感受到共产主义信仰的温度。

（2）实现红色文化的创新性发展。对于红色文化的开发利用，既要善于运用地方红色

文化资源，也要紧密结合时代背景，将红色文化与时代精神有机融合，不断为红色文化增添新内涵，让其焕发出时代的活力和生机。红色文化中蕴含着丰富的革命英雄故事，但这些故事很难讲出新意且具有距离感。因而，要让青年学生理解进而认同集体价值观，就必须根据他们的身心特点和易于接受的方式，采取不同的讲述方式让具有历史感的红色故事呈现出新面貌，使红色文化资源变得可敬、可亲、可用。

此外，要根据大学生的成长环境和时代特征，选取一些具有代表性的当代红色文化精神，用真情感染学生，并激励学生从中汲取营养，为他们的成长道路上矗立前进的灯塔，从而实现集体责任担当教育的真正入脑入心。

2. 利用典型榜样人物，发挥先进示范引领作用

榜样典型本身就是一种政治力量，它承载着一定时代的主流精神和价值取向。将榜样人物所独有激励和引领作用融入大学生集体责任担当教育之中，教育大学生向典型学习、向榜样致敬，成为其成长成才的指南针。在对大学生进行集体责任担当教育时，要注重榜样示范教育法，发挥他们的引领作用，讲好他们光辉事迹和所具有的精神品质，增进大学生对他们的情感认同，号召青年大学生向榜样学习。

（三）拓展育人途径，实现知行合一

拓展集体责任担当教育的方式和途径，是让大学生集体责任担当教育真正知行合一的“关键一招”。要想真正实现集体责任担当教育的知行合一，就必须采用学生喜闻乐见的方式，不断开拓和创新大学生集体责任担当教育的途径。

当前大学生喜欢的集体责任担当教学方式是多样化的，有获得感且充满吸引力的。因此，开展集体责任担当教育必须瞄准大学生的实际需要，才能使理论知识真正“入脑入心”，实现集体责任担当教育的知行合一。换言之，要想增强大学生集体责任担当教育的效果，既要充分发挥“课程思政”和“思政课程”的协同育人优势，也要注重理论联系实际，将理论知识转化为实际行动。同时，也要适应时代发展变化，构建“互联网+”集体责任担当教育新形态。

1. 发挥“课程思政”和“思政课程”的协同育人功能

在新时代开展大学生集体责任担当教育，必须看到高校课堂合力育人的利好因素，充分挖掘其他课程中蕴含的集体责任担当教育资源，赋予专业课程价值引领的重任，更好发挥“课程思政”和“思政课程”的协同育人功能。

（1）正确认识“课程思政”和“思政课程”的育人功能。发挥“思政课程”和“课

程思政”的协同育人功能，是高校履行立德树人职责的关键，也是培养国家建设所需人才的必然要求。“思政课程”重在对学生进行有意识地显性教育，倾向于实现立德，而“课程思政”则是春风化雨般的隐性教育，主要体现在立人层面。

换言之，即两者的功能侧重点不同。“思政课程”通过系统的理论知识教育，让科学思想填满学生的头脑，即寓价值观教育于理论教学之中，因而具有鲜明的政治性、理论性和思想性。“课程思政”即要求高校充分挖掘并利用专业课程教学之中的集体责任担当教育元素，通过发挥自身的学科优势，寓价值观引导于学科专业知识传授之中，从而于无形之中提高学生的思想道德素养，将学生培养成为品德高尚、专业过硬的时代新人。

（2）将集体责任担当教育元素融入“课程思政”之中。“课程思政”并不意味将二者进行简单相加，也不是把原属于专业课的教学课时拿来讲授集体主义理论知识，而应当是寓集体主义价值观于学科知识的具体教学之中。各类专业课程之中本就蕴含着丰富的集体责任担当教育元素，需要教师深入挖掘并将其隐形地融入到具体的专业教学之中。

2. 理论与实践相结合，发挥“第二课堂”育人功能

社会实践、社会活动以及校内各类学生社团活动是学生的第二课堂，对拓展学生眼界和能力、充实学生社会体验和丰富学生生活十分有益。学到的东西必须落实到行动上，才能真正掌握，并且实现知行合一。相较于第一课堂，第二课堂则是学校教育和课堂教育的延伸，它通过实践来塑造学生的人格，加深他们对理论知识的理解，以及培育团结协作的集体主义精神。因而，仅仅依靠第一课堂来推进大学生集体责任担当教育工作，很难达到预期的教育效果，我们应当充分发挥“第二课堂”的育人效用。

（1）开展形式多样的主题教育活动。依托中国传统节日的育人功能，充分利用重要历史事件和历史人物纪念日等节点，组织开展党史国情等主题宣传教育活动。例如，以红色文化作为开展大学生集体责任担当教育的有效载体，有计划地组织学生对革命遗迹、革命老区等进行实地参观，让他们更真切地了解我们党的光辉奋斗历程，更加深刻地体会到革命先辈的崇高理想和爱国情操，用鲜活的历史感召青年大学生，让他们发自内心地接受红色文化的熏陶。

（2）积极引导大学生投身社会实践活动。诚然，集体主义情感认同只有在社会实践中才能真正厚植于心中，集体主义理论知识也只有在指导实践的过程中，才能内化于心。风格迥异的社团是大学生基于个人兴趣爱好所加入的集体，也是开展大学生集体责任担当教育的重要途径之一。大学生社团应在指导教师的建议和帮助下，积极组织开展各项社会实践活动。例如社会公益类社团，可以定期组织社团成员去参与志愿者服务活动，让学生在提高自身能力的同时，也能体会到奉献社会和被认可的价值。学术科技型社团，则可以邀

请专家学者开展学术交流研讨会，为学生答疑解惑，帮助学生成长为专业型人才，引导学生树立爱国情和报国志。

3. 运用网络新媒体，构建教育新形态

要运用新媒体技术使工作活起来，推动思想政治教育工作传统优势同信息技术高度融合，增强时代感和吸引力。新媒体作为一种新兴载体，在一定程度上为大学生集体责任担当教育提供诸多优质资源和利好因素。同时，网络已经成为大学生日常学习和生活中不可获取的一部分，高校要充分网络新媒体这一新兴载体的资源优势，以大学所喜闻乐见的方式和途径来开展集体责任担当教育，积极探索建设“互联网+”集体责任担当教育新形态，切实增强集体责任担当教育的效果。

当前，高校要转变教育观念，充分认识到利用网络开展集体责任担当教育是时代的需要，也是解决大学生集体责任担当教育存在问题的需要。

（1）转变思维观念，与时代同行，树立与当前发展实际相适应的教育理念，充分认识并利用网络新媒体的优势资源，大胆探索“互联网+集体责任担当教育”模式，不断增强集体责任担当教育的时代感和吸引力。

（2）充分利用好微信、微博、Bilibili网站等优势平台牢牢把握集体责任担当教育主动权，激活网络集体责任担当教育主阵地。在微信公众号、学习强国等平台上及时推送与集体主义有关的理论资源和理论成果，及时解决学生在思想、理论和精神上的困惑，将真理真实真情的力量融入视觉语言，让大学生辨别真理、廓清迷雾、升华集体主义价值认同。

（3）积极探索线上与线下相结合的集体主义教学模式。例如中国大学MOOC慕课在线学习平台，满足学生的个性化需求，将线上线下的学习优势结合起来，让学生在接受传统课堂教学之外，还可以利用线上丰富的教学资源进行自主学习。

另外，学生还可以利用网络平台与教师进行在线讨论和交流，及时澄清错误认识，解决思想困惑，从而提升其学习兴趣和教育效果。

第二节　大学生国家责任担当教育

一、大学生国家责任担当教育的必要性

（一）建设中国特色社会主义事业的需要

当代大学生，每一个人都应当立志成为社会主义的接班人，并且要忠于祖国和人民，

拥有强烈的国家责任担当意识，扎根祖国，带着强烈的民族自豪感和民族认同感为祖国做贡献。当代大学生是文化知识和先进技术的掌握者，也是推动国家进步和发展的重要动力，更是建设中国特色社会主义事业的强大力量。由此可见，当代中国特色社会主义事业的建设是一项极为困难的挑战，需要高校积极培育大学生的国家责任担当意识。

（二）促进大学生全面发展的需要

培养大学生的国家责任担当意识还有利于促进大学生的全面发展。随着我国经济实力的不断提升，人们的生活条件越来越好，对精神方面的需求有了更高要求。以大学生为例，在基本生活条件得到满足之后，他们就将自己的需求转向了精神方面，但是精神文化又充满了复杂性和不可控性，很容易出现偏差。为此，国家要积极帮助大学生培养国家责任担当意识、树立正确的思维方式，引导他们进行正确地学习和工作。在正确思想的引导下，他们的学习效率和工作效率都会有所提升，最终促进他们的全面发展。

二、大学生国家责任担当教育的开展

（一）开展大学生国家情怀培育

家国情怀是一种普遍性的爱家爱国情感，具有广泛性，是人们最高尚的情感之一。大学生的家国情怀具有家国情怀的一般性特征，同时由于大学生群体的特殊性和新时代的历史方位发展变化，大学生的家国情怀又具有特殊性，大学生家国情怀培育的战略意义显得更为重要。

1. 大学生家国情怀培育的时代特性

大学生家国情怀培育是对处于历史新方位的大学生在爱家爱国方面的情感和胸怀抱负的铸魂育人工程。大学生家国情怀培育除了注重培育家国情怀的一般性内涵之外，还需要注重大学生群体的家国情怀培育特殊属性和历史发展的时代性。

（1）承上启下性。从大学生个体角度来看，大学生家国情怀培育具有承上启下性。大学是大学生从中学跨入大学的重要学段变更，爱家爱国情怀有一个重要的发展迁移过程。进入大学阶段，学习围绕专业学习展开，除了大量的学科基础知识之外，大学生还需要发挥积极主动性大量拓展外延知识，学习方式是安排性和自主性学习的双统一。除了理论性学习还需要专业实践和社会实践。这个转变过程对大学生家国情怀的发展具有重要意义。大学阶段随着学习方式、生活方式、交往方式的全方位变化，大学生对社会对国家的了解更加深入，更加明白家庭与国家，个人与社会的相互依存关系。大学生家国情怀开始从朴素的爱家爱国情感发展为理性的家国认知和自觉的家国情怀。

同时大学阶段还是大学生从未成年人跨入成年人阶段的重要法律身份变更期，从限制行为能力人成长为完全行为能力人，意味着大学生身上肩负的责任有一个重大的转移，从原来的监护人身上转移到大学生自己的身上。大学生家国情怀从原来的情感体验上升为责任义务和历史担当。大学生的历史使命是实现中华民族伟大复兴的中国梦，其中的历史使命和责任担当是每一个成年人的要求，更是对每一位大学生的要求。此外大学阶段大学生在自由学习的时空环境下思想火花剧烈碰撞，价值观念从原来的被动输入开始走向主动审视和批判消化吸收阶段。大学生阶段既是学生成长的关键期也是学生思想政治教育大有可为的关键期，对大学生进行家国情怀培育是对中小学学段家国情怀的继承和发展，为大学生将来走向社会和担当历史使命开启新的阶段，因此家国情怀培育在大学阶段显得尤为必要。

（2）家校联动性。从家庭角度来看，大学生家国情怀培育具有家校联动性。大学阶段是大学生家国情怀实现从家庭小爱到集体大爱的衔接发展。进入大学阶段的大学生开始逐步离开家庭进行独立自主生活。家国情怀从原来的家庭小爱开始发展为社会大爱。家庭是陪伴人们成长的原生性场所，具有重要的物质生活支撑作用和情感慰藉作用。家长对家庭成员的关心和保护所形成的家庭风气成为大学生儿时耳濡目染的第一环境，对大学生家国情怀培育具有基础性作用。

进入大学阶段之后，家庭家教家风会继续伴随大学生成长。不仅如此，大学阶段大学生随着交往范围的扩大和独立自主能力的加强，家国情怀中的家庭小爱会不断发展扩大为对学校之爱、对社会之爱、对国家之爱。大学生原来遇到困难第一时间想到的人是家长，进入大学之后遇到困难第一时间进行帮助的是教师和同学，这种互助互爱的精神充实和扩大了原来的小家之爱。尤其是高校的一系列勤、资、助、贷、奖等学生服务工作，保障家庭经济困难学生能够安心完成学业，这充分体现了学校、国家和社会对大学生学子的关心和帮助，让大学生感受到了集体大爱精神，进一步充实了家国情怀的实际体验。教育工作者要紧紧抓住大学生家国情怀从感性上升到理性的关键环节，深入了解大学生的家庭成长环境，关心大学生的生活学习工作状况，让大学生在外求学也能感受到家的温暖，从而有针对性地引导大学生夯实家国情怀。

（3）历史使命性。从国家角度来看，大学生家国情怀培育具有历史使命性。大学生家国情怀强弱事关国家发展兴衰。所谓青年兴则国家兴，青年强则国家强。大学生作为中国特色社会主义事业的建设者和接班人，直接关系中华民族伟大复兴伟业。大学生群体和其他社会群体不同，具有自己的特殊性。大学阶段是人们正式进入社会之前的预备阶段，尽管在法律意义上是成年人，但还不需要参加工作，在享受消费的同时还不要求进行物质生产。大学时光是同学们尽情吸吮知识的关键时刻，是思想最为活跃的时期，也是树立正确价值观的黄金时期。因此，大学生家国情怀不仅是大学生自己个人的事情，也不仅是家庭和学校的事情，而是关乎全社会全中国的大事情。必须牢记思想政治工作是经济工作和其他一切工作的生命线，贯彻落实立德树人根本任务，从国家发展战略全局高度来看待大学生家国情怀培育。

新时代大学生的历史使命是实现中华民族伟大复兴，这是新时代大学生家国情怀的时代要求。站在新时代的历史方位，我国实现了从站起来到富起来，再到强起来的历史性飞跃。新时代的大学生正值青春年华，到 21 世纪中叶实现社会主义现代化强国的第二个百年奋斗目标之时也不过五十岁左右，他们是实现中华民族伟大复兴的中流砥柱，是中华民族伟大复兴的参与者、见证者和享有者。而这一切的实现都有赖于厚植新时代大学生家国情怀。

2. 大学生家国情怀培育的内涵体系

“培育”包含三重含义，既指培养幼小使其成长之意，也指使情感得到发展之义，还指培养教育之义。大学生家国情怀培育是指培育主体根据培育目标，在坚持培育原则的基础之上，按照培育方法对大学生实施系统性家国情怀培育，以使大学生在新时代增厚爱家爱国情感，肩负历史使命的系统性工程。这个系统性培育工程需要以系统性的培育内涵为基础。

站在世界百年大变局和中华民族伟大复兴战略全局来看待大学生家国情怀培育，需要构建以社会主义核心价值观为引领、以优秀家风涵养为基础、以四史教育为重要内容、以国际视野教育为背景的具有中国特色的家国情怀培育内涵体系。

（1）以社会主义核心价值观培育为引领。社会主义核心价值观是当代中国精神的集中体现，凝结着全体人民共同的价值追求。要以培养担当民族复兴大任的时代新人为着眼点，强化教育引导、实践养成、制度保障，发挥社会主义核心价值观对国民教育、精神文明创建、精神文化产品创作生产传播的引领作用，把社会主义核心价值观融入社会发展各方面，转化为人们的情感认同和行为习惯。家国情怀培育的目标指向本质上就是培养大学生在社会主义核心价值观的指导下，能够实现对家国共同体的整体认同和行为践履。发挥社会主义核心价值观教育作为家国情怀培育的定向领航作用，应渗透到家国情怀培育的全过程。

社会主义核心价值观和家国情怀具有内在契合性。社会主义核心价值观分别在国家层面倡导“富强、民主、文明、和谐”，社会层面倡导“自由、平等、公正、法治”，公民层面倡导“爱国、敬业、诚信、友善”，个人、社会、国家三个层面价值观逻辑递进，层层包含又互为促进。三个层面的价值观和家国情怀中家国一体的个人、家庭、国家关系具有内在契合性。家国情怀是个体产生的对家庭、社会、国家所产生的情感认识、价值认同和国家认同。而社会主义核心价值观是实现沟通个人情感和国家认同的重要环节。正是因为中华儿女的价值观都建立在社会主义核心价值观的基础上，才实现了全体中华儿女的共同情感基础和共同的国家认同。

社会主义核心价值观，既发挥着引领家国情怀培育的方向性作用，同时也是家国情怀培育的核心内容之一。真正落实社会主义核心价值观的引领示范作用，关键在于社会主义核心价值观是否真正做到在全体人民心中走心走实。

（2）以优秀家风涵养为基础。家风是家庭成员在家庭组建和家庭生活中逐步形成的习惯风气，具有成风化人和代际传递的特点，体现了家庭和家族为人处世的道德哲学和精神风貌，是家庭成员思想、行动的行为规范和价值呈现。良好的家风给人乘风沐雨净化心灵之功，是人们步入社会之前的道德行为规范养成之所，也是心灵归属之所。每个家庭都有每个家庭自己独特的家风品质，而中华优秀传统文化中关于家庭、家风的文化可以说是俯首可拾，优秀传统文化激励一代又一代中华好家庭。家风好可以家道中兴、美满幸福，家风差则难免家道衰落，贻害社会。中华优秀传统文化中的优良家风来自儒家的修身齐家治国平天下的价值观。无论有多大抱负，路走得再远，始终还是要从诚意正身开始再到推及家齐。可以说家风是连接了个人品德和伟大抱负的关键环节，起着承上启下的作用。

家庭是人们看待外部世界和人格养成之第一场所，是价值观培育的基础。从人类成长发展规律来看，幼儿时期和青少年时期对家庭的依赖程度最重，思想处于快速发展期，求知欲和好奇心强烈，此时通过良好家教家风润物细无声达到成风化人，引导青少年的价值观塑造是最容易的阶段。家国天下价值观以家为起点，要在孩子们幼小的心灵埋下爱家爱国的思想种子，大学生家国情怀要以家庭家教家风涵养为第一基本要求。优秀家风联结了社会主义核心价值观和中华优秀传统文化，不管大学生将来走得再远，家风作为原生性思想影响，依然会对家国情怀的培育产生不可磨灭的影响。

（3）以四史教育为重要内容。家国情怀形成有赖于人们对家、国、天下的认知。通过对四史的学习教育可以帮助大学生建构客观理性的家国观念，厚植家国情怀。

四史学习构成家国情怀培育的重要历史性基础，是大学生增强四个自信的理论之源和力量之基。四史分别是党史、中华人民共和国史、改革开放史、社会主义发展史。学习党史是为了增强认识中国共产党为什么“能”；学习改革开放史是为了增强认识中国特色社会主义为什么“好”；学习中华人民共和国史是为了加深认识社会主义探索的历史和追求实现中华民族伟大复兴的历史；学习社会主义发展史是为了明白社会主义取代资本主义的必然性、长期性和艰巨性。

（4）以国际视野教育为背景。国际视野是大学生在全球化背景下为适应不断激烈化的全球竞争而不断学习积累养成的一种国际交流能力和基于国际格局思考自文化与他文化的综合思维能力。在两个“大局”的历史背景下，家国情怀培育具有向内和向外的两种发展驱动力。

中国共产党历来具有注重爱国主义教育的国际视角传统。新爱国主义教育在继承和正确处理爱国主义和国际主义问题的基础上，面对两个“大局”的时代背景和历史使命，坚持立足中国又面向世界。把弘扬爱国主义精神与扩大对外开放结合起来，尊重各国历史特点、文化传统，尊重各国人民选择的发展道路，善于从不同文明中寻求智慧、汲取营养，促进人类和平与发展的崇高事业，共同推动人类文明发展进步。在聚焦对青年人进行爱国主义教育发展方向上，需要通过国际视野来倡导构建人类命运共同体以克服狭隘的民族主义，培养理性平和的新时代大学生。

国际视野是新时代大学生综合素质的重要构成基础，是正确处理民族国家和世界关系的必然要求。大学生要站在世界的高度去把握经济、政治、文化、生态、安全等全球性复杂问题，尤其是把握这些问题对自己国家的影响，在理解和实践中不断厚实自身国际知识，提升国际事务理解和处理能力。

大学生国际视野培育，主要包括跨国学习经历、全球思维意识、人类命运共同体意识等部分。国际视野不是停留于脑海中的知识储备，而是一种观察和处理国际事务的能力，非实践不足以养成。所以千方百计扩大国际学习交往渠道是培育大学生国际视野最直观和最感性的基础工作，在获得直观经验的基础上形成情感体验，进而促进全球思维意识的养成。全球思维意识是国际视野重要的内在思维模式，需要培养大学生在遇到问题和处理困难的时候，学会站在全世界的高度和广度来思考和解决问题，教会大学生用普遍联系和永恒发展的哲学观点来对待本国和世界之间的国家关系，只有这样才能促进大学生以客观公正理性平和的心态来看待世界不同文明，珍视人类文化瑰宝。大学生国际视野的培育离不开人类命运共同体意识的构建。人类命运共同体意识已经从原来个体的全球思维意识发展为致力于推动世界和平与发展的历史使命和责任担当。

（二）强化大学生爱国主义教育

1. 大学生爱国主义教育的目标

大学生爱国主义教育，要以培养学生的爱国之情、强国之志和报国之行为终极目标，从情感目标、价值目标、践行目标等三个维度，由浅入深、由内及外、由理论认识到实践活动的循序渐进，形成全面系统的爱国主义教育目标体系。

（1）爱国主义情感目标——精神力量。情感目标主要体现在爱国主义精神层面，具化为大学生精神力量得到不断增强凝聚。情感受客体的影响，大学生爱国之情的产生，一方面来源于对中华上下五千年悠久历史、优秀传统文化以及中国取得的伟大成就有较全面和深刻的认识；另一方面爱国情感不是靠空洞说教就能产生的，只有通过社会实践和情感体验，结合自身的生活感受才能逐步形成和深化。大学生爱国主义教育情感目标的达成也不是一蹴而成的，它要经过日积月累、每时每刻的熏陶教育，晓之以理、动之以情由思想的普遍认识升华为行为的高度自觉。通过系列的知识传授和情感体验，培养学生牢固树立家国情怀，使大学生切身感受到我国社会主义制度的优越性。

（2）爱国主义价值目标——坚定信念。价值目标主要体现在坚定理想信念层面，是大学生爱国主义教育目标中的根本保证，具化为大学生的理想信念得到不断坚定和强化。大学生要坚定爱国主义理想信念，思想意志上不受外界的干扰，才能更好实现爱国主义价值目标。爱国主义教育价值目标就是通过思想引领，加强理论武装，只有这样，大学生在面对纷繁复杂的网络环境时，才能把握好主流意识形态，不被错误思潮影响，为了实现中华民族伟大复兴而勇毅前行。

（3）爱国主义践行目标——自觉志向。践行目标是爱国主义教育目标中的关键所在，就是要使大学生都能在关键时刻做出报效祖国的具体行为，内化为报国之志。报国之志是在爱国之情的基础上形成的一种心理倾向。大学生爱国主义教育践行目标就是要牢牢把握知行合一这一实践要求，在内化于大学生之心、外化于大学生之行上做好文章做足文章。通过不断强化教育引导、深入开展实践养成，教育引导他们自觉将爱国主义教育的具体成果转化为实实在在的具体行动，转化为脚踏实地的爱国之行。

2. 大学生爱国主义教育的原则

（1）坚持爱党爱国爱社会主义高度统一原则。大学生爱国主义教育就是要广泛开展爱党爱国爱社会主义教育，结合特征赋予大学生爱国主义教育的新内涵，教育引导大学生继承和发扬中国共产党的优良传统，延续中国共产党的红色基因，准确把握为了社会主义建设，中国人民进行的长期艰苦卓绝斗争的伟大意义，取得的丰硕成果和光辉历程，激发爱党爱国爱社会主义热情。

（2）坚持立足中国和面向世界的原则。当今世界是一个开放的、面向未来的世界，是一个命运的共同体。大学生爱国主义教育必须坚持既立足中国又面向世界。大学生爱国主义教育就是要跳出中国看世界，立足世界看中国，一切都从中国实际情况和世界发展大势出发，有针对性地制定大学生爱国主义教育目标。创新教育载体，充分利用红色精神等教育资源，让爱国主义教育效果更加凸显。要面向世界就是对全世界优秀传统文化和爱国主义思想兼收并蓄，互鉴互通，开放包容，不鄙视不对抗，教育引导他们树立人类命运共同体意识，理性表达爱国感情，正确把握中国与世界的发展大势，实现爱国主义教育的最大公约数。

（3）坚持与大学生实际相结合的原则。加强大学生爱国主义教育必须坚持与大学生实际相结合，抓住大学生所处阶段的特点，有的放矢开展爱国主义教育。大学生爱国主义教育就是需要从大学生实际情况和发展阶段出发，教育目标、教育方式、教育内容紧紧针对大学生不同群体、不同层次、不同特点来设计谋划，不能脱离大学生生活、学习、工作实际，不能脱节于他们的所思所想所盼，将爱国主义教育融贯于教育教学、人才培养全过程。在对所学理论知识做到熟记于心时，更加注重大学生积极参与爱国主义实践活动，采用现代化教学、创新教育所用载体，利用新的教学模式，不断增强教育效果。

3. 大学生爱国主义教育的内容

在新时代必须大力弘扬爱国主义精神，把爱国主义贯穿国民教育和精神文明建设全过程。

（1）习近平新时代中国特色社会主义思想。习近平新时代中国特色社会主义思想是马克思主义中国化的最新成果，是党和人民实践经验和集体智慧的结晶，是中国特色社会主义理论体系的重要组成部分，是全党全国人民为实现中华民族伟大复兴而奋斗的行动指南，必须长期坚持并不断发展。要深刻理解习近平新时代中国特色社会主义思想的核心要义、精神实质、丰富内涵、实践要求，不断增强干部群众的政治意识、大局意识、核心意识、看齐意识，坚决维护习近平总书记党中央的核心、全党的核心地位，坚决维护党中央权威和集中统一领导。同时还要求此项教育要紧密结合大学生学习生活实际，进校园、进社区、进网络，使党的创新理论落地生根、开花结果。要在知行合一、学以致用上下功夫，引导大学生坚持以习近平新时代中国特色社会主义思想为指导，展现新气象、激发新作为，把学习教育成果转化为爱国报国的实际行动。

组织学生学习习近平新时代中国特色社会主义思想，是对学生进行思想政治教育的重要环节，对当代大学生具有重要意义；习近平新时代中国特色社会主义思想为我国的社会发展指明了方向，对学生进行习近平新时代中国特色社会主义思想教育，有助于学生对我国现阶段的发展以及未来的发展道路有更加深刻地认识，对学生今后的学习与实践具有关键作用。

在对大学生进行习近平新时代中国特色社会主义思想教育的过程中，要运用不同方法从不同的角度来开展，把学懂、弄通、践行作为重中之重，学深悟透、融会贯通。通过线下线上等多种宣讲方式加强学生对于理论知识的掌握与理解，通过理论学习，促进学生德智体美劳全面发展；组织学生进行社会实践，让学生在实践当中更加深刻地领悟习近平新时代中国特色社会主义思想，并将所学到的理论知识充分地运用到实践当中，并在实践中锤炼自身意志品质，不断提升自己，做到理论与实践相结合，自觉做到“两个维护”。通过教学第一课堂、实践第二课堂、网络第三课堂三者合力，教育大学生坚持用习近平新时代中国特色社会主义思想武装头脑，学理论、知理论、用理论，学以致用、知行合一，把学习教育成果转化为爱国报国的实际行动。成为更加优秀的社会主义的建设者和接班人。

（2）中国特色社会主义和中国梦教育。中国特色社会主义集中体现着国家、民族、人民根本利益。要高举中国特色社会主义伟大旗帜，广泛开展理想信念教育，用党领导人民进行伟大社会革命的成果说话，用改革开放以来社会主义现代化建设的伟大成就说话，用新时代坚持和发展中国特色社会主义的生动实践说话，用中国特色社会主义制度的优势说话，在历史与现实、国际与国内的对比中，引导人们深刻认识中国共产党为什么“能”、马克思主义为什么“行”、中国特色社会主义为什么“好”，牢记红色政权是从哪里来的、中华人民共和国是怎么建立起来的，倍加珍惜我们党开创的中国特色社会主义，不断增强道路自信、理论自信、制度自信、文化自信。要深入开展中国梦教育，引导人们深刻认识中国梦是国家的梦、民族的梦，也是每个中国人的梦，深刻认识中华民族伟大复兴绝不是轻轻松松、敲锣打鼓就能实现的，要付出更为艰巨、更为艰苦的努力，争做新时代的奋斗者和追梦人。

对大学生群体中开展中国特色社会主义和中国梦教育，要树立先进典型，激励大学生投身到实现中国梦的伟大实践中，激励广大学生学习先进、崇尚先进、争当先进，形成为实现中国梦团结奋进的正能量，从而更好地引导大学生自觉把个人前途命运与祖国和民族的命运紧密相连，大学生是追梦过程的奋斗者，要脚踏实地，勤奋学习，担当敢为，为实现中华民族伟大复兴的中国梦贡献力量。

同时加强中国特色社会主义和中国梦的时代内涵教育，使中国特色社会主义和中国梦教育能够入脑、入心。一方面，使学生认识到改革开放以来，我国经济发展取得的举世瞩目的辉煌成就，体现了中国特色社会主义制度的显著优势；另一方面，要详细讲解中国特色社会主义和中国梦的历史底蕴和时代内涵，实现路径和保障。依托校园文化载体，推进中国特色社会主义和中国梦主题校园文化建设。利用校园网、校园海报、宣传橱窗、宣传横幅等广泛宣传，精心设计活动载体，将中国特色社会主义和中国梦教育融入形式多样的课外活动中，积极开展相关主题党日、主题团日、理论学习等活动；以社会实践活动为平台，扎实开展主题社会实践主题活动，动员学生参与“梦想中国”大学生志愿者行动计划、学雷锋社会实践活动、暑期大学生“三下乡”社会实践活动、科技创新活动、文艺体育活动、设计大赛、“挑战杯”大学生创业大赛等。通过实践，促使学生感性认识转化为理性认识，进而落到具体行动上。

（3）中华优秀传统文化教育。对祖国悠久历史、深厚文化的理解和接受，是爱国主义情感培育和发展的重要条件。要引导人们了解中华民族的悠久历史和灿烂文化，从历史中汲取营养和智慧，自觉延续文化基因，增强民族自尊心、自信心和自豪感。要坚持古为今用、推陈出新，不忘根本、辩证取舍，深入实施中华优秀传统文化传承发展工程，推动中华文化创造性转化、创新性发展。要坚守正道、弘扬大道，反对文化虚无主义，引导人们树立和坚持正确的历史观、民族观、国家观、文化观，不断增强中华民族的归属感、认同感、尊严感和荣誉感。

中华传统文化源远流长，博大精深，中华优秀传统文化更是对当代中国具有深远影响和重大意义。对大学生进行中华优秀传统文化教育，是高校教育中不可或缺的重要组成部分。要积极引导学生正确地认识中华传统文化，对于优秀的传统文化，既要继承又要发扬。通过开展相应的教育活动，增强学生对于优秀传统文化的理解和认识。广泛开展丰富多彩的体验式、参与式活动，将中华优秀传统文化教育落到实处，辅之网络媒介，通过广泛开展节日民俗、文化教育等系列实践、宣传活动，让高校优秀传统文化教育落在实处，增强大学生对于优秀传统文化的认同感，树立起更加坚定的文化自觉和文化自信，坚定文化传承的自觉性，促使学生真正把中华优秀传统文化内化于心、外践于行，有助于当代大学生成为中华优秀传统文化的继承者，传播者，让中华优秀传统文化在新时代焕发出新的生机。传承和弘扬中华优秀传统文化对提升国家文化软实力，建设社会主义文化强国具有重要意义。

（4）国情教育与形势政策教育。要深入开展国情教育，帮助人们了解我国发展新的历史方位、社会主要矛盾的变化，引导人们深刻认识到，我国仍处于并将长期处于社会主义初级阶段的基本国情没有变，我国是世界上最大发展中国家的国际地位没有变，始终准确把握基本国情，既不落后于时代，也不脱离实际、超越阶段。要深入开展形势政策教育，帮助人们树立正确的历史观、大局观、角色观，了解世界正经历百年未有之大变局，我国仍处于发展的重要战略机遇期，引导人们清醒认识国际国内形势发展变化，做好我们自己的事情。要发扬斗争精神，增强斗争本领，引导人们充分认识伟大斗争的长期性、复杂性、艰巨性，敢于直面风险挑战，以坚忍不拔的意志和无私无畏的勇气战胜前进道路上的一切艰难险阻，在进行伟大斗争中更好弘扬爱国主义精神。

增强大学生对于我国国情与形势政策的理解认识，是对大学生进行思想政治教育的必修课，使学生了解我国的政治、经济、自然生态等方面的基本情况，激发学生的爱国热情。开展国情教育和形势政策教育，要同爱祖国、爱家乡、热爱社会主义教育相结合，增强师生更好建设祖国的信心和决心；要同宣传党的方针政策相结合，使师生认清形势，坚定信念，增强学生走中国特色社会主义道路的道路自信、理论自信和文化自信；要同各种节庆活动和科普宣传周活动相结合，在高校普及科学知识，倡导文明新风，使学校整体文明程度整体素质得到提高；引导学生在新的历史机遇下，不断提升自身实力，增强信心，克服前进道路上的困难。

（5）民族精神与时代精神教育。以爱国主义为核心的民族精神和以改革创新为核心的时代精神，是凝心聚力的兴国之魂、强国之魄。要聚焦培养担当民族复兴大任的时代新人，培育和践行社会主义核心价值观，广泛开展爱国主义、集体主义、社会主义教育，提高人们的思想觉悟、道德水准和文明素养。要唱响人民赞歌、展现人民风貌，大力弘扬中国人民在长期奋斗中形成的伟大创造精神、伟大奋斗精神、伟大团结精神、伟大梦想精神，生动展示人民群众在新时代的新实践、新业绩、新作为。

民族精神和时代精神都是我国发展道路上不可或缺的精神支撑，当代大学生是民族发展的未来与希望，是整个社会力量中最积极、最有生气的力量，对学生开展民族精神和时代精神教育，有助于学生形成良好的道德品质，树立马克思主义信仰、中国特色社会主义信念、中华民族伟大复兴中国梦信心。高校思想政治教育工作者、辅导员以及宣传部工作人员应形成合力，助推伟大民族精神的培育和弘扬时代精神文化，要寓教于乐，深入学生群体，在传授知识时塑造学生品格，使高校大学生自觉接受和学习伟大民族精神的时代价值，使其内化于心、外化于行。

在进行教育的过程中可举办以弘扬民族精神与时代精神的文体活动以及反映民族与时代的书画作品展，课本剧等形式使学生更加深刻地理解社会主义核心价值观，树立正确的人生观与价值观，激发爱国热情。一代人有一代人的使命，一代人有一代人的梦想，要交好历史的“接力棒”。进入新时代，要传承艰苦奋斗、开拓创新的精神，树立正确的人生观、世界观、价值观，把青年人才培育成奋进者、开拓者、奉献者，在劈波斩浪中开拓前进，在披荆斩棘中开辟天地，在攻坚克难中创造业绩，成为担当民族复兴大任的时代新人。

（6）党史、国史、改革开放史教育。历史是最好的教科书，也是最好的清醒剂。要结合中华民族从站起来、富起来到强起来的伟大飞跃，引导人们深刻认识历史和人民选择中国共产党、选择马克思主义、选择社会主义道路、选择改革开放的历史必然性，深刻认识我们国家和民族从哪里来、到哪里去，坚决反对历史虚无主义。要继承革命传统，弘扬革命精神，传承红色基因，结合新的时代特点赋予新的内涵，使之转化为激励人民群众进行伟大斗争的强大动力。要加强改革开放教育，引导人们深刻认识改革开放是党和人民大踏步赶上时代的重要法宝，是坚持和发展中国特色社会主义的必由之路，是决定当代中国命运的关键一招，也是决定实现“两个一百年”奋斗目标、实现中华民族伟大复兴的关键一招，凝聚着将改革开放进行到底的强大力量。

要紧紧抓住大学生的“拔节孕穗期”，对学生进行党史、国史、改革开放史教育。使学生明晰近代以来中国经历的沧桑巨变，从被侵略压迫，到不断发展壮大，中国共产党起了决定性作用。教育过程要充分与历史相结合，坚持实事求是。可组织学生参观相关纪念馆，使学生身临其境感受中国共产党成立近百年以来，中华人民共和国成立以来，以及改革开放多年来的发展变化；使学生充分认识到中华民族发展的过程是不平凡的，中国特色社会主义发展道路是正确的。定期组织学生讲党课或主题思政课，使学生更好地了解马克思主义在中国发展历史。对学生进行党史、国史，改革开放史教育，引导学生把爱国情、强国志、报国行自觉融入坚持和发展中国特色社会主义事业、建设社会主义现代化强国、实现中华民族伟大复兴的奋斗之中。

（7）祖国统一和民族团结进步教育。实现祖国统一、维护民族团结，是中华民族的不懈追求。要加强祖国统一教育，深刻揭示维护国家主权和领土完整、实现祖国完全统一是大势所趋、大义所在、民心所向，增进广大同胞心灵契合、互信认同，与分裂祖国的言行开展坚决斗争，引导全体中华儿女为实现民族伟大复兴、推进祖国和平统一而共同奋斗。深化民族团结进步教育，铸牢中华民族共同体意识，加强各民族交往交流交融，引导各族群众牢固树立“三个离不开”思想，不断增强“五个认同”，使各民族同呼吸、共命运、心连心的光荣传统代代相传。

民族团结是中华民族伟大复兴的强大动力。实现中华民族伟大复兴，是近代以来中国人民不懈追求的目标。中华民族的伟大复兴，根本动力来自全国各族人民。只有各民族大团结，才能确保各族人民的主体地位落到实处，使各族人民建设中国特色社会主义的参与热情和创造活力最大限度地激发出来，从而使中华民族伟大复兴的光明前景真正变为现实。在教育过程中，要尊重各民族传统，加大对少数民族学生的关心与关怀，形成一个良好的各民族同学互帮互助的民族团结的氛围，抓紧、抓好、抓实民族团结进步创建工作，让少数民族同学成为维护祖国统一和民族团结的宣传者，建设者。充分发挥民族团结先进典型的引领作用，推进民族团结进步创建工作的深入开展。开展祖国统一和民族团结进步理论知识学习，提升思想认识，使学生对于维护祖国统一和民族团结内化于心，外化于行。能够做到用心去维护，用实际行动去践行。在具体开展教育的过程中，根据相关要求，引导学生运用合理方式维护祖国统一和民族团结，遵守国家相关法律，“守底线”“明红线”，自觉维护祖国统一和民族团结。

（8）加强国家安全教育与国防教育。要加强国家安全教育和国防教育。国家安全是安邦定国的重要基石。要加强国家安全教育，深入学习宣传总体国家安全观，增强全党全国人民国家安全意识，自觉维护政治安全、国土安全、经济安全、社会安全、网络安全和外部安全。要加强国防教育，增强全民国防观念，使关心国防、热爱国防、建设国防、保卫国防成为全社会的思想共识和自觉行动。要深入开展增强忧患意识、防范化解重大风险的宣传教育，引导广大干部群众强化风险意识，科学辨识风险、有效应对风险，做到居安思危、防患未然。

对大学生开展国家安全与国防教育，有利于提升大学生对国家安全的认识，增强学生爱国情怀，有利于维护中华民族的长治久安。国家安全是关系到中华民族生死存亡的大事。引导学生形成正确的国家安全意识，树立总体国家安全观，是高校爱国主义教育的重要内容之一，在高校教育中至关重要。在日常的教育活动中，注重宣传与引导，从思想上去影响学生，促进学生更加深刻地从多个方面了解国家安全的重要性，并深刻地认识到维护国家安全是每一个公民应尽的义务，国家安全与每个人息息相关。在国家安全的问题上没有人能够独善其身。只有国家安全得到了保障，个人的生活才会更加美好。加强国家安全教育和国防教育，重点抓好“三项教育”，强化“三种意识”。

第一，抓好 4 月 15 日国家安全日主题教育，通过征文，演讲，诗朗诵等形式，组织学生参与国家安全相关的主题活动，提高学生国家安全意识。

第二，抓好法律法规宣传教育，提高守法意识，使每个学生清楚地认识到国家安全关系到整个社会政治、经济、文化等各方面的发展。

第三，抓好保密教育，强化防范意识。针对目前大学生安全防范意识不强这一现状学校要积极开展保密教育，增强大学生敌情观念和保密意识，使每个大学生在对外交往中能自觉遵守各项保密制度和规定，自觉保守党和国家的秘密。

第七章
大学生责任担当意识的培育及策略

第一节　大学生责任担当意识培育的内涵与内容

一、大学生责任担当意识培育的内涵界定

“时代召唤使命，责任需要担当。当代青年大学生作为新时代社会主义事业的建设者及未来社会发展的接班人，在新时代肩负着新的使命与责任。”① 责任担当深刻反映出个人对自我角色认知、对分内之事自觉履行与承担的价值要求，是衡量新时代大学生综合素养的重要标志。新时代内在机理蕴含着未来社会发展的使命担当，萌生着推动民族复兴伟业的精神动力。下面对大学生责任担当意识培育进行概念解读。

责任担当意识的概念是新时代大学生责任担当意识培育的必要研究前提，不仅要着眼于“责任”“担当”及“责任担当意识”的元概念，更要探讨其在“新时代”的历史背景和“大学生”的责任主体中的特殊表现，得以进一步回应其他维度中的道德责任的诸多问题。

（一）责任担当

1. 责任

在汉典记录中，责任中的“责”字“从贝、朿声”，为索取之意，引申为责备，又指责任；“任”字“从人、壬声”，壬是担荷竖立时的象形，人从壬为担挑之意，引申为担任，也可指任命。追溯词源，“责”“任”最初看作独立词语单独使用，直到北宋时期才出现“责任”的完整表述。中国责任思想主要沿袭于儒家的责任伦理，以“和”为价值

---

① 田艳，武慧俊．新时代大学生责任担当意识培育研究［J］．佳木斯大学社会科学学报，2021，39（06）：95.

诉求，以“礼”为行为规范，从“修身”“齐家”“治国”“平天下”四重维度，承担各安其分、各尽其责的责任操守。责任解释为三种含义：①使人担当起某种职务和职责；②分内应做的事；③做不好分内应做的事，而应该承担的过失。

从西方词源考察，“责任”一词源于拉丁语 respondo，意译为“我作答”或“我回应”，古希腊时期的芝诺最早使用“责任”的概念，为恪守自然秩序的行为。柏拉图在《理想国》中以个人角色进行问责、定责和尽责；德谟克利特首次将责任纳入人生哲学考量范畴，视为照正义的原则行事；亚里士多德则在《尼各马可伦理学》第三卷中提出人应该为出于个体自由意愿的正义行为负责。在《牛津高阶英汉双解词典（第九版）》中，Responsibility（责任）释义为：通过社会力量约束自身行为；②个人行为的适当范围及程度；③诚信的一种形式；对某事对某人负责或对自己的行为负责的品质。

基于上述责任概念可得，责任是人之存在所要求的基本的社会道德规范。人总要在社会中谋求一个位置，而位置本身便被赋予了某种期望，这种期望所包含的道德原则便是以社会客观道德规范为参照标准的。因此，责任是行为主体（个人或团体某种特定角色资格）在一定社会关系中被赋予、并要求从事或完成与此相应的任务职责，以此承担相应后果及道德评判的客观范畴。

2. 担当

从词源上来看，担当中的“担”字“从手、从詹”，何为“儋”？以背曰负，以肩曰儋，本义为用肩挑；“当”字“从田、尚声”，本义为两块田相等，引申为当匹、当面、充当、承担、应当、看待、抵挡之意。在《朱子语类》中正式提出“担当”一词，译为承担并负责任。在《汉语大辞典》中，担当解释为：接受并负起责任。“担当”的词义简单，却内涵丰富。早在春秋时期，在当代，“担当”被看作更高的道德操守，为共产党人所要求的道德品质。中国共产党自成立之日起，就肩负着“为国家民族的独立、自由、解放、富强奋斗，为共产主义奋斗”的责任担当，使中国实现从站起来、富起来到强起来的历史飞跃，带领中华儿女不断向中华民族伟大复兴中国梦前进。

因此，担当一词在逻辑生成和具体运用中，以“接受并负起责任”为本，在一脉相承中赋予新的时代价值。担当的词义缘起，就蕴含着道德意义，以“士不可以不弘毅”“己为重任”的高度自觉意识，在外界要求和内在省思的调和中，认清“初心”，并为之坚守、践行，凝聚沉淀为担当精神。简言之，“担当”就是遵循时代客观发展规律，对自身责任主动接受并承担的意志行为。

3. 责任与担当的关系

责任担当是道德责任的客观认知和主观体验的统一，二者结合具有充分的理论立足点和现实相关性。

（1）从责任与担当的内涵诠释来说，责任是对个人应当承担分内职责或义务的自觉认知和主动把握，担当则是履行个人责任及承担相应后果的行为魄力。责任侧重于“知”，要明确责任所在，使心有所明、心有所戒；担当侧重于“行”，要勇于承担责任，使责有所担，责践于行。明责任、勇担当是责任担当知行合一、同向而行的完整过程，责任的落实即为担当，担当的体现亦是责任。责任贵在担当，担当要明责任，这不仅是客观的需要，更是主观的追求。

（2）从责任担当的现实指向性出发，他们构建的价值诉求围绕着利害与人性展开。利益是人性道德的内在事实，是现实个人生命原理敞开的本质诉求，统摄着责任担当得以内驱为伦理道德信念、外张为伦理道德行为。这就必然要求，责任担当同样遵守于利益的普遍性与节制性的道德规范，将目标诉求指向于合理利己与合理利他的价值统一，包括对自己、他人、家庭、社会和国家的利益考量和情感抉择，从而力求形成稳定的与自身责任角色相符的责任意识与行为趋向。

因此，责任担当是责任行为的同一过程的不同方面，体现着伦理道德的连贯性和知情意行的一致性，能充分挖掘提升个人潜在的道德品质，形成从一而终、善始善终的责任担当与践行。

（二）责任担当意识

责任担当是客观范畴，而责任担当意识是主观范畴。外在道德规范必然要转化为个人的内在道德意识，并最终落实到一定道德行为之中。这个意识层面就是我们所说的“责任担当意识”。以不同学科领域视角，对责任担当的范畴词进行主观意识层面的内涵界定，包括有“责任心”“责任感”和“责任意识”等。从心理学视域出发，责任心是自觉做好分内之事的人格特质，即个体对应付责任的自觉意识及积极履行的行为倾向。

责任感是个体在责任承担中做出的行为选择、行为过程及后果是否符合内心需要而产生的态度体验。责任意识是社会群体或个人在一定社会历史条件下承担相应责任、履行各种义务的自律意识和人格素质。通过上述界定可以看出，虽然搭配不同的责任意识层面的范畴词，但是其表达的深层内涵基本大同小异，都是表明个体将责任的外在性规定内化为自觉意识的情感认知和行为倾向。因此，在不作严格概念区分的情况下，统称责任担当的意识层面为责任担当意识。

整合学界对责任担当意识，尤其是责任意识的概念界定，将责任担当意识界定为：责任行为主体基于一定的道德意志及行为能力，主动承担履行与自身角色相适应的义务，生成符合社会规定性责任的自觉意识和道德人格。因此，责任担当意识具有以下特征。

第一，责任主体具备基本的自由意志及行为能力。意识只能生成并实现于人类社会，基本的意志行为体现的是个人在道德抉择中的自觉取舍能力，归根到底就是主体对责任的认知、选择、实现和承担的程度，只要个体能够具备按照自己的目的或意愿并采取主动行为的能力，便要对实际发生的一系列事件后果负责。也就是说，任何出自自觉自愿的行为选择，皆无法回避相应道德责任的审视。

第二，个人利益要与社会责任高度统一。在个体需要和社会要求的关系调节中势必形成责任价值理念，责任担当是人们在公共社会中追求自我利益的反复实践中得到的固有经验，它是形成黏合社会性个体间内在联结的基本，并且协调着个人价值的实现和社会机制的运转，彰显着权利与责任的统一。

第三，归属于特定社会历史范畴之中。责任担当意识以历史维度规定其时代特质，这不仅延承着中华传统责任精神，而且融入道德规范的时代特性，既反映出特定社会历史现实，又能符合当前社会道德的价值标准，使责任主体在遵循主流社会道德责任规范中，不断调适并承担相应责任来满足自身与社会发展需要。

第四，具有相对稳定性的道德人格特质。责任担当意识是强调自觉自律、自我付出的社会意识，位于较高层次的道德要求，在很大程度上取决内心信念的自我约束，以形成恰当的动机、意图、目的，反映出个人在自由意志下所执行或追求社会整体或长远目标的意志自觉和人格素养。

（三）新时代大学生责任担当意识

将新时代大学生理解为“00后”的在校大学生，这一批学生见证着中国特色社会主义进入“新时代”，在新时代的新特征、新矛盾、新方向中，他们也被赋予了新的历史使命和任务要求，成为践行民族复兴伟业的主力军。

新时代大学生责任担当意识是大学生群体立足新的历史阶段，在积极履责、主动担当的实践过程所体现出的高度角色认知和责任自觉意识。与以往历史时期不同的是，新时代的责任担当更强调对中华民族伟大复兴的责任认同和使命履行，投射到大学生群体上则重点表现为大学生作为责任主体对个体、社会、国家以及人类责任的系统认知、担当能力和态度价值，体现着责任内涵层次的提升和外延范围的拓展。

（四）新时代大学生责任担当意识培育

新时代大学生责任担当意识培育有着自身的特殊内涵和构成要素。要以培养担当民族复兴大任的时代新人为着眼点，时代新人主要是指青年一代，尤其是大学生群体。新时代大学生责任担当意识培育要遵循中国特色社会主义新时代的教育要求，有目的、有计划、有组织地对大学生进行系统性的培育，教育者（以教师为主要代表）和受教育者（新时代大学生）在实现中华民族伟大复兴中国梦的实践互动中，把新时代的责任担当认知内化为大学生个体良好责任担当习惯的培育，形成对国家、对民族、对社会、对他人及自我责任的自觉承担、情感体验及担当践行的培育过程。而新时代大学生责任担当意识培育也是思想政治教育的重要内容，高校通过持续提升学生道德责任认知、深化责任认同、强化责任行为，从而进行新时代大学生服务国家、服务人民的责任担当意识的教育教学活动。

大学生责任担当意识培育要素是指构成其培育活动的成分和决定培育情况的内在条件，包括新时代大学生责任担当意识培育的教育者、受教育者及培育影响这三大要素。其中，新时代大学生责任担当意识培育的教育者是依据新时代大学生的心理行为特征习惯，利用科学的培育理念和有效的培育方式，以自身培育活动引导大学生道德责任认知发生合乎目的的发展变化的组织者，他以高校教育工作者为主，也涵盖了社会、家庭及学生个人在内的培育主体；受教育者主要是指新时代大学生，即需要接受责任担当意识培育并内化为符合社会要求道德责任的教育受众；培育影响则是在教育活动中，教育者作用于受教育者的有关新时代责任担当的全部信息，包括信息选择、内容、方法及反馈的形式等。

二、大学生责任担当意识培育的主要内容

明确责任担当意识培育的内容，是大学生责任担当意识培育工作的核心和重点，大学生责任担当意识培育的内容按不同的维度可以划分为个人、家庭、国家和社会四个层面。

（一）个人层面

一个国家、一个民族未来的面貌如何，在很大程度上取决于这个民族、这个国家的青年一代。新时代大学生想要有所作为、放飞青春梦想、成就事业华章，必须明确自身时代新人的角色定位，提高成长成才的自我责任担当意识，在感悟时代、紧跟时代中珍惜韶华，自觉按照党和人民的要求锤炼自己、提高自己，做到志存高远、德才并重、情理兼修、勇于开拓。

1. 理想信念是立身之本

理想信念是人的精神之“钙”，指引着人生的前进方向，决定着事业的兴衰成败。大学阶段是大学生学习的黄金时期，理想信念从根本上关涉的是大学生“为什么学”的问题，人的行为总是由其动机指引，崇高、远大的理想信念为大学生的刻苦奋斗提供源源不

断的人生动力，不断激励大学生朝着既定目标勇往直前。

2. 德才兼备是成才之基

德才兼备、以德为先历来是我们党对合格人才的基本要求。“德”是“才”的统帅，决定着“才”发挥作用的方向；“才”是“德”的支撑，影响着“德”的作用范围。新时代大学生既要勤学笃实又要严以修德，既要强化学习意识，开拓学习视野，培养学习兴趣，提升学习能力，又要明大德、守公德、严私德，提高道德认知，培养高尚道德行为，以德润才，全面发展。

3. 情理兼修是成事之道

情理兼修就是大学生要做到知情明理、通情达理，“情”和“理”是大学生健全人格的两大组成部分。一个人面对社会生活的变化，大学生应该懂规律、明是非、分主次、坚持原则和兜住底线，在面对困难、矛盾和问题时独立思考、善于分析、从容自信，克服恐惧和忧虑，从而更好地立足社会。

4. 开拓创新是成功之钥

三次科技革命的历史实践证明，勇于开拓、敢于创新的人始终走在时代的前列。青年大学生是最富有活力和创造力的群体，培养一批敢闯、敢干、敢破、敢冒的锐气青年既是成就伟业的需要，也是时代进步的召唤。开拓创新是关系个人生存发展的关键因素，大学生必须大力弘扬敢为人先的创新精神，以锐意进取、开拓创新的精气神和埋头苦干、真抓实干的自觉行动勇攀高峰，做改革创新的奋力开拓者。

（二）家庭层面

家庭是社会当中最基本的细胞，家庭和谐是社会和谐的基本保障。家庭和睦则社会安定，家庭幸福则社会祥和，家庭文明则社会文明。家庭的和睦、幸福、文明需要每一位家庭成员的责任担当，家庭成员要履行好对家人应尽的道义与责任。大学阶段是在考察大学生家庭责任担当的理想阶段，这时候的大学生正处于“成年演练期”，对家庭的责任担当是大学生适应社会角色的前提和保障。

1. 家庭成员和谐共处

孝敬父母是家庭责任担当的基础和核心。孝敬父母一是要在日常生活上要尊重父母、体贴父母和照顾父母，为父母排忧解难，虚心学习父母的良好品格，虚心接受父母提出的正确意见，以谦恭的态度对待父母。在思想上和感情上爱自己的父母，感激父母的养育之恩。

兄弟姐妹和睦相处也是对家庭的责任和担当。人与人之间难免有摩擦，手足同胞也不例外，作为家庭成员的一份子，彼此之间应当互相体谅，互相谦让，互帮互助，共同进步。

2. 传承优良家风家训

在以家族血脉为纽带的中国传统社会中，一代代家庭长辈的言传身教和家规家训形成了中华民族特有的家风家教，中华民族从古至今非常重视家族、家庭的建设，重视家教、家风的传承和培育。优良家风家训作为一种无言的教育，影响着人们的思想观念、道德品质和为人处世，它是家族世代前行的精神支柱和不竭动力。大学生应立足时代语境，在代际传承中持续规范和约束自身的行为，使之与社会主义核心价值观相承接，为维护社会秩序打下坚实的基础。

（三）国家层面

国家在每个时代都有梦想，而实现中华民族伟大复兴的“中国梦”是当下全体中华儿女的共同心愿。今天我们正在进行的中国特色社会主义事业，是一个关系中华民族面向世界、面向未来发展的事业，需要一代又一代有志青年接续奋斗。大学生是这个时代的主角，是实现民族复兴的希望，大学生要厚植爱国主义情怀，做实现伟大“中国梦”的践行者。

1. 砥砺奋进，同心筑梦的责任担当意识

新时代人人共同享有人生出彩的机会，共同享有梦想成真的机会，共同享有同祖国和时代一起成长与进步的机会。当代大学生只有意识到每个中国人都是“梦之队”的队员，彼此之间相互包容、团结友爱、互相帮助、互相支持，才能汇集起不可战胜的磅礴力量，才能实现国家富强、民族复兴。中国梦，归根到底是人民的梦，归根到底必须依靠人民的奋斗来实现，也必须依靠大学生的奋斗来实现。中华民族自古就有自强不息勤劳奋斗的传统，在实现梦想的征程上，大学生还要发扬拼搏奋斗的精神。只有勤劳奋斗才能踏入梦想之门，才能让梦想照亮现实。新时代大学生要发扬实干兴国、兴家、兴己的拼搏奋斗精神，在实现中国梦的过程中实现自己的人生价值，成就自己的出彩人生。

2. 提升国际理解，推动人文交流的责任担当意识

中国梦也是世界的梦，中国梦的实现需要世界各国的理解和支持。当前人类社会正处在一个大发展、大变革、大调整时期。随着世界多极化、经济全球化深入发展，社会信息化、文化多样化持续推进，各国日益成为你中有我、我中有你的人类命运共同体，在面对

国际金融危机、网络安全、民族冲突、环境污染、气候变化等全球性问题时不能独善其身。加强大学生的国际理解意识就是让大学生提升自身了解世界信息、思考全球发展的本领，培养求同存异、开放包容的全球心态，树立关注全球挑战倡导建立人类命运共同体的全球视野。加深对国家与国家之间相互依存关系的理解，坚信只有合作共赢才能办大事、办好事、办长久之事，增强对“人类命运共同体”“共商共建共享”“一带一路”倡议和“新安全观”等理念和实践方略的认同，胜任参与和推动中外人文交流的重任。

（四）社会层面

培育大学生社会层面的责任担当意识，就是要引导大学生将个人发展的诉求与社会进步的诉求结合在一起，担起社会各方面的责任。

1. 推动政治、经济发展和维系社会稳定的责任担当意识

大学生是社会进步发展的推动者，大学生对社会发展的责任要求大学生能够具备创新创业意识，在解决自身就业机会的同时为社会衍生新的就业岗位，缓解社会的就业压力，为经济增长创造新的活力，推动经济实现新的发展；要求大学生能够具备政治参与意识，通过制度化的渠道，自由、平等地参与政治生活，合理有序地反映和表达自己的利益要求，推进社会主义民族政治建设；要求大学生能够认同和践行社会主义核心价值观，服务人民、奉献社会，遵守基本道德和法律规范，维护公共利益和秩序，积极参加社会志愿活动，传递社会正能量。

总而言之，大学生对社会的责任担当就是把构建民主法治、公平正义、诚信友爱、充满活力、安定有序、人与自然和谐相处的美好社会作为自身奋斗的美好追求。

2. 文化传承的责任担当意识

中华民族是一个历史悠久的伟大民族，在五千年悠久绵长的历史长河中，我们创造了博大精深、底蕴深厚的灿烂文化。中国共产党历来重视用优秀的文化成果引领前进方向、凝聚奋斗力量，不断以思想意识的新觉醒、理论创造的新成果和文化建设的新成就推动党和事业向前发展。人类社会每一次跃进，人类文明的每一次升华，无不伴随着文化的历史性进步。当代大学生是传承和创新中华文化的重要力量，是弘扬和发展社会主义先进文化的重要群体，应当担负起文化传承的历史重任。在思想上，能够加强对中国特色社会主义文化的肯定和认同，坚定文化自信，警惕西方思想文化的渗透。在行动上，能够大胆地吸收借鉴世界各国的优秀文化成果，创新发展我们自己的民族文化，让中华文化展现出永久的魅力和时代风采。

3. 生态环保的责任担当意识

当前，我国经济飞速发展的同时也面临着许多生态方面的问题。加强生态文明建设成为我们急需解决的问题，社会建设事业需要全社会共同参与，同样，天蓝地绿山青水净的中国也需要全社会人民群众齐心协力。生态文明建设与每个人息息相关，大学生作为祖国建设的中坚力量，对于生态环境的保护负有不可推卸的责任。大学生应当积极承担起促进生态环境和社会环境和谐发展的主体责任，了解目前的生态环境状况，明确自身肩负的生态环保重任，树立良好的生态价值观，坚持可持续发展的理念，理性消费、勤俭节约，积极参与绿色环保类的志愿服务和社团活动，在日常生活中践行绿色的生活方式，以滴水之力汇聚江河之大成。

第二节　大学生责任担当意识培育的基本特征

一、时代性

每一时代的理论思维，从而我们时代的理论思维，都是一种历史的产物，它在不同的时代具有完全不同的形式，具有完全不同的内容。时代不同，人们的精神和物质需求也不同，在新的时代大学生责任担当意识培育应当与时俱进地调整理论和实践，因势而谋、因时而谋，不断顺应时代的“新发展”和“新要求”。目前，我们国家和社会的面貌正在发生很大的变化，各项社会主义改革事业不断深化，综合国力不断增强，人民的生活水平不断提高。党正带领全国人民在实现“两个一百年”目标和“中国梦”征程上稳步前进，我国社会主义现代化建设一路高歌猛进。

面对日新月异的社会变化，大学生的责任担当意识培育如果不能根据时代的发展和科技的进步创新培育理论和方法，就会与社会发展趋势和时代变化特征产生较大差异，就不能很好地发挥自身的效用和功能。大学生责任担当意识培育的时代性主要表现在无论是从培育内容上，还是日的和方法上都与当前国内外形势保持高度一致，以更加开放的培育理念、丰富多样的培育手法、与时俱进的培育内容和开拓创新的培育载体，更好地服从和服务于党和国家的教育实践工作。

二、引导性

大学生责任担当意识培育具有明显的引导性特征，大学生的责任担当意识不是自发产生的，需要靠教育，靠思想灌输，才能发挥作用。在大学生责任担当意识培育过程中，教育者始终处于主导和支配地位，发挥重要的引导作用，这种引导作用体现在选择培育的内容、手段、方针等各个方面。教育者需要积极主动地了解大学生的思想状况和内心需要，充分利用客观现实环境条件，具体问题具体分析，根据教育目标和教育内容确立实践性强、操作性强的基本原则和规范，引导培育过程中各个要素的转化和相互协调。

与此同时，教育者还要注意选择合适的培育途径和方法，大学生的责任担当意识培育是教育人、培养人的工作，应该与时俱进、因势利导，绝不能采取强制和命令的手段，从提高大学生的思想行为认识入手，启发他们的自觉性，调动其内在积极因素，坚持以正面教育为主，弘扬主旋律，占领主阵地，用先进典型、先进活动以及先进人物鼓励他们积极向上，对正确的、良好的思想行为及时给予肯定和鼓励，对于不良的思想行为及时予以批评，引导他们发扬优点，克服缺点，为促进大学生思想行为转变创造条件。

三、持续性

大学生责任担当意识培育还是一项长期性的教育实践活动。大学生责任担当意识培育不是纸上谈兵，而是在长期生活实践中逐渐进行的，是一个渐进的过程。从心理学角度上来讲，接受主体从接触到内心真正接受一种理论和观念是一个从低到高、从部分到整体、从外表到内心的一个长期过程，不是立竿见影、一蹴而就的，需要一个较长的时间段，这就决定了大学生责任担当意识培育的长期性、反复性和持续性，即大学生理解和认同责任担当意识需要长期不断、多次反复、较长时间才能完成。

一方面，大学生责任担当意识培育的持续性要求坚持大学生责任担当意识培育的系统性和连续性，持之以恒地把大学生责任担当意识培育落实到全员、全程和全方位的工作中，高度重视大学生价值观的塑造和培养，推进责任担当意识培育工作的创新和发展。

另一方面，大学生责任担当意识培育的持续性要求大学生在长期实践过程中，全面深刻地了解自己，客观准确地认识社会，与时俱进地接受思想的洗礼，充分认识自己的信念追求，内化责任担当意识，加深责任担当情感，及时调整自己的思维方式和行为习惯。

第三节　大学生责任担当意识培育的重要意义

新时代培育大学生的责任担当意识，对大学生的全面发展、推进高校落实立德树人根本教育任务、培养担当民族复兴大任的时代新人具有积极作用。

一、有利于促进大学生实现个体全面健康发展

培养全面发展的人不仅是共产主义新人的理想蓝图，是人类奋斗的理想目标，也是社会主义教育的根本任务。新时代大学生责任担当意识的培育对大学生个人的发展有着多方面的积极作用，具体如下。

（一）有利于提高大学生的道德品质

大学生作为国家最宝贵的人才资源，其思想道德素质影响着国家未来的发展。大学生不应仅具有扎实的专业功底和开拓创新的能力，更要具有正确的思想政治、情感和劳动实践等素质。然而，面对市场经济迅猛发展以及经济全球化的严峻考验，在一些大学生身上出现了道德失范现象，加强和促进大学生的责任担当意识培育有利于促进大学生加强自我反思和自我调控，充实自身的精神家园，自觉摒弃不良的思维方式和行为习惯，激发大学生的奋斗精神，强化实干担当，实现大学生个性、知识和能力等全面的协调发展。

（二）有利于增强大学生的核心素养

责任担当是当代大学生适应终身发展和社会发展需要所必须具备的品格和关键能力，是在现实生活中理应存在并不可或缺的一种道德价值存在。责任担当素养是学生发展核心素养的重要组成部分，也是衡量学生发展核心素养高低的重要指标，责任担当是与其他核心素养相互“交叉”相互“渗透”，一个人必须拥有强烈的社会责任心、社会道德感，才能做好其他各项工作。大学生责任担当意识培育过程是重塑大学生正确世界观、人生观、价值观的过程，也是培养大学生核心素养的过程。

（三）帮助大学生赢得良好的人际关系

责任担当在任何时候都具有积极的意义，它不仅体现在日常生活、工作学习中，还包括人际交往等方方面面。人类社会是一个人际关系耦合的网络体系，每个人都处在多层次、多方位、多角度、多类型的人际关系网络中，协调人际关系是大学生实现个人社会化的起点和必经之路。加强责任担当意识培育有助于引导大学生认清自己的职责，把责任担当放在首位，以积极和热忱的态度面对新的工作和问题，把担当责任看作是机遇和挑战，竭心尽力做好每一件事，确保在其位、做其事、谋其职，在与他人合作交往中，以责任担当散发的人格魅力为大学生赢得同学、同事和朋友们的信赖和认可，构建良好的人际关系，成为人们心中爱戴和尊敬的人。

二、有利于推进高校落实立德树人的根本任务

“立德树人”是国家教育的根本要求，是教育的本质和灵魂，在高等学校的教育体系中，有着特定的内涵。“立德”，就是要培养具有良好的道德品德的人。“树人”，简单地说就是通过教育，使受教育者学会怎样做人。高校“立德树人”就是指教育者不断涵养内在品质，以身作则、身体力行，充分发挥主导作用，尊重学生的主体性，不断培育与社会发展相互适应的、德才兼备的人才的教育过程。在全球思想文化交融交锋呈现新特点、多元文化较量更加激烈、不稳定因素增多的时期，我国高校仍然是西方各国敌对势力进行意识形态渗透的前沿阵地。大学生作为宝贵的人才资源，大学生的思想状况和精神状态是确保我国在激烈的国际竞争中始终处于不败之地的关键条件，高校只有紧抓落实立德树人的根本任务才能把握住人才竞争的主动权。

立德树人就要不断提高学生思想水平、政治觉悟、道德品质、文化素养，让学生成为德才兼备、全面发展的人才。大学生责任担当意识的培育是高校落实“立德树人”的重要体现，培养具有责任担当意识的大学生也是高校“立德树人”目标之一，二者在引导大学生树立积极进取、主流健康的价值观导向上相同，在培养忠实可靠的社会主义建设者和接班人的目标任务上一致。只有对大学生进行责任担当意识的培育才能使高校培养出来的高素质人才队伍不辱使命，自觉为社会做出应有的贡献。

此外，大学生能否具有强烈的责任担当意识还是评价高校“立德树人”教育体系改革的重要指标，我国教育体系的改革发展不能忽略作为道德品质和文化修养层面的责任担当意识培育的重要性，能否培育好有责任、勇担当的青年大学生是衡量高校是否遵循“立德树人”的根本原则，教育体制和机制的改革是否成功的重要标志。

三、有利于培养担当民族复兴大任的时代新人

青年是标志时代的最灵敏的晴雨表，时代的责任赋予青年，时代的光荣属于青年。青年创造时代，时代影响和成就青年。青年大学生是时代发展的引领者，始终处在中国革命、建设和改革的最前沿。青年大学生的命运往往与时代的最强音紧紧连在一起，他们只有把握时代脉搏，积极响应时代的召唤，顺应时代潮流，才能奏出无比美妙的青春华章。青年大学生正处在人生的关键时期，唯有志存高远，才能引导自身不断地攀登人生高峰。实现中华民族伟大复兴中国梦是当前我国的时代主题，是时代的最强音，历史上无数仁人志士为了这一理想抛头颅、洒热血，献出了宝贵的生命。我们比历史上任何时期都更接近中华民族伟大复兴的目标，比历史上任何时期都更有信心、有能力实现这个目标。当前历

史的接力棒已经交到了大学生手中，为中华民族伟大复兴而奋斗，正是当代大学生应当笃定的青春志向，是每位大学生最崇高、最伟大的理想。

大学生是最富活力、最有创造性、最具探索精神的群体，是无产阶级事业的未来，是人类社会发展的希望，理应站在时代潮头，做新时代发展进步的开拓者。大学生正处于人生立志的重要阶段，思想活跃、精力充沛，敢于担当、善于担当才能为中华民族复兴事业注入源源不断的鲜活力量。加强大学生责任担当意识培育有助于引导大学生对自身承担的义务和使命有清醒的认识，对责任担当的内容、范围作出明确的界定，对履行责任的情况有敏锐的察觉和及时的反思，树立牢固的责任担当意识，坚持弘扬责任担当精神，将个人的命运融入时代和社会发展的主题中，将个人的目标追求和拼搏奋斗投入到实现中国梦的伟大理想中，在与国家和人民共同发展进步的过程中实现自我的人生价值，让青春在为国家富强、民族复兴和人民幸福的奋斗中而闪耀。

第四节　大学生责任担当意识培育的策略分析

一、明确科学培育目标

培育目标为课堂教学的组织计划提供基本方向，高校侧重于责任担当的认知性教育，相对忽略情感意志和担当行为的培养，尚未建构知情意行于一体的目标培养体系。中国青年要在锤炼品德修为、树立远大理想、练就过硬本领和勇于砥砺奋斗中担负时代使命，从知情意行四个维度，为大学生责任担当意识培育提供目标指向。

（一）提升责任认知，明确公民身份

责任担当之动力源自个体的角色认同，根据责任角色获取途径的人为性或先天性，可分为自致角色和先赋角色，大学生对于所处特定社会关系中扮演的角色，尤其是先赋责任的认可接纳，成为大学生道德责任的内在逻辑起点。

1. 引导大学生学习责任角色相关理论知识

责任认知水平可能高于所处道德阶段，先进的道德责任观念会引领社会道德建设向纵深层次的发展。因此，要加强大学生对新时代所赋予“责任公民”角色的认同理解，既要让学生了解国家运行和社会发展的基本原则及特征，使学生在纷繁复杂的大环境下找准责任定位，能够在理解和满足正当角色的责任期望和要求的情况下，不断提升自我以融入集

体、社会、国家之中，促成自我发展和角色责任相耦合，也为推动社会整体责任素质的提高注入新生助力。

2. 强化大学生角色承担形成道德责任规范

角色承担机会是指通过扮演他人角色以不断深入意识他人观点、社会期待和普遍价值的存在，为其道德判断的发展提供更直接的条件，学生能够在角色承担中将道德与法治观念的期待要求转化为自我责任认知，通过体悟他人角色的思想情感合理看待自身角色的地位作用，更加灵活地甄别、选择和承担不同角色的责任规范。从而，让大学生在社会关系定位中明确应当扮演的责任角色，在回应“我是谁”的道德诘问中指引学生有效履行角色责任，以塑造其丰满的责任德性。

（二）生成责任情感，涵育为人良心

责任情感是指在责任道德方面的总体性的内心感受或体验，是个体所有理性及非理性的责任意识的集成，将道德知识在认知活动的基础上转变为内在的情感信念，从而形成判别善恶、择善而从的个人良心。

初始的责任认知不具有明显的情感倾向，主要依靠外部约束力达成责任践行，缺乏个体意愿性、自觉性的情感体验，从而无法激发、鼓舞或维持道德责任的持续性及可发展性。因此，在责任担当意识培育中不仅要“以理服人”，更要“以情动人”，通过“以情育情”的方式培育责任情感。教育者可开展“耻感教育”，让学生“知耻”“养耻”，产生对于自身是否正确履行责任的道德认知和主观慎省，实现对恶的抑制、对善的激发，使学生将外在的道德要求、道德规范内化为情感意志、价值理性，以实现责任认知的信念化、责任履行的自觉化；再通过开展相关的“责任行动”，例如：志愿者服务、义务劳动、访问孤寡老人等，学生在实践活动中不断加深道德体验、呼唤责任良心，形成内在驱动的、稳固的情感定势和价值倾向，具备“做人要有良心，做事要讲良心”的道德情感，能够根据内心的责任信念不断洗刷自己的良心，从而在强烈社会责任感的驱使下不断做好事、多做好事，成为一个有道德的、真正的人。

（三）滋养责任意志，稳固道德品格

关于人的全面发展学说是我国教育事业的立论之基，包含着人的各种需要、素质、能力、关系的整体发展，是物质和精神的全面发展，其内在要求就是道德品格的不断完善，而道德品格也是促进人全面发展的有效手段，体现着自我完善和实现价值的本质规定。

根据对马斯洛需求层次理论①的演绎推理，人的需求层次是在满足基础生理需要的基础上不断向上获取更高等级的需求。由此推出：具有生物及社会双重属性的人的责任担当意识也是由自己的基本责任出发，向外扩展到与他人、与社会、与国家的责任，这一演变过程呈现出人与社会的价值交互性加强。也就是说，人通过对责任的认知与践行，不断促进自身道德意志的生成，在为社会创造更大价值的同时，得到社会更多的肯定与回报用来满足个人更高层次的需求，不断地形成稳定且持久的责任意志。从而，在发展自我、实现自我社会价值中发挥理智的、情感的、意志的潜能时，能体会到幸福的真谛。在一定意义上说，人及人类社会的发展进步，都离不开个人道德品格的稳固完善，这既是教育的目的，也是人的全面发展的重要维度和价值所依，正是积极的意志信念成为人的全面发展的生活目标和人生导向，才能让人的全面发展真正指向幸福，它也便有了现实的意义，这是人的本质力量的确证过程；正是这种确证过程，赋予幸福以积极的品格。

（四）践履责任行为，增强担当能力

责任行为是行为主体在一定目的和道德意识支配下，对某种道德行为所做的自觉抉择，受客观可能性和主体主观选择能力的制约。大学生在具备丰富的责任认知、充沛的责任情感及稳固责任意志的情况下，仍不足以支撑个体产生持续稳定的责任担当意识，这是由于“非常态道德境遇下存在着两难抉择”以及“缺乏将责任抉择进行到底的承担能力”，这都可能会动摇既有的责任认知、弱化道德责任情感，从而降低学生责任担当的积极主动性。

首先，现实道德情境是多种利益价值交织的综合，践行责任行为也必然面对不同程度的矛盾对立，甚至会出现“道德规范互为冲突”“制度环境不甚乐观”“人命抉择”等极端复杂的情况，教育者在教学过程中，不仅要引导学生进行诸如“拾金不昧”“乐于助人”等简单的责任选择，更要创设问题情境、制造冲突矛盾，以演绎推理和集体辩论的方式，深刻剖析动机与后果、道德与法律、理想与现实的冲突，让学生能够在特殊情境下做出全面的审视与细致的权衡，力求实现行为结果的最大道德合理性，提升学生道德判断及抉择的能力。

其次，责任能力的获得并不是一蹴而就的，它需要具备一定的知识、技能和人文素养，并在长期训练、不断践行中逐步培养出来，这一过程中，或因错误认知而麻痹、或因情感诱惑而迷失、或因能力不足而沮丧，都可以通过不断的责任实践磨炼形成特定的责任

---

① 马斯洛需求层次理论：马斯洛的需求层次结构是心理学中的激励理论，包括人类需求的五级模型，通常被描绘成金字塔内的等级。从层次结构的底部向上，需求分别为：生理需求、安全需求、归属需求、尊重和自我实现需求。

经验、提升责任的履行及承担能力。因此，通过引导学生综合考量多方因素、增强责任行为能力，从而有效避免学生面对棘手的道德抉择落荒而逃、缺乏相应责任能力而束手无策的情况，让学生无论在简单或是复杂的现实情境中，都能做出最有力、有理、有德、有效的道德选择与责任承担，提高自身在现实生活中的责任执行力与担当价值感。

二、遵循把握培育原则

培育原则是培育活动的先导，对责任担当意识培育的顺利开展起到指导调控的作用，而在调查问卷的反馈数据中，道德责任培育原则无法完全协调教学目标、方法、内容的有效统一。因而，要确立既扎根于现实、汲取于经验，又要符合学生实际学习规律的科学培育原则，以提高责任担当意识培育的教学成效。

（一）历史定位与时代要求相统一

责任担当作为价值性社会活动，有其本质的必然联系即规律性的，至少也存在着规律性的现象，既要认识责任担当的价值生成规律，又要遵循现实历史的运动规律，在把握我国处于并将长期处于社会主义初级阶段的基本国情中，立足中国特色社会主义新时代的历史定位，继承历史的同时兼顾时代的创新。中华民族伟大复兴，绝不是轻轻松松就能实现的，需要大学生将时代责任使命落到实处，一步一个脚印地将国家建设事业向前推进。

因此，要引导大学生认清中国当前的发展定位，对中国特色社会主义事业蓬勃发展充满信心与力量；要坚定不移地在新时代中国特色社会主义思想的科学指引下，武装头脑、坚定信念、增长学识、投身实践，及时调整自身发展思路，以满足国家需要、党的事业和人民期待；要正确看待中国梦与世界发展大势的关系，审时度势地研判前进道路中的挫折阻碍，以永不懈怠的精神状态和一往无前的奋斗姿态，勇于担当，不辱使命。让大学生的知行立足于新时代、融汇于新时代，在大有作为的社会实践中回应时代的责任呼唤，将个人理想与伟大梦想有机结合起来，实现以报国之志践爱国之行，在发展建设中勇立潮头、承担责任，在困难危机中迎难而上、挺身而出，交付出经得起实践的和历史检验的时代答卷。

（二）教师主导与学生主体相结合

思想政治教育主体间多向互动规律的深刻性、科学性主要在于强调主体性、多向性、平等性与活动性。责任担当意识培育作为道德教育活动，要把握教育结果最终导向是培养学生责任认知、情感、意志并践行，那么在培育过程中既要发挥教师的教学主导作用，也要激发学生学习的主体意识，更要保证两者之间是平等可交互的关系。

一方面，教师主导是体现统领、推动教育全局发展的综合力量，把握着教育方向、教育内容、教育方法、教育过程及教育结果等，像聚光镜一般把教育要求集中起来对学生加以传道授业。因此，大学生责任担当意识培育离不开教师的系统性主导，这是由思想政治教育者的地位和教学实践所决定的，撇弃教师的主导，教学目标方向、组织策划便无从谈起。教师要牢牢把握思想政治教育课堂的主阵地，对责任担当意识培育的总体模块合理把握，对复杂的教学过程起最终的把控选择，有目的、有计划、有组织地培育大学生的责任担当意识。

另一方面，学生主体指的是对责任担当意识培育有认识和实践能力的承担者，是教育活动的参与者、教育意义的决定者，教育成效的发挥很大程度取决于学生的积极主动性。教师要充分重视学生主体地位和主体人格，全方面展开研究学生的认知规律和接受特点，而不是把学生看作“知识的容器”“道德的口袋”，在培育过程中要尊重学生人格尊严和自主选择。责任担当意识培育要在尊重、信任学生的基础上，培养学生对责任角色的认知、对角色情绪的调控、对责任行为的管理、对责任人格的完善，强化学生自我选择、理性判断、敢于负责的能力；要引导学生正确维护个体权利和权益，保障学生参与学校学生管理的相关决策，实现学生的自我教育、自我管理和自我服务，增强学生个体存在感、集体归属感和责任自觉感。

总而言之，责任担当意识培育需遵循教师主导与学生主体相结合的原则，实现教育者和教育对象关系的协调运转，保证教育实效的充分发挥。

（三）整体把握与阶段层次相协调

整体性与层次性原则是研究问题、分析问题的重要原则之一。负责是对每一个人在人生各阶段承担的多种角色的共同性道德要求，并在人生的不同阶段通过不同的方式和内容表现出来，也就有不同的层次性。所以，责任担当意识培育既要把握目标、内容、方法、过程各要素环节在互相联系中耦合成的有机整体，又要注重学生群体的道德层次、思维习惯、发展需求的特殊表现，以此由浅入深、循序渐进地推动教育进程。

1. 将长期目标与短期目标相结合

学生各个时期的认知水平、思维能力和生理机能的不同，导致责任个体在不同年龄阶段对责任的理解也不尽相同。教育系统应制定幼儿园—小学—中学—大学不同层次的培育方案，细化不同阶段教育的培育目标及内容，而不是在每个教育阶段都讲求“高、大、全”的宏观指标。比如：小学教育注重责任认知，养成敬畏生命、诚实守信等基本责任行为准则；中学教育侧重责任情感，开展感恩教育、爱国主义情怀教育，在自我意识旺盛的青春期中感受承担责任的光荣与满足；大学教育则要强调责任践行，明确自身所肩负的实现国家富强、人民幸福的职责和使命，提升责任履行能力，体现自我对社会、对国家的意义价值。

2. 将广泛性与差异性相结合

不同学龄、性别、专业的学生对责任担当的认知、情感、践行存在偏差与侧重。因此，在把握大学生群体的共性与其内在的特性基础上，对低年级学生注重理论指导和心理建设，对高年级学生巩固责任意识并加强责任实践；对男生增加爱国主义及国家认同的文化教育，对女生则鼓励提升其国际思维和自我认同；对文科、艺术类学生而言，要更多进行社会实践以充分了解现实存在，而理工，医科类学生，要培养其国家观念及政策理解的相关知识。以此有效保证责任培育循序渐进、精准落实，满足不同阶段、层次学生的切实需要，从而真正实现全员、全程、全方位的责任担当意识培育，让大学生更有为、有力地承担民族复兴的千秋伟业。

三、丰富完善培育内容

责任担当意识培育内容要以“修身”“齐家”“治国”“平天下”为逻辑框架，在综合人类优秀道德责任的生成规律、新时代发展的现实诉求与大学生道德精神的主观需要的基础上，不断完善拓展高校责任教育内容的层次与深度，分设个人责任、社会担当、国家认同和人类责任四大板块的教育内容。

（一）构建以立德树人为导向的个体责任教育

责任主体是指在特定时空的责任关系中某一具体责任的承担者，也是责任的实现者。新时代大学生的生存状态、发展潜力、人际协调直接关系到责任的实现程度和履行水平，居于矛盾的主要方面，支配控制着其他责任要素的实现。从一定意义上来讲，大学生是责任多主体中的一种重要主体角色，蕴涵着立德树人的总体要求，主要包含对自我生命安全、价值实现、家庭伦理和人际交往的责任。

1. 合理编排生命安全责任教育内容

认识生命、珍惜生命、保护生命是人最低层次的本能，也是最高的目的追求，成为大学生责任担当意识培育的使然要求。合理编排生命安全责任教育内容可以从以下两方面进行。

（1）进行人的形态结构和生理特征的学习，让学生更加清楚的认知生命的脆弱性、重要性和不可逆性，从小处说养成学生良好的生活作息习惯、提升身体综合技能素养，从大处说培养学生不放弃自我生命、不暴力伤害他人精神或身体的责任意识。

（2）开展安全风险回避教学，根据不同类型的风险危机发生规律，如地震灾害、火灾应急等自然灾害、或当街抢劫、诈骗勒索等人为犯罪，让学生能迅速掌控事件风险评估、采取风险回避的紧急举措，进而制定出风险化解、暴力防范等应对机制，提升学生对生命安全保护的责任能力，更加坚实有力地肩负起保护生命的重担。

2. 正确引导学生实现自身价值

正确引导学生实现自身价值，正确处理好三对责任关系，在个人理想与社会价值、权利与义务、现实与未来的辩证统一中，把握责任担当意识的宏观要求。

（1）引导大学生正确处理好个人理想与社会价值的关系，将学生的理想、兴趣、爱好同国家的发展、民族的复兴、社会的进步结合起来，在自身角色和社会要求的基础上，对义利关系进行让渡、转移、补偿，实现个体行为结果与社会观念要求的一致。

（2）引导学生明确权利与义务的关系，同一种权益，对于应得者便叫作权利；对于应付者则叫作义务，即个体权利必然是自己或他人义务的交换物，倘若只片面享有权利却拒绝履行义务，最终会导致社会秩序失衡，危及个人生存发展，让学生树立只有通过履行应尽的义务，才能享有权利的责任价值观念。

（3）引导大学生把握现实和未来的关系实质，我们的出发点是从事实际活动的人，也就是立足于现实的应然性把握未来的超然性，教师将新时代、新特点、新环境同学生的新情况、新问题、新要求相结合，让学生实践于现实社会之中。

3. 引导学生同理心建设，加强传统美德教育

由孝敬父母、敬爱兄弟的责任延展到对超血缘的朋友长辈的利益关怀与成全。

（1）引导学生同理心和心理建设的发展，内化人际关系的责任感，做到想他人之想、有所担当、礼遇他人。

（2）加强传统美德教育，培养大学生与一般他人或弱势群体的人际责任关系，将关爱他人的人际目标同提升幸福感效能联系起来，为大学生责任人际关系注入自主动机。

因此，构建以立德树人为价值导向的个体责任教育内容，让学生明确自身定位、形成人伦道德规范、树立健康有序的人际关系，确保大学生由个体化向社会化转变打下良好基础，使其在正确行使权力和履行义务中，更游刃有余地处理纵向或横向的社会人际关系，以创设适宜的社会生存生活环境。

（二）完善以核心价值观为引领的社会责任教育

一个民族、一个人能不能把握自己，很大程度上取决于道德价值。社会主义核心价值观是构建和谐社会的关键，也是教育事业不断发展的根本导向，体现着国家、社会、人民的全局性、长远性的利益诉求，要把社会主义核心价值观融入社会发展各方面，转化为人们的情感认同和行为习惯。因此，要把社会主义核心价值的基本内容要求贯穿到日常教育中去，以社会道德准则和价值信念为核心，实现个人价值与社会价值有机结合，利用社会价值规范协调自身道德信念和行为举止实现其社会价值。

青年的价值取向决定了未来整个社会的价值取向，把社会主义核心价值观的培育践行融入责任担当意识培育的全过程，以回应大学生道德价值观念的时代召唤。

首先，加强价值观教育，阐释社会核心价值观内涵。教师从个人价值与国家、社会价值的共性出发，在阐述“富强、民主、文明、和谐”的国家层面价值目标、“自由、平等、公正、法治”的社会层面价值取向和“爱国、敬业、诚信、友善”的个人层面价值准则，在“价值个性”与“价值共性”的辩证统一中，引导学生正确认识个人发展与国家社会整体发展的密切联系。

其次，培育学生可持续发展理念，教师要把科学生态观念、生态危机意识、生态审美情操和生态消费行为当作生态责任教育的主要内容，改变以往攫取、支配自然的局面，实现尊重、感恩、合理利用自然的观念行为跨越，让大学生身体力行地保护自然、节约资源、减少污染，担负起维护生态平衡、美化自然环境的责任担当。

最后，开展公民道德教育，教师在解读重大理论或回答学生实际问题中，要始终坚持以为人民服务为核心、集体主义为原则、“五爱”为基本要求、“四德”为着力点，坚持以主流意识形态占领思想高地，引导学生学会用马克思主义的基本立场观点和社会主义道德体系辨析各种社会思潮和美丑是非，有步骤、有次序地帮助学生建立完善科学的人生观、价值观、世界观。

通过以上三方面，使学生达到将社会主义核心价值观作为日常生活工作基本准则的境界，以正确的责任认知和道德素养，带头倡导良好的社会风气和道德环境，承担起对个人、对社会、对国家的使命担当，促进个人进步、社会发展、国家繁荣。

（三）立足中华民族复兴伟业的国家责任教育

实现中华民族伟大复兴是中华民族近代以来最伟大的梦想，这不是一般意义上的梦想，而是中华儿女勠力同心所共同追求的初心与使命，体现着“个人梦”与“中国梦”

的高度整合。从本质而言，“中国梦”的实现就是一种责任担当的理想信念，是大学生人生价值取向最高准则，将中华民族伟大复兴教育作为道德责任教育的首要性内容，有利于指引大学生对人生、对国家的崇高精神追求和自觉担当实践。

1. 开展坚持中国共产党领导的党史党情教育内容

开展坚持中国共产党领导的党史党情教育内容，让学生明确任何民主党派、包括国民党的资本主义都未能把我们的祖国从千疮百孔中拯救出来，而中国共产党却铿锵有力地带领民众推翻三座大山，为中国历史开辟出民族独立、人民解放的新纪元。中国共产党悠久而光辉的奋斗实践证明，中华民族的命运与中国共产党的命运息息相关，只有中国共产党才能团结领导全国各族人民实现中国民族伟大复兴的历史使命，带领全国各族人民走上国家富强、民族振兴、人民幸福的美好道路。在世界百年未有之变局中，中国正处于实现复兴伟业的新时期，为应对风云变幻的形势环境、日新月异的矛盾风险，大学生责任担当要有主心骨，有了主心骨才能遇问题不推诿逃避，他们要认识到中国共产党就是全国人民的主心骨，要始终坚持党的领导，要更加紧密地团结在党中央周围，投身中国梦的伟大奋斗。

2. 坚持开展中国特色社会主义“四个自信”教育内容

坚持开展中国特色社会主义“四个自信”教育内容，为复兴伟业的实现提供道路指引、理论基石、制度保障和文化动力。

（1）从历史维度理解道路自信的必然性，明确这条道路是历经 40 多年改革开放、70 多年新中国成立和 5000 多年悠久文明中摸索实践出来的。

（2）从发展维度认识理论自信的科学性，学习被实践证明了的建设、巩固、发展社会主义的正确理论原则和经验总结。

（3）从现实维度了解制度自信的优越性，通过与其他地区、其他国家的制度建设对比，挖掘我国高速整合社会资源、高度调动社会活力、推动社会生产力及稳定社会、促进发展的制度优势。

（4）从价值维度明白文化自信的传承性，确立中华优秀传统文化、革命文化和社会主义先进文化三方面的文化自信，传承发扬中华民族价值观念，大力宣扬社会主义文化精髓。从而坚定大学生中国特色社会主义道德自信、理论自信、制度自信和文化自信，在充分认知我国社会主义蓬勃发展的大好局面下，使其充满力量树立崇高责任理想、投身伟大担当践行。

3. 充分挖掘弘扬中国精神、凝聚中国力量的丰富内涵

实现中国梦必须弘扬中国精神。爱国主义始终是把中华民族坚强团结在一起的精神力

量，改革创新始终是鞭策我们在改革开放中与时俱进的精神力量。在新的历史条件下，学生要认识把握中华民族精神和时代精神的丰富思想材料，通过不同时代背景下的或悲壮慷慨或雄壮激昂的中国精神，学习井冈山精神、长征精神、延安精神及大庆精神、抗洪防疫精神、载人航天精神等所体现的价值付出，引导学生当以先辈为楷模，塑造自尊、自爱、自信、自强的中国精神，凝聚情感最强烈、信仰最彻底、共识最广泛的青年力量，使学生自觉主动担负起民族复兴的历史嘱托和人民期待，在奉献中讲责任，在实干中立担当，做到求真务实、有为善为。

（四）创设以命运共同体为理念的人类责任教育

“人类命运共同体”是中国共产党深刻把握国内外局势做出的重要思想论断，有力地回答了“世界怎么了，我们怎么办”这个问题。人类是人的集合体，人类的本质中就包含着开放包容的特性，文明的交流、互鉴、共存是推动构建人类命运共同体的重要条件。以人类命运共同体意识建构的国际理解，拥有时间和空间两重维度的伦理关切，既要用历史视角和未来意识看待人类的共同命运，又要用至大无外的理解包容融汇一切可团结的力量。因此，全球化视域下的中国高等教育必须加强对新时代大学生的国际化素养培育，以增强大学生民族文化自信的同时，达成人类命运共同体国际理解的责任目标。

第一，扩展国际视野眼界，引导大学生尊重世界他国的民族历史和文化传统、包容因地域性与民族性产生的价值判断，充分了解世界各国的国际地位、综合国力、风土人情、战略政策，在多种文化信息中欣赏“美”，汲取“美”的力量。

第二，增强国际辨别能力，伴随各国间的交往范围扩大、深度延展，各类错误意识思潮在一定程度上侵蚀着大学生的国家意识，要提升大学生政治信息鉴别能力和政治生活参与能力，将国内外时政热点融入课堂教学，增强大学生抵制错误思想并勇于为正义发声的责任意识。

第三，提升国际化交往能力，在教学中开设除英语之外的外语学习，使学生掌握世界各国基本的语言策略、知识结构和文化模式，提高大学生参与国际交流、跨文化社会实践的综合能力。

第四，培育国际关怀意识，新时代大学生要顺势而为，养成天下和合的普遍兼容心态，关注世界弱势国家民族，关怀人类的共同利益需求。

总之，大学生要在教师的引导下，正确看待中国发展和国际形势的关系，在国际理解的同时，清楚地认知中国特色和中国优势，明确新时代下的历史使命和国际理想，肩负起“建设持久和平、普遍安全、共同繁荣、开放包容、清洁美丽的世界”的时代课题。

四、创新发展培育方法

培育方法应反映着责任担当意识培育的客观规律性和大学生的个体特性，要摒弃传统的“一言堂”枯燥单一的教学方法，利用先进的教学理念、教学技术及教学实践，创设符合责任担当培育内容的方式方法，有效地将责任知识转化为学生的素质、技能或习惯，以有效发挥课堂教学作为道德责任培育的主渠道作用。

（一）优化授课模式，完善生活化教学

道德的形成包含着现实生活的历练，倘若片面侧重政治化的内容灌输，就很难让学生内化责任规范、外化责任践行。因此，教师在理论教育过程中，要契合学生生活实际与兴趣爱好，营造出符合学生认知能力和情感特点的现实情境，增强学生对责任知识的感知、领悟与转化能力。最好的一种教学是牢牢记住学校教材和现实生活两者相互联系的必要性，使学生养成一种态度，习惯于寻找这两方的接触点和相互的关系。因此，在责任担当意识的培育中，针对生活化教学方法的运用进行以下三点探讨。

1. 角色互换法

角色互换法就是实现师生角色的主体间互换，体验彼此角色的责任认知、情感与判断、行为。教师根据教学目标，指定特定教育内容，适当抽取课堂中的合理时间，让学生“转变教师身份—组织教学”，而教师“成为学生角色—聆听教学”，转变传统理论课的教学模式，进行角色的换位体验，从而增强师生间的沟通交流和换位思考能力，这不仅能够让学生以主人翁的心态看待课堂教学，提升其学业信仰和人格魅力，也为教师责任教学提供新的思路与启发。

2. 生活情境法

教育来源于生活又回归到生活。教育者要充分利用生活情境，在理论教学中要营造出贴近生活实际的课堂氛围，不是以简单粗暴的、命令式的教学口吻告知学生“何为应当，何为不应当”，而是要将责任理论规范与生活实际相关联。

（1）教育来源于生活。教师的责任培育内容要在生活中寻找案例、或结合教师自身的生活阅历，将目前的热点话题、社会新闻、亲身经历作为教育铺垫材料提出，同学生讨论，鼓励其大胆表述观点想法，引导学生形成全面、客观的评价，从而能够让学生根据现实实际做出正确的价值判断。

（2）教育要高于生活。教师要将学生“放出课堂”，以家庭、社区、学校等学生生活

领域为参考点，设计出开放而又针对的生活情境，让学生学会用自己的眼睛观察社会生活、用自己的思维分析社会事件、用自己的行动解决生活难题，还原生活的本来面目、明确自身的价值能力和处事方法，以责任意识引导现实生活，能够对生活事件的发生及其后果进行科学预测与应急指导。

3. 问题导向法

实用主义教育家杜威要求教师对学生所遇到的难以接受或不利于理解的问题，进行问题假设—开展验证—解决问题的问题教学法，这一过程能够清晰展现出解决某一问题的范例，让学生明确知识内容的生发思路、提升解决问题的方法能力。问题导向法具体表现为以下四点。

（1）应用型问题情境，教育者提出有关学习、情感、社交或社会实际问题等切合学生需要的责任问题供学生探索。

（2）发现型问题情境，这主要是由学生提出自身矛盾认知或亟待解决却无法解决的问题，教师在学生所述的问题情境中帮助其找寻问题的症结。

（3）创造型问题情境，教师要善于根据学生自身情况进行问题建构，对问题反复钻研寻找更好的突破口，实现学生各类责任认知在头脑中重新编码整合、构建完善知识体系框架，为其责任问题解决提供更多生活指导。

（4）冲突型问题情境，教师通过设定较为极端的问题情境，刺激学生既有认知，让学生主动调取以往知识储备、动用自身能力实现问题解决，或形成统一的问题认识、或明确现实与理论的差距，学生在自身新旧认知、现实与理论的冲突中，探寻课堂教学与现实生活的连接点，使其充分理解责任观念、解决道德难题。

（二）联动教学督导，实现全过程教学

“教学督导”联动是“教学”和“管理”通过课程教学的要求连接起来，注重实效、多方并建、多措并举打造全面性、一体化、全过程的教学模式。思想政治教育理论课尤其涉及对道德的培育，在立足于“教学”的基础上，贯穿以科学性“管理”，将“教学”与“管理”看作抓手，统摄整个责任担当意识培育过程。

1. 坚守课堂教学的主阵地

坚守课堂教学的主阵地，以思想政治教师系统性的理论教学为主，各学科教师的专业教学为辅，打破德智分化的教育壁垒。

（1）思想政治教师在教学中要坚持知识灌输和价值启发相契合的教育方法，在理论知

识、国家政策、社会时政灌输中，要注重对责任认同意义的建构。

（2）多学科渗透式、联动式教学，把责任教育作为教学计划的重要内容，涵盖全部学科专业，实现教师全员参与、梯级协同作战的教育模式。要做到加强不同学科专业的责任认识、情感及实践教育，比如，树立理工科学生的工匠精神、培养生物医学学生的生命责任情怀、养成食品研究学生的安全责任意识，并设立各学科的责任教育典型示范课，注重成果共享、信息互通，将责任教学目标贯穿于课堂教学的全过程。

2. 发挥教学管理的督导性

发挥教学管理的督导性，全面深化一体化课程教学改革目标，细化新时代大学生知识技能、道德品行的总体要求，就责任的培养过程中起“一针穿万线”的统领、问责、反馈和保障作用。

（1）各专业系负责人、骨干思想政治课教师、各级辅导员代表，以及教务处、学工处根据教育部高等教育司意见部署，拟定责任教育的总体纲要，为教学工作提供向标。

（2）革新教师督查管理体系，进行同专业横向、不同学科纵向的教学监察，总结精品教育课程，就课堂教学、教育实效出现的情况问责到各层级负责人，并及时纠正教学问题。

（3）完善学生考核制度，不只依据期末考试成绩的结果性评价，辅导员或班主任还应就小组协作、实践活动、日常生活中责任作用的发挥，获取学生自评互评和教师评价的形成性评价。

（4）高校还应打造“责任教育课题小组”，为各学科教师责任协同教学搭建合作交流的平台，确保各专业就责任担当意识培养的教学任务得以实现。

（三）利用网络平台，拓展信息化教学

新时期、新技术、新文化影响并改变着社会生活的方方面面，运用新技术推动思想政治工作传统优势同信息技术高度融合，弥补道德教育教学方法和手段单一滞后的问题，适应时代的发展变化，增强时代感和吸引力。教育者在把握网络与思想政治教育本质的基础上，在网络化虚拟社会中有目的、有计划、有组织地对人们的道德责任认知施加影响，旨在促进人的虚拟生存与发展，进而促进虚拟社会良性运行和协调发展双向互动的教育活动，以丰富多样的媒体呈现、突破时空限制的资源共享、快捷便利的交互方式，实现对责任担当意识培育手段的补充、创新与超越。

1. 网络信息收集法

网络信息收集法是培育工作前期的准备阶段。教师利用电脑手机中的搜索引擎、社交

软件或校园网站，从纷繁复杂的各类信息中，收集、分析、整合与大学生责任担当理论课程相关的教育内容，如最新的热门头条、时政要闻、典型人物及其网友评论，把握符号化数字信息的基础上，对社会整体呈现出的价值导向、深层次的行为取向、思想问题进行剖析，从而更为切合地制定课堂教学目标和选取责任培育内容。

2. 课程开发信息化

课程开发信息化是责任教育活动的开展阶段。教师要充分利用学校 Wi-Fi 全覆盖这一有利条件，从以下两个方面入手。

（1）根据学生课上的实时反映，利用多媒体信息技术呈现出主流渠道的新闻报道、以图文音像等资料，对学生的道德认知进行及时补充或纠正。

（2）满足学生课下的学习需求，高校组织专门教师共同开发、构建、维护统一的网络德育教学资源平台，创设微课教学和慕课教学，开设“名师讲坛”“时政热点”“聚焦生活”“人生感悟”等课程资源并附有资料链接，或教师开设个人公众号分享新思想、传播新理念、引领新风尚，满足学生课下同教师交流学习的机会。从而实现教学过程的全面化、及时性、跟踪性的可分析评价、可量化管理的教学模式，让师生“线上—线下”的全天候交流、实名制无纸化学习及记录考核成为现实。

3. 网络反馈评估法

网络反馈评估法是责任教育活动的最后环节。教育者通过教师授课、学生学习及师生互动的全过程展开教学情况的检查评估，以信息化技术将教学内容、教学载体、教学成果具体为定性的评价指标和定量的价值判断，对学生学习的状态、情况、变化及时进行评估和反馈，从而根据道德责任培育的现实成效，及时调整自身教育教学方法策略，让责任担当培育于细微之处做到“入耳”“入脑”，更“入心”。

（四）拓展社会服务，尝试实践性教学

社会实践是大学生思想政治教育的重要环节，对于促进大学生了解社会、了解国情，增长才干、奉献社会，锻炼毅力、培养品格，增强社会责任感具有不可替代的作用。责任担当意识培育既是主观范畴，也是实践范畴，在其实践性教学中，把握以“聚焦课内”为“点”、以“主题教育”为“线”、以“社会拓展”为“面”，利用“点线面”相结合的立体化教学模式推进责任担当意识培育的整体性、系统性与协同性。

1. 聚焦课内教学，立足责任担当实践教学的“点”

高校承载着立德树人的根本任务，要坚持以理论育人、以实践化人，在完善传统德育

理论教学方法的同时，也要新设“道德责任综合实践”课程，即涵盖“课内实践”“独立实践”“综合实践”“课题实践”等一体的实践教学体系，根据不同科目的独特性，创设经典阅读、影视观览、专题演讲、实地参观四类独立实践和社会调查、情景短剧、组队辩论的三类综合实践，以及单独的专题式道德实践课程，引导学生在课堂上读经典、在实践中悟原理，掌握马克思主义的立场观点，学习中华民族伟大的国史、党史、奋斗史，领略千万年来的中华民族精神，提高大学生的知识素养与社会认知，培育浓厚的责任担当情感与家国情怀。

2. 利用主题教育，连接课内课外实践教学的“线”

要实现课堂内和课堂外、校园内和校园外的责任实践活动的条理有序，就必然存在维系两者的过渡通道，以巩固课堂教育实效，为社会责任实践开展做好充分准备。

（1）教师要善于利用各种历史纪念日，如建党日、建军节、“一二·九运动”纪念日等，组织学生开展赏析革命歌曲、讲国情校史、爱国运动纪念活动。

（2）邀请国内外知名专家来校进行“道德教育大讲坛”“人文论坛”等专题讲座。

（3）新增道德科创类实践活动，例如每年组织“道德实践课创新大赛”或评选“高校思想政治教育理论课最佳论文”，学生将所学责任知识技能加以验证、开发、运用，根据现实需要、潜能挖掘、思维创新，从而不断完善知识结构、拓展道德素养。

3. 拓展社会实践，由课堂教学延伸到社会生活的“面”

大学生通过社会实践、志愿服务不断了解国家发展、磨砺责任品格，夯实奋发有为、有所担当的人生之路。

（1）教育者要充分利用暑期社会实践，以学院为单位、教师为领队，创设具有安全性、长期性、特色化的大学生奉献社会的品牌基地或载体，比如“三下乡”“春蕾计划”“扶残助残”“山区支教”等系列活动，让学生走出课堂到农村、到偏远贫困地区开展各种形式的义务劳动和服务活动。

（2）组织社会公益志愿服务，以学校为圆心向周边社区进行辐射，开展日常性、服务性、专业化的大学生服务社会的项目活动，对敬老院、社区街道、中小企业等场所，组建符合社会需求和大学生发展需要的志愿队伍，进行爱心慰问、环境保护、企业帮扶、法律援助等公益活动。让大学在奉献社会、服务社会中，更为真切的认知并深化“社会公民”的角色责任，体验责任所赋予的使命感与愉悦感，有利于形成“尊重人民、贴近人民、服务人民”的责任担当意识。

五、形成系统培育合力

学生道德主体意识的内化受各种意识状态（氛围）综合影响，这不仅要依靠学校教学，也要注重整体的氛围环境熏陶。因此，学生、家长、教师、社会各界人士，以及朋辈、家庭、学校、社会皆要齐抓共管，形成优势互补、相互促进的育人合力，取得责任担当意识培育的良好成效。

（一）健全社会保障制度，营造良好责任氛围

人的本质属性为社会性，是一切社会关系的总和，无法完全脱离社会而独自存在。社会整体氛围的和谐与否，势必影响到大学生责任担当意识的培育情况。社会环境是影响人、创造人的必要条件。增强新时代大学生责任担当意识及践行，需要政府、媒体等社会各界的共同努力，为大学生的道德责任活动提供良好的社会氛围和制度保障，形成健康、向上的社会道德风尚。

1. 政府要健全社会责任制约、监控与奖惩机制

（1）新设个体履责数据库，并纳入个人信用征信系统，针对力所能及的“见死不救”“抛弃父母”“浪费公共资源”等不履责行为进行信息记录，限制缺乏道德责任观念人群的投资贷款等其他社会服务，通过提高责任推卸的成本，增强社会人员的履责意识。

（2）加强不良信息的监控管理，巩固主流意识形态的主导地位，在过滤常见敏感词汇的基础上新增其拼音、拼音缩写及特殊形式的表达，对影响恶劣的社会谣言或网络谣言及时进行新闻辟谣并精准到个人进行问责、处罚，营造健康积极的社会舆论氛围。

（3）建立健全责任奖惩评价体系，秉承“法律所不及的领域应由道德来调整”的原则弥补法律漏洞，对责任担当的作为与不作为进行舆论的褒奖斥责、物质利益的奖赏惩罚、行政甚至法律的惩戒，构建权、责、利相统一的责任机制，以正向激励（金钱、奖励、表扬、认可）或反向激励（批评、罚款、拘役）促成大家对自身责任的积极回应，形成进取向上的责任氛围。以此，增加新时代大学生“负责光荣、担当有益”责任信念的底气与自豪，为其责任担当意识培育提供坚实的制度保障。

2. 媒体工作者要传播“负责任”的新闻讯息

（1）加强媒体工作者的责任自律精神，将“责任”作为新闻报道评论、发表传播的重要准则，杜绝为增加流量点击而扭曲客观事实、故弄玄虚、避重就轻的行为，要多报道、多分析勇担责任、奉献牺牲的公益性新闻，引导学生从积极健康的角度认识社会现象。

（2）创设符合社会主义主流意识形态的教育节目，增设诸如《道德与法》《社会道德观察》等关注民生、分析社会热门事件的道德普法类节目，或设置有关青少年道德责任的专题栏目，邀请不同年龄段尤其是大学生现身说法，将成长过程中的道德难题搬上屏幕并

让专家现场答评，帮助学生提高个体道德认知及价值判断能力。

（3）提升媒体平台的责任承担能力，吸纳更多官方权威媒体入驻，增加对社会民生问题的关注，传播社会正能量，从而塑造健康向上的媒体氛围，潜移默化地引导学生形成正确的责任价值观念。

（二）转变家庭教育观念，培育责任启蒙环境

家庭是人生的第一所学校，家长是孩子的第一任教师，要给孩子讲好“人生第一课”，帮助扣好人生第一粒扣子。家庭是最基础也是最稳固的社会组成单位，是学生人生的起点，对学生的情感联系、观念性格产生不可磨灭的烙印。个体的道德责任意识培育并非一蹴而就，也不是仅凭高校德育或思想政治教育理论课就能实现的，而是伴随着学生的成长发展而随时随地展开，它渗透于家庭生活的方方面面，更融入于父母亲人的言行举止之中。因此，通过家庭责任教育让学生懂得“承担责任是人的生活常态”，创设学生责任担当意识的启蒙场，诱导学生形成良好的道德责任品质。

1. 家长要树立科学的教育观念

家长要转变重智育、轻德育的教育方式，与时俱进地提升自身科学素养和知识储备，合理规划符合自家孩子发展需要的教育理念，不仅要督促学生顺利完成学业，也要关注孩子的思想动态、内心需求，以正确的道德价值观念引导孩子向善。另外，家长要从洒扫庭除、待人接物等方面培养学生的基本行为规范，在提高学生自理能力的同时，也要让学生明确作为家庭成员应尽的责任，在责任履行中增进与父母亲人的感情，以期形成健全人格和责任品质。

2. 家长要营造融洽温馨的家庭氛围

无论是何种家庭类型尤其是特殊家庭，家长们都要尽可能地为孩子提供健康成长环境，对于正常家庭而言，要注重创设民主、平等、友爱、互助的和谐家庭氛围；对于留守家庭而言，或常与孩子保持联系、或把孩子接到身边上学，激励孩子勤俭自强，不要被暂时的困难所击垮；对于单亲家庭而言，不要过分渲染家庭的悲惨，要以积极向上的精神风貌引导孩子自立自强。

3. 家长要发挥道德榜样示范作用

学生责任担当意识的培育，离不开父母的言传身教、以身作则。从而，家长要严于律己、反省自躬，提高自身道德素质，在家庭生活中，尽量对家庭事务事必躬亲、尊重爱护每一个家庭成员；在工作社交中，也要勇担责任、待人真诚，而孩子通过父母的行为表率，能

够更加认同和践行正确的道德观念，于潜移默化中培养学生积极健康的责任担当意识。

（三）提升学校德育实效，推动责任隐性培育

教育兴则国家兴，教育强则国家强。高等教育是一个国家发展水平和发展潜力的重要标志，高校承担着提升学生智育、培养学生德育——促进学生全面发展以适应社会主义现代化建设的教育使命，这就意味着学校要做到课上课下都下功夫，不仅要把握好课堂教学主渠道，更要开发好高校隐性文化教育资源，实现坚持显性教育和隐性教育相统一，充分利用隐性教育的隐秘性、愉悦性和开放性，将责任担当培育内容融入、渗透到学生的方方面面，形成全员全程全方位的协同育人体系，进而有效提升学校道德责任培育实效。

1. 打造高素质的思想政治理论课教师队伍

隐性教育资源无处不在，无时不有，而高明的教育工作者就是开发运用隐性教育资源的总工程师。办好思想政治理论课关键在教师，关键在发挥教师的积极性、主动性、创造性，打造专门的专职思想政治理论课教师队伍，以保障师资力量的最佳发挥。思想政治理论课教师要做到以下三点。

（1）不断更新知识结构，掌握现代化教学技术，提升理论教学能力，以新的视野、新的思维、新的方法加深学生对道德培育内容的理解把握。

（2）提升自身道德素质高度，坚定责任理想信念，让自己成为“行走的道德标识”，以“其身正，不令而行”的人格魅力引导学生正确责任价值观念的形成。

（3）主动加强同思想政治课教学团队、辅导员、专业课教师的集体协作，掌握学生思想发展动态和知识学习进度，做到“每门课都要守好一段渠、种好责任田，使各类课程与思想政治理论课同向同行，形成协同效应”，将责任担当意识培育融入日常生活和课程体系之中。

另外，也要不断完善职业化的辅导员队伍，发挥其开展大学生思想政治教育的骨干力量，是高等学校学生日常思想政治教育和管理工作的组织者、实施者、指导者的重要作用，帮助学生解决实际生活的现实问题，以高度人文关怀和责任使命引导学生确立良好的道德素质和情操建设。

2. 开发高校校园文化中的隐性教育资源

校园文化是最为丰富的隐性教育资源，具有鲜明的学校特色，体现着特定校园环境中所形成的生存环境、人文氛围和校园精神。

（1）高校物质文化资源处于隐性资源的最表层，是高校文化存在发展的重要载体，涵盖

着校园环境建设、建筑物规划、专业学科设置和教师资源等方面，体现出历代师生长期经校园实践所凝结出的集体智慧结晶，通过构建和谐美观的物质文化氛围为师生提供舒适畅快的教学办公场所，有助于提升师生审美体验感和道德愉悦感，激发其奋发进取的内生动力。

（2）高校制度文化资源让校园文化建设更加持久与稳定，要注重显性制度之上所附加的隐性制度的蕴含价值，诸如：校训校规、礼仪习惯、基本准则、评价标准等，从而在其制定执行中产生引领师生思想和规范行为的作用，形成被整所学校人员认同且遵循的价值观念和行为方式，以不断强化师生的组织纪律性，培育巩固良好的道德责任行为准则，保障各项校园活动有序开展。

（3）校园精神文化资源是最隐形且难以直接观测的，是在长此以往所形成的独特精神文化积淀，反映着一所大学共同的价值取向和精神核心，好的校园精神生态环境能潜移默化地启迪学生人生智慧、增强学生道德力量，出现英才辈出的“共生现象”，并在世代传承中实现持续性发展。新时代下的校园文化建设要赋予新的时代内涵，将大学生自身价值的实现同对祖国人民的服务统一起来，树立“胸怀国家、服务人民”的责任使命。

（四）注重学生自我教育，提高主体担当能力

个人道德观念的形成根植于现实社会关系的外部条件，更生成于责任主体的情感意志的内在动力。大学生责任担当意识培育归根结底还是依赖于其自身作用的有效发挥，自我教育是最行之有效的教育方式。现在的大学生一定程度上缺乏体谅他人立场的意识，较易以自身兴趣喜好或可得利益作为责任抉择的重要尺度。因此，大学生要加强自我责任教育，形成强烈的责任感和正确的担当观，以影响周围的朋辈群体，提升大学生群体的责任素养和担当能力。

1. 大学生自我教育的方法

新时代大学生具备较强的学习能力，他们不仅应承担责任主体身份，更应成为责任教育主体，在既有智识、道德认知基础上，根据社会道德规范和自我发展需要与时俱进地进行自我学习、自我教育、自我完善，并一以贯之于提升道德规范认识、形成责任意志和养成担当行为的全过程。后人通过总结孔儒的言行，悟出“学”“思”和“行”的自我教育方法。大学生自我教育的方法主要包括以下三个方面。

（1）善于学习。大学生要主动接触并自觉内化道德知识，掌握不同领域的基本道德准则，以审视、修正、巩固道德责任修养。

（2）善于思考。大学生要在道德责任学习过程中深刻理解其合理内容，不断总结自身责任言行、反省错误价值取向。

（3）勇于践行。勇于践行是自我教育的终极环节，也是最高目标，大学生在具备基本道德责任修养之后，便要在各项实践活动中加以践行，将担当作为真正落实到生活实处。

2. 在群体中激发大学生进行自我教育

大学生朋辈群体之间以较小的年龄代沟和相似的行为习惯，往往更能够引发思想情感的共鸣，受彼此关系的影响也愈加深刻。因此，要将朋辈教育和自我教育有机结合，在群体成员间取长补短、互帮互助中激发学生自觉自主进行自我教育。

（1）通过朋辈之间的交流对比，找出自身的道德缺陷和与社会需求的差距，让大学生能够清晰定位自我的思想道德水平层次，为在群体中获得良好人际关系和道德声誉充满动力地进行自我道德提升教育。

（2）创设朋辈群体中“价值标杆”“思想灯塔”，例如，推举优秀学生党员或品行优良且影响力强的学生组成责任担当骨干群体，他们既要无间断地进行促成道德责任行为发展的自我教育，也充分发挥其榜样示范道德引领力量，带动整个学生群体，尤其是带动一些消极、冷漠的封闭性群体融入积极的责任教育氛围之中。

在群体带动个体、榜样群体带动问题群体中，增强大学生责任担当培育的主体力量，并以自我教育促成自我管理、自我完善，从而提升大学生身心健康全面发展。“希望新时代青年大学生能够贡献聪明才智，珍惜历史机遇，负光荣使命，增强本领，勇于担当，为新时代贡献力量。”①

① 刘丹．新时代陕西高校大学生责任担当意识培育路径研究［J］．财富时代，2021（06）：172.

第八章
疫情背景下大学生责任担当素养培育探究

责任担当精神在社会应对重大突发事件中具有极强的感召力和团结力，有助于在短时间内迅速形成攻坚克难的强大合力。将抗疫精神融入大学生责任担当教育，能够有效引导大学生深刻理解中国共产党以人民为中心的执政理念，勇于担当作为，不负时代使命和人民期望。

抗疫精神是中国共产党责任担当精神的时代体现。在党的坚强领导下，各族人民团结一心、同舟共济，统筹推进新冠肺炎疫情防控和经济社会发展，汇聚了全力奋战、勇往直前的抗疫精神力量。这种舍小家、顾大家的英雄担当既有着深沉的历史厚度，也有着鲜明的时代气息，书写了党在新时代全心全意为人民服务的伟大篇章，也激励鼓舞着全体人民在危难时刻的公共意识和自觉担当。

“大学生作为青年一代，要学习对抗疫情中展现的新时代责任担当精神，从而提高道德素养，培养责任担当意识；强化知识学习，培养责任担当本领；注重社会实践，培养责任担当能力，并将疫情中的责任担当精神内化于心，外化于行，使大学生真正成为勇担国家使命和民族复兴大任的接班人。”①

第一节　以抗疫精神丰富大学生责任担当素养培育的时代内涵

大学生在投身疫情防控的实践中感受责任、体悟担当，抗疫精神是大学生责任担当教育的鲜活素材。“青年大学生在历经新冠肺炎疫情的考验后，思想觉悟得到了提升，淬炼了意志、砥砺了品质、增强了担当，他们在抗疫斗争的实践中历练成长，见证了中华民族不屈不挠的斗争意志、中国人民共克时艰的团结精神、中国共产党人勇于担当的精神

① 梁文杰，张新英．抗击疫情中责任担当精神对大学生的启示［J］．现代商贸工业，2021，42（12）：12.

气概。”①

一、增强大学生使命担当的责任意识

首先，“生命至上”是中国共产党人民立场和责任担当的直接体现。新冠肺炎疫情突然暴发，各级党组织和广大党员干部必须牢记人民利益高于一切，应收尽收、应治尽治，全力以赴不放弃任何一位患者，党对生命的尊重见之于抗疫斗争的每一个细节。与人民同呼吸、共命运，为人民谋幸福，带领人民实现中华民族伟大复兴是中国共产党的初心和使命。以使命赢得民心，靠民心取得抗疫斗争的胜利生动诠释了党的立场和担当，为增强大学生使命担当的责任意识开辟了全新的现实视角，有助于促进大学生理解责任担当的深刻意蕴。

其次，“尊重科学”是中国共产党领导全体人民取得战“疫”胜利的武器。抗疫斗争取得战略性成果源于马克思主义的科学理论指导。把抗疫精神置于马克思主义中国化思想创新视域中，引导大学生深刻领会抗疫精神所凝结的马克思主义基本立场、观点和方法，是进一步增强使命担当的理论基础。广大科技工作者尊重科学的专业精神和作风，既有责任担当之勇，又有科学防控之智，他们忠诚担当的故事将成为大学生责任担当教育的生动案例，唤起大学生对责任意识的深刻感情认同和担当精神的高度价值共鸣。

二、厚植大学生为国为民的家国情怀

首先，“举国同心”续写了新时代爱国主义和家国情怀的新篇章。新冠肺炎疫情防控是一场人民战争，调动了各方面的积极性，各方力量齐动员，党政军民齐参与。“最美逆行者”舍小家为国家；人民军队高效投送疫情防控物资；企业加班加点生产，确保全国防疫物资充足……各行各业全民投入战“疫”。在这场14亿中国人民全员参与、规模空前的战斗中，是对家庭、社会、国家的深情大爱，是爱国主义精神、新时代家国情怀以及与民族国家前途共命运的使命担当，这也正是大学生责任担当教育的价值根基，有助于大学生将个人理想与中国梦相结合，实现个人成长与国家民族使命担当的同向同行。

其次，“舍生忘死”彰显了牺牲小我成就大义的高尚道德品质。中华民族自古以来就有义无反顾、舍生取义的道义精神和担当传统，在面对民族危难之时，中国人民向来不畏艰难、勇于奉献和牺牲。面对疫情大考，广大党员身先士卒，在危难关头豁得出来、冲得上去，彰显党员本色，书写对党和人民的赤胆忠诚，让党旗在疫情防控一线高高飘扬。勇于担当、舍生忘死本就是家国情怀的基本向度，抗疫精神和家国情怀本质上是一致的，都

① 汪军，牛美芹．抗疫精神视域下青年大学生责任担当教育的逻辑内涵［J］．昭通学院学报，2022，44（01）：22.

是以国家民族大义为出发点，引领广大人民和青年学生增强为人民无私奉献，为国家建功立业的使命感，在实现中华民族伟大复兴的征程中，奋斗拼搏、共担使命。

三、培育大学生命运与共的天下精神

“命运与共”是构建人类命运共同体的战略思维，体现了我国的大国责任和使命担当。新冠肺炎疫情传播速度之快、感染范围之广、防控难度之大，世所罕见。中国在全面有力防控疫情的同时，还积极主动同世卫组织和国际社会开展合作交流，彰显出中国对人类负责任的大国担当，不断为推动构建人类命运共同体贡献智慧力量，展现了守望相助、命运与共的天下精神。

在全球化的今天，世界各国你中有我、我中有你的生存格局和命运共同体格局已经形成，化解世界难题需秉持天下精神、心怀人类情怀。中国共产党以对人类共同命运关切的博大胸怀及气度，开启了推动全球抗疫合作的新征程。中国以实际行动阐释了开放包容、命运与共的天下精神，是引导大学生树立人类命运共同体意识，努力创造各美其美、美美与共和谐世界的有利契机。

第二节　以抗疫精神强化大学生责任担当素养培育的实践维度

立足新时代强化大学生的责任担当，需要进一步弘扬抗疫精神帮助大学生肩负起实现民族伟大复兴中国梦的历史使命。

一、家庭维度：重意识养成

（一）转变传统的家庭教育理念

家庭要培养大学生的责任担当精神，一要抛弃对孩子过度保护、溺爱等行为；二要教育孩子从小事做起。家长应要求孩子主动参与社区志愿服务团队作贡献，让孩子从日常的家庭劳动、待人接物等“生活教育”中，明确自己的义务和责任；当孩子做错事时，要教育孩子主动担责。此外，家长还要有意识地引导孩子了解国际形势和国家大事，以开放、包容的心态看待外部世界。教育孩子认识到，中国在自身疫情防控面临巨大压力的同时，尽己所能向有需要的国家提供帮助，有力诠释了中国推动构建人类命运共同体的大国担当。

（二）树立家庭榜样，发挥示范作用

家长应在日常生活中以言传身教的方式感染孩子自觉树立起对个人、家庭、社会、民族、国家负责的意识。合格父母的言行举止能使家庭“责任担当”意识潜移默化地在代际间传承，使孩子敢于担当、善于作为。

（三）注重家风建设

家庭成员各尽其责，能与外界维持友善的情感沟通和良性互动；同时，家庭成员在困境和逆境中荣辱与共、同舟共济，对于大学生责任认知观念的塑造都具有持久的积极影响。

二、学校维度：重实践锤炼

（一）用好“抗疫大思想政治课”资源

在疫情防控中，处处都能看到青年的身影，他们竭尽所能贡献自己的力量，塑造了当代青年崭新的精神风貌，体现了青年的责任担当。高校应借此契机全方位引导大学生正确认识和处理“小我”与“大我”的关系，在突发应急事件处理的实践中练就过硬本领，融入家国情怀、时代精神，具备强烈的社会责任感和使命感。

（二）鼓励大学生践行志愿服务、传承志愿精神

志愿精神以公共利益为目标导向和价值旨归，赋予志愿者明确的社会角色和道德责任。在社会转型期的今天，志愿者活动成了优化公共服务、促进社会和谐的重要力量，也成为开展公民道德教育的重要途径。同时，帮助大学生在将所学理论的感性认知运用于实践的过程中，增强责任担当情感、提升责任担当意识、磨炼使命担当意志、促成责任担当行为。

（三）构建常态化、层级明晰的实践育人体系

紧扣时代主题拓展社会实践渠道，搭建立体化平台，进一步构建常态化、层级明晰的实践育人体系。

第一，发挥教育教学主渠道主阵地作用，通过学科竞赛、劳动技能展示、创新创业项目、实地考察、专业实习实训等，强化实践育人在大学生责任担当教育中的基础性作用。

第二，引导大学生党员承诺践诺，在各种困难和风险考验中淬炼使命，在疫情防控等实践历练中勇敢承担起共产党员的责任。

第三，深入推进“三下乡”、田野调查等社会实践活动，在实践锻炼中增强大学生责任担当能力，整体性促进责任意识提升。

三、社会维度：重氛围塑造

（一）树立道德规范，为社会提供正确的价值导向

政府通过互联网、电视、广播、报纸等传播媒体大力宣传抗疫精神和抗疫英雄的光荣事迹，在全社会营造崇德向善、勇于牺牲、乐于奉献的良好氛围，批判逃避责任、不负责任的负面形象，让人们见贤思齐，见不贤而自省；激发人们奉献、利他的社会责任感，营造出积极正面的舆论氛围，也有助于从整体上提升全社会的道德水平，为新时代社会主义精神文化建设塑造环境。社会还要进一步提高舆论引导力，抢占舆论阵地，发挥社会舆论在公民道德建设中的重要作用。相关部门要充分利用网络平台、手机等新兴媒体的优势，突破传统局限，促进抗疫精神的迅速传播，弘扬正确的社会主义道德观，并且引导大学生学会理性思考网络信息，增强明辨是非的能力。

（二）组织大学生学习先进文化和社会主义精神

广泛深入组织学习中华民族传统文化、革命文化与社会主义先进文化，弘扬爱国主义、集体主义和社会主义精神，帮助大学生正确认识责任之于个人、国家的重要性，让大学生将责任担当内化为自身的价值认同，从内心深处形成基本的责任感和对责任担当的情感认同，树立起践行担当的坚定信念，在强大内在精神力量的驱动之下勇于担当，在实现中国梦的伟大征程中“因奋斗而出彩，因奉献而升华”。

第九章
中国式现代化道路下大学生责任担当素养培育探究

第一节　中国式现代化道路下大学生责任担当素养培育的时代内涵

一、中国式现代化道路的时代解读

（一）中国式现代化道路的世界历史价值

中国式现代化道路坚守马克思主义世界历史理论的原则，汲取传统文化天下理念的智慧，遵循共产党执政规律、社会主义建设规律和人类社会发展规律，因此跨越了时空局限，被赋予了世界历史性意义和天下文明型价值。

1. 坚守马克思主义世界历史理论的原则

世界历史理论作为马克思对人类历史进程的规律性内容进行解读的科学成果，认为生产力的高度发展必然引起社会分工，从而扩大商品交换，逐渐形成世界市场，使得各个国家和民族连为一体，最终形成世界历史。世界历史是以生产力和世界交往的普遍发展为前提的。只有克服资本主义世界历史的局限性，才能实现人的彻底解放。基于“改变世界”的哲学观，马克思的世界历史理论为人类提供了未来的理想蓝图，开启了对世界历史的建构性探索，形成了独特的关于世界历史的叙事主题。马克思赋予“世界历史”概念的新内涵在于，“世界历史”是关于人类自由和解放的“哲学范畴”，带着人类自由和解放这一目的去“反思”世界历史的意义和价值。

中国式现代化道路坚守马克思主义世界历史理论的原则，创造了人类文明新形态。

（1）开辟了一条不同于西方资本主义现代化的道路，克服了资本主义现代化的弊端。中国式现代化道路是以人民为中心的全方位均衡发展的复合现代化模式，体现为一种以人为本的整体性文明形态。

（2）探索出了一条实现全体人民共同富裕的康庄大道。中国式现代化道路坚持独立自主的和平发展道路，推动了物质文明和精神文明的协调发展，实现了全世界人口规模最大的脱贫伟业，保护了中国的生态环境，探索出了一条在中国大地上实现共同富裕的新路子。

（3）为世界发展做出了巨大的贡献，为全人类共同进步提供了中国力量和方案。中国式现代化道路坚守全人类共同价值，面对“建设一个什么样的世界、如何建设这个世界”这一关乎全人类发展前途的重大问题，倡导人类命运共同体理念，推动高质量共建“一带一路”，改革和完善全球治理的新理念新方式，以中国的新发展为世界提供新机遇。

（4）是对马克思世界历史理论在新的历史时期和时代特征下的继承与发展，也是在当代中国实践的时空延伸和必然逻辑，具有深远的世界历史意义。

2. 汲取传统文化天下理念的智慧

中华文化积淀着中华民族最深层的精神追求，代表着中华民族独特的精神标识，为中华民族生生不息、发展壮大提供了丰厚滋养。每到重大历史关头，中华文化都能感国运之变化、立时代之潮头、发时代之先声，既坚守本根，又不断与时俱进，使中华民族保持了坚定的民族自信和强大的修复能力。中华优秀传统文化中蕴含着丰富的天下观。“天下”作为中国传统文化中的一个重要概念，以“天道”和“天命”的形式呈现世界的意义，规定“人”进入世界的角度和方式，集中体现着我们民族的价值取向、认知偏好和思维旨趣，为中华民族的知识体系、价值体系和实践活动提供了一个预设性的认知框架。无论是“天下为公”的大同世界理想，还是“行天下大道”的协和万邦思想，均彰显了中华优秀传统文化胸怀天下的大局意识。

中国式现代化道路汲取了中华优秀传统文化天下理念的智慧，使其具有天下文明价值。

一方面，汲取了中华文化天下理念的民本思想。民本思想是中华优秀传统文化的核心要义之一，无论是“民贵君轻”还是“民为邦本”，体现的均是民众作为国之根本应被重视的思想观念。党带领中国人民开辟中国式现代化道路的征途，始终坚持“以人民为中心”，做到全心全意为人民服务，特别是完成了消除绝对贫困人口的艰巨任务，全面建成了小康社会，推动实现全体人民共同富裕。中国式现代化道路将人民放在首要位置，以“什么是人民幸福，如何实现人民幸福”作为价值指引，赓续和发展了中华文化的民本思想。

另一方面，汲取了中华文化天下理念的大同理想。中国式现代化道路不仅实现了中国的跨越式发展，而且以胸怀天下的情怀为全人类的共同发展提供中国方案、贡献中国力量。中国式现代化道路“兴天下之同利”，习近平提出的人类命运共同体理念已被国际社会高度认可和接纳，中国在过去几十年间对世界经济增长的贡献率居于世界前列，并为广大亚非拉发展中国家的发展提供了力所能及的支援和帮助。中国式现代化道路为应对全人类共同挑战，肩负起大国责任和大党担当，积极为国际社会共同应对全球问题创造对话协商平台，共担时代使命。

3. 遵循共产党执政规律、社会主义建设规律与人类社会发展规律

不断深化对共产党执政规律、社会主义建设规律和人类社会发展规律这些规律的认识是党百余年来始终如一的坚持。这三大规律是相辅相成、相互贯通的统一体，形成了你中有我、我中有你的格局。共产党执政规律是指共产党执政后必须遵循的、反映党执政本质和必然性的法则和客观要求，包括在执政过程中应当遵循的执政理念和执政方略、应当采取的执政体制和执政方式、应当巩固的执政基础和执政资源、应当创造的执政条件和执政环境；社会主义建设规律，是在社会主义建设过程中必须遵循的一系列指导方针和发展理念，是对“什么是社会主义，怎样建设社会主义”的回应；人类社会发展规律是整个人类历史发展过程体现的必然联系和发展趋势，生产力决定生产关系、经济基础决定上层建筑、社会存在决定社会意识，是人类社会发展的一般规律。

中国式现代化道路，是党对共产党执政规律、社会主义建设规律和人类社会发展规律的遵循，是为努力实现共产主义社会而开辟的一条跨越式道路。

（1）遵循了共产党执政规律。党坚持全心全意为人民服务的理念宗旨，坚持科学执政、依法执政和民主执政的执政方式，做到一切为了人民、一切依靠人民，同时坚持党的自我革命，不断提高党的执政水平和能力，成功带领中国人民开辟了中国式现代化道路。

（2）符合社会主义建设规律。中国式现代化道路是中国特色社会主义事业建设发展的新模式，在多年的社会主义建设历程中，我党成功探索出了符合社会主义建设的规律。坚持以经济建设为中心、坚持改革开放、推动全体人民共同富裕、坚持人与自然和谐相处、坚持全面建设社会主义现代化国家是社会主义建设规律的主要内容。

（3）实现了人类社会发展规律的良性互动。中国式现代化道路用几十年的时间走完了西方发达国家上百年的现代化进程，大踏步赶上了时代。在这一过程中，生产力和生产关系的矛盾运动不断推动社会生产力向前发展，建立了经济基础和上层建筑相辅相成的社会主义市场经济体制，遵循了人类社会发展规律。

（二）中国式现代化道路的民族复兴使命

作为一种世界历史性的天下文明型道路，中国式现代化道路确立“选贤与能”的领导

力量，构建“刚柔并济”的制度体系，坚守“人民至上”的价值立场，崇尚“民族复兴”的美好未来，追求“天人合一”的至高境界，有力地推动中华民族伟大复兴。

1. 确立“选贤与能”的领导力量

我党是中国式现代化道路的坚强领导核心。在中国式现代化道路的探索进程中，党领导中国人民成功应对了各类风险和挑战，确保了中国社会主义事业始终能够沿着正确的道路发展。始终坚持党的领导，维护党在现代化建设事业中的核心地位，是中国式现代化道路能够获得发展和完善的最根本保证。党作为始终保持先进性和纯洁性的政党，坚持发挥彻底的自我革命精神，一代代中国共产党人用自己的实际行动捍卫了马克思主义政党的鲜明政治品格。党没有任何自己的特殊利益，一切都是国家、民族和人民的利益。习近平指出，全党要牢记“两个务必”，着力解决好“其兴也勃焉，其亡也忽焉”的历史性课题，全面从严治党，提高党的执政能力和领导水平，增强党自我净化、自我完善、自我革新、自我提高能力。

中国式现代化道路的成功，离不开“选贤与能”的优良作风。党的“选贤与能”不仅体现在党的历代中央领导集体中，而且体现在千千万万的党员干部和群众中。

（1）党的历代中央领导集体对推进党和人民事业发挥了领导核心作用。中国特色社会主义进入新时代，以习近平同志为核心的党中央带领全国人民在党和国家事业中取得历史性成就，为中国式现代化道路提供更为完善的制度保证、更为坚实的物质基础、更为主动的精神力量。

（2）党的一大批领导干部为中国式现代化道路发挥了重要作用。在开辟中国式现代化道路的征途中，涌现了以焦裕禄、孔繁森、黄文秀等同志为代表的一批批优秀的党员干部，他们是中国实现从站起来到富起来再到强起来过程中最宝贵的资源。

（3）无数中国共产党员为中国式现代化道路洒下了辛勤的血汗。在革命年代，众多共产党员为夺取革命胜利牺牲流血；在和平年代，许多共产党员为建设新中国默默付出，他们诠释了全心全意为人民服务的宗旨。

2. 构建“刚柔并济”的制度体系

中国特色社会主义制度为解放和发展社会生产力、解放和增强社会活力、永葆党和国家生机活力、保持社会大局稳定、保证人民安居乐业、保障国家安全提供了有力保证。党自成立以来，坚持把马克思主义基本原理同中国具体实际相结合，团结带领中国人民赢得了革命胜利并建立和完善了社会主义制度，形成并发展了党的领导和经济、政治、文化、社会、生态等各方面制度。中国特色社会主义制度是以马克思主义为指导、植根中国大地、具有深厚中华文化根基、深得人民拥护的制度，具有强大生命力和巨大优越性。中国特色社会主义根本制度、基本制度、重要制度构成了科学的、有效的制度体系，对中国特色社会主义事业的发展起到了至关重要的作用。

中国式现代化道路构建了系统完备、科学规范、运行有效的制度体系。社会主义制度是根本制度和总制度，其他一切制度都是为巩固社会主义制度而确立的。党的领导是根本领导制度，也是中国特色社会主义制度的最大优势。

在政治制度层面，确立了人民代表大会制度作为根本政治制度，中国共产党领导的多党合作和政治协商制度、民族区域自治制度、基层群众自治制度作为基本政治制度，共同构成了中国社会主义的政治制度体系，保障了全过程民主和人民当家作主。

在经济制度层面，经过逐步发展最终确立了以公有制为主体、多种所有制经济共同发展，以按劳分配为主体、多种分配方式并存的社会主义市场经济体制，极大地推动了经济发展。

在文化制度层面，坚持马克思主义在意识形态领域指导地位的根本制度，大力发展文化教育事业，坚持文化领域的“双百方针”，加强社会主义文化建设，推动中华优秀传统文化的创造性转化和创新性发展，加强文化自信，使中华文化屹立于世界文化之林。

在社会制度层面，始终坚持在发展中保障和改善民生，提出了构建社会主义和谐社会，积极培育和践行社会主义核心价值观，丰富发展了马克思主义关于社会主义社会建设的理论，同时不断加强社会治理制度建设，保障社会公平正义，保持社会安定有序。

在生态制度层面，坚持保护环境和节约资源的基本国策，加强生态文明制度建设，实行最严格的生态环境保护制度和落实生态环境督查机制，建立健全生态环境保护责任追究制度和环境损害赔偿制度，建立国家公园制度，使中国的生态环境得到持续改善。

3. 坚守人民至上的价值立场

中国式现代化道路的人民立场，既赓续和弘扬了中华优秀传统文化中的民本思想，又坚守了马克思主义的群众观，实现了马克思主义基本原理同中华优秀传统文化相结合。中华文化中的民本思想着眼于人民群众的日常生活，关心百姓疾苦，力图让普通百姓过上好日子。马克思主义批驳了英雄史观，确立了人民群众是社会历史创造者的群众史观，因此马克思主义政党坚持全心全意为人民服务的宗旨，保持同人民群众的血肉联系，坚守群众路线。

中国式现代化道路坚守人民至上的价值立场，真正做到以人民为中心。

（1）在发展目标上，进行社会主义革命与建设以建立社会主义制度和奠定工业化基础，开启改革开放和社会主义现代化建设以实现社会生产力的迅速发展和人民富裕，在新时代全面建成小康社会和建设社会主义现代化国家。

（2）在发展主体上，以人民群众作为依靠力量。中国式现代化道路是中国共产党领导、全体人民共同参与的新道路。

（3）在发展方法上，以唯物辩证法为根本方法。中国社会主要矛盾从人民日益增长的物质文化需要同落后的社会生产之间的矛盾转化为人民日益增长的美好生活需要和不平衡不充分的发展之间的矛盾。中国式现代化道路坚持对立统一的观点，一切从实际出发，实事求是，切实为人民解决生活和发展难题。

（4）在发展效果上，坚持人民群众共享发展成果。时代是出卷人，党是答卷人，人民是阅卷人，标准答案是人民满意，中国式现代化道路以人民是否满意作为发展的评判标准，清晰地回答了党的执政成效由谁评的问题。

4. 崇尚民族复兴的美好未来

中华民族复兴进入不可逆的历史进程具有其必然性。

（1）民族复兴是近代以来中华民族的伟大梦想，也是所有中华儿女的共同心愿。中华民族为争取民族独立、人民解放、民族复兴而前赴后继、浴血奋斗，实现了中华民族从站起来、富起来到强起来的伟大飞跃。

（2）民族复兴坚持以党作为领导力量和核心。党的领导是中国特色社会主义制度的最大优势，党经过一百多年的发展，从50多名党员发展成为拥有9500多万名党员的世界第一大政党，引领中国这艘巨轮披荆斩棘、奋勇向前。

（3）坚持科学理论的指引。以马克思列宁主义为指导，将马克思主义基本原理同中国具体实际相结合，创造了中国化的马克思主义，为实现中华民族伟大复兴提供了强大理论武器和行动指南。

（4）民族复兴坚持正确的中国道路。中国要发展社会主义，最终实现共产主义的远大理想就必须走中国特色社会主义道路。这条道路是正确的康庄大道，必将实现民族复兴。

中国式现代化道路追求民族复兴的美好未来，为实现社会主义现代化强国而奋斗。党根据时代和国情变化为实现民族复兴做出了一系列发展战略安排和部署。党把为中国人民谋幸福、为中华民族谋复兴作为自己的初心使命，中国式现代化道路在实现民族复兴的同时，满足人民群众对美好生活的需要，坚守了党的初心使命。

5. 追求“天人合一”的至高境界

“天人合一”是中华文化的重要理念之一，蕴含着天地万物和谐共生的观念，其精髓就在于人与自然和谐相处。作为全球生态文明建设的参与者、贡献者、引领者，中国将生态文明建设纳入中国特色社会主义总体布局，打造人与自然生命共同体，与国际社会共建清洁美丽世界。当今世界，极端天气多发、誉为“地球之肺”的湿地和绿地被破坏、两极冰层消融致海平面上升，人类正在遭受着人与自然关系失衡的困扰。中国努力避免走西方资本主义国家破坏生态环境的老路，选择了一条绿色发展的新道路。

中国式现代化道路坚持把人与自然一体作为最高遵循，通过推进构建生命共同体实现人与自然和谐共生。

二、大学生责任担当素养培育的时代意义

（一）有利于实现中华民族伟大复兴中国梦

中国梦不仅仅是指国家的梦、不仅仅是中华民族的梦，更应该是全体社会成员的梦，中国梦只有在社会成员每个人都实现自己梦想的基础上才能实现，因此中国梦的实现需要每位社会成员的共同努力。新时代大学生作为社会群体中最富有活力和精气神的群体，对中国梦的实现具有最强大的推动作用，加强大学生的责任担当培育，有助于让大学生认知和了解中国梦具体所指，有助于让大学生树立起对国家和民族强烈的责任担当意识和使命感，明确自身责任担当，自觉将个人的命运同国家的命运联系在一起，在实现个人理想的过程中实现国家理想。

（二）有利于构建“人类命运共同体”

随着我国进入新时代，作为时代新人的大学生的责任担当对象也不仅仅局限于个人、社会和国家层面，而且也需要担负起自身的国际责任——推动人类命运共同体的构建。当前虽然和平与发展仍然是当今世界的时代主题，但不利于世界和平的因素以及阻碍世界发展的问题依然存在，这些问题不是由某一个国家或地区造成的，也不是靠某一个国家或地区的努力就能够解决的，而需要包括全体大学生在内的世界人民的共同努力才能完成。世界的发展离不开各国人民的共同努力，作为向来有大国担当精神的中国的大学生来讲，面对新时代和新形势更要主动承担起自身的责任，将自身发展与国家民族发展、与人类社会进步统一起来，努力承担好自身的国际责任。

（三）有利于促进大学生全面发展

首先，有助于大学生的成长成才。具有良好的责任担当是大学生健康成长的重要保证。学生具有良好的责任担当不仅会使自己因为承担责任而产生满足感，也会因为得到别

人的肯定和赞扬而使自己身心愉悦并健康成长。同时，有助于大学生的成才。如果一个人有强烈的责任担当，那么会让自己在学习、工作中取得更好的成绩，得到老师或同事的认可，从而有利于更好地发展自己，助自己成才。与此同时，强化大学生责任担当培育是大学生全面发展的基本要求，要想把新时代大学生培育成全面发展的人，就需要在加强德育、智育、体育、美育、劳育各个方面下功夫，责任担当教育作为大学生德育的重要内容，理应成为促进大学生全面发展的重要方面。

其次，有利于促进大学生社会化，更好地适应社会。一方面，人既是社会的客体同时也是社会的主体，人只要生活在社会中就必定会产生各种需求，为了寻求需求的满足，必须要使自己适应社会，然后通过各种方式来寻求自己需要的满足。另一方面，社会是人的社会，是由形形色色的人组成的，个体存在于社会之中就必定有相应的责任需要承担，这种责任是客观存在并不以人的意志为转移的。因此，生活在社会中的大学生为了满足自身在物质、精神等方面的满足，就需要主动承担起自己对于社会的责任担当，对于自身的责任担当、对于国家和民族的责任担当，主动促进自身的社会化，满足自身需求，从而更好地适应社会。

（四）有利于构建社会主义和谐社会

所谓“社会和谐”就是指社会中各种关系较为和谐：一是社会中人与人关系和谐，二是社会中人与社会关系和谐，三是社会中人与自然关系和谐。在对大学生进行责任担当培育的过程中，通过教授马克思主义关于人与人和人与自然关系理论可以让大学生懂得只有正确处理好社会中人与人之间的关系才能处理好人与自然间的关系，通过教授马克思主义人与社会关系理论让大学生知道人的本质属性是社会属性，人与社会互为存在、发展的前提和条件，从而懂得如何更好地处理人与社会之间的关系。加强对大学生的责任担当培育可以帮助大学生更好地认识和处理社会中存在的这三对关系，从而推动社会主义和谐社会的形成。

（五）有利于社会主义文化繁荣发展

首先，有利于传承和发展中华民族优秀传统文化。一方面，中华文化源远流长、博大精深，其中包含的许多优良传统美德都值得新时代大学生学习，勇于责任担当根源于中华传统文化之中，传承至今，继续加强对大学生的责任担当培育是对于优秀传统文化的继承。另一方面，大学生学会运用新媒体等手段根据时代要求运用自身本领赋予传统文化新的内容和活力，使其与社会主流文化相协调，更具时代性，这是对于优秀传统文化的发展和创新。

其次，有利于弘扬革命文化。革命文化是我们党的领导人带领群众在寻求民族解放和独立的过程中形成的文化。在崭新的历史方位下，大学生对于社会和国家的责任担当意味着要继续坚持对于马克思主义的信仰和对实现共产主义的坚定信念，意味着要继续坚定以人为本的政治理念，意味着要继续主动担负起中华民族伟大复兴的历史重任。这些都是对于革命文化的坚定和坚持，在新时代仍具有重要的借鉴意义。

最后，有利于创新创造社会主义先进文化。人民群众是物质文化和精神文化的创造者，广大青年大学生作为社会最年轻、最有活力的群体，对社会中各种形态和层次的文化了解更多，理解也更深，因此大学生一方面利用各种方式和途径来促进社会主义文化的传播，另一方面利用自身所学知识和技能，立足现实面向未来，不断为社会主义先进文化注入新的活力和色彩，这是对社会主义先进文化的创造性发展。

（六）有利于思想政治教育目标的完成

高校思想政治教育课以世界观、人生观、政治观、道德观、法治观为主要教育内容，目的是培养学生正确的世界观、人生观，使学生具有坚定的理想信念、明确的政治方向，具备较高的法律素养和道德品质。作为思想政治教育重要组成部分的责任担当教育以理想和信念教育、爱国主义情怀、知识学识、道德品质等为主要内容，是思想政治教育内容的重要组成部分，二者在目标方向具有内在的一致性，即都是要努力将青年一代培育成负责任敢担当，愿为实现民族复兴奉献自己青春和力量的人，从这个角度来讲，责任担当培育目标的完成也有利于思想政治教育目标的达到。

第二节　中国式现代化道路下大学生责任担当素养培育的实践维度

一、中国式现代化道路的责任担当探索

中国式现代化道路作为当代中国马克思主义、21 世纪马克思主义的重要内容，以马克思主义世界历史理论为指导，以“天下文明”为根基，借鉴吸收中华优秀文明成果，开启了人类文明新形态，为世界各国尤其是发展中国家贡献了新现代化道路和新文明形态的东方智慧和方案。

（一）坚持以共产主义为远大理想

随着个人的全面发展，社会生产力也增长起来，集体财富的一切源泉都充分涌入之后，完全超出了资产阶级权利的狭隘眼界，真正做到各尽所能，按需分配。共产主义社会是人类解放的最终实现，在物质生产力、生产关系、思想道德等方面，积淀了人类对美好社会追求的精华，人类彻底从支配自己生产和生活命运的异己力量中解脱出来，实现从必然王国向自由王国的跃迁，开始自觉地创造“人类真正的历史”。全世界无产阶级联合起来为全人类解放而努力奋斗的国际主义思想和中华文化的“天下大同”理念有异曲同工之妙，都秉持了包容天下的胸怀。

中国式现代化道路坚持以共产主义作为远大理想，通过全面建成社会主义现代化强国促使中国特色社会主义迈入更高发展阶段，同时也希冀全人类过上美好生活，追求“天下大同”。

一方面，中国式现代化道路使中国朝着共产主义社会的远大目标一步步前进。中国式现代化道路坚持社会主义方向，既不走西方发达国家的资本主义现代化道路，也不走苏联式现代化道路，而是既克服了资本主义现代化固有弊端，又克服了苏联式现代化的不平衡不充分发展问题，开创中国特色社会主义现代化的新道路。中国式现代化道路取得了巨大的成就，用短短几十年时间就走完了西方发达国家几百年走过的工业化历程，创造出经济快速发展和社会长期稳定这两大“中国奇迹”，为最终实现共产主义社会提供了丰富的物质基础。

另一方面，中国提出人类命运共同体理念，推动世界实现大同。对于人类命运共同体理念，世界各国要努力在伙伴关系、安全格局、经济发展、文明交流、生态建设等方面做出成效。坚持通过采用对话协商、共建共享、合作共赢、交流互鉴、绿色低碳的方式，建设一个持久和平、普遍安全、共同繁荣、开放包容、清洁美丽的世界。通过构建人类命运共同体，世界各国和各民族可以取得生存和发展的共识，用开放包容的态度和平共处，加强经济发展和文明交流，实现全世界的共同繁荣与进步。

（二）坚持以伟大政党为领导力量

我党在探索现代化道路的百余年进程中，实现了中国道路、现代化与马克思主义三者的有机融合，将中国从一个落后国家成功提升至“创造了人类文明新形态”的现代化高地，为其他国家，尤其是发展中国家的现代化发展提供了新思路，为中华文明和人类文明的发展注入了新活力。中国式现代化道路是在党的领导下成功开辟的。党的领导是中国现代化道路探索得以走上正轨、接续推进并创造人类文明发展新高地的决定性因素和最显著优势。作为一个使命型的政党，党自觉以民族复兴、国家富强、人民幸福为使命担当，肩负着推进中国式现代化的责任。

中国式现代化道路始终凸显着中国共产党领导、使命驱动的特质，党擘画出中国现代化每一个发展阶段的目标、步骤和方案，带领全国人民推动现代化建设向前发展并不断取得成功。党百余年来构建的现代化思想体系和拼搏奋斗的轨迹，形塑了中国式现代化样态和世界现代化新格局。中国式现代化道路坚持以中国共产党作为领导力量，通过党对一切工作的领导来加强党对社会主义现代化强国建设的全面领导，同时也加强与世界各政党的合作，以“天下己任”为根基。

一方面，党作为中国特色社会主义事业的领导核心，全面领导中国式现代化道路的各个方面。党的领导是党和国家的根本所在、命脉所在，是中国人民的利益和命运所系，党必须提高自身的执政水平，提高把方向、谋大局、定政策、促改革的能力，确保充分发挥党总揽全局、协调各方的领导核心作用。中国式现代化道路以中国共产党这个先进的政党为领导核心，取得了政治建设、经济建设、文化建设、社会建设和生态文明建设的伟大成就。

另一方面，党希望世界各政党加强合作，成为维护世界和平、促进共同发展、推动人类进步的重要力量。我党作为世界第一大执政党，担负起引领方向、凝聚共识、促进发展、加强合作、完善治理的责任，把握和塑造人类共同未来，坚守和弘扬全人类共同价值，携手应对全球性问题，增强为人民谋幸福的能力，让发展成果更多更公平地惠及各国人民。党以博大胸襟与世界各政党合作，抓住共同问题，凝聚合作共识，为建设更加美好的和谐世界做出不懈努力，彰显了党以天下为己任的世界担当。

（三）坚持以社会主义生产方式为发展基础

人们的社会物质生活条件中，生产方式作为社会关系中最基本的关系，是人类社会赖以存在和发展的基础，是人类其他一切活动的首要前提，也是社会历史发展的决定力量，决定整个社会历史的变化发展。生产力和生产方式的矛盾运动是社会发展的根本动力，中国式现代化道路坚持发展社会生产力，通过高质量发展来实现基本现代化进而建成社会主义现代化强国的发展战略。对生产关系进行变革，推动社会向前发展，也是中国式现代化道路的重要任务。当前世界格局是由资本主义生产方式在过去主导构建的，但是当前已面临百年大变局，新一轮科技革命和产业变革对全球产生了重大影响，以中国为代表的新兴国家的崛起正逐步打破资本主义生产方式主导的全球格局，中国正用社会主义生产方式引领全球发展新方向。

中国积极参与全球治理，改革和完善全球治理体系，彰显了中国式现代化道路“经纶天下”的远大理想。

第一，注重全球发展优先，积极推动全球经济复苏与发展。作为全球最大的贸易国，中国的进口和出口为世界其他国家和地区的发展提供了诸多发展机遇。

第二，坚持创新驱动发展战略。创新作为五大发展理念之首，成为经济社会发展的第一动力，要加快建设创新型国家，努力成为世界科技创新高地。中国的高铁技术、北斗卫星导航系统、计算机与通信技术等高科技产品已走向海外市场，为相关国家的经济社会发展提供了产品和技术支持。

第三，坚持行动导向，以敢为天下先的勇气与态度，走出前人没有走出的道路。无论是在一穷二白的基础上探索并建立了世界上最完备的工业体系，还是积极参与全球治理以建立国家新秩序，中国式现代化道路都坚持以社会主义生产方式为发展基础，以“经纶天下”为根基。

此外，中国式现代化道路还坚持以人民为中心，在发展中保障和改善民生，坚持人与自然和谐共生，构建人与自然生命共同体，坚持普惠包容，为发展中国家的发展提供机遇。

（四）坚持世界交往的实践方式

世界交往理论是马克思和恩格斯从社会哲学和历史哲学的高度研究世界前景的理念创新。世界交往理论可以从历史发展、交往范围和交往影响三个维度进行分析。世界交往作为发生在世界范围内的普遍交往，是生产力发展到一定历史阶段的必然产物，是与生产力的发展相适应的新的交往形式，较以前世界上存在的交往产生的影响要深刻、全面，而且影响的方式也有所不同。中国式现代化道路，坚持以世界交往为基础，始终把本国利益同人类命运和世界各国共同利益相结合，彰显了为全人类谋幸福的天下胸怀。

中国式现代化道路奉行独立自主的和平外交政策，主张在和平共处五项原则基础上同各国和平共处、友好合作，推动国际关系民主化。“构建人类命运共同体”“以人民为中心”等理念被写入联合国多项决议，彰显出中国负责任大国的作用。中国领导人也多次在联合国舞台阐释重大理念主张，为共同建设更加美好的世界提出了中国理念。中国所构建的全方位多层次的对外交往新格局，有力地促进了世界持久和平与共同繁荣，也呈现了党坚持胸怀天下的坚定立场。

中国式现代化道路以解决全人类共同问题为目标，通过共商共建“一带一路”来推进构建人类命运共同体，实现“兼济天下”的博大胸襟。“一带一路”本质是一种全方位的国际交往，积极参与国际产业分工，帮助沿线国家加快工业化进程以实现互利共赢；更好地促进文化交流，为经济交往创造良好的国际软环境；加强与沿线各国的互联互通，促进国际交往；探索建立新型平等互利共赢的对外交往模式，更加主动地参与全球化进程，推动构建人类命运共同体。中国式现代化道路还坚持对发展中国家提供多种形式的援助和支持，体现了中国担当。

在中国式现代化发展进程中，中国坚持把中国人民的利益同各国人民的共同利益结合起来，向其他发展中国家提供力所能及的援助，从最初支持亚非拉地区争取民族解放和独立到长期为发展中国家减少贫困、改善民生提供援助再到为他们实现现代化提供支持，极大地促进了这些国家的经济与社会发展，一定程度上保障了这些国家民众的生存和发展机遇。中国始终以积极的姿态参与国际发展合作，真正做到了“兼济天下”。

（五）坚持人的解放的价值目标

社会化生产不仅能保证一切社会成员有富足的物质生活，而且还能保证他们的体力和智力获得充分的自由的发展和运用。可以说，马克思主义就是关于人的解放的学说，无产阶级要获得自身的解放并实现全人类的解放。当今世界，人类依然面临发展不平衡不充分、贫困化等基本生存和发展问题，距离实现每个人自由而全面的发展仍有较长的路要走。通过社会生产力的发展获得物质资料的极大丰富，实现全体人民共同富裕，是中国式现代化道路的重要目标。

实现人民幸福是建设现代化国家目标的价值旨归。中国式现代化道路坚持以人的解放作为价值目标，推动实现共同富裕和美好生活。

一方面，共同富裕是中国特色社会主义的本质要求，中国式现代化的本质也是全体人民共同富裕的现代化。中国式现代化道路坚持以人民为中心的发展思想，贯彻创新、协调、绿色、开放、共享的发展理念，推动共享发展，在整个现代化过程中始终重视解决地区差距、城乡差距、收入差距等突出问题，促进社会公平正义，坚决防止两极分化。中国通过精准扶贫和脱贫攻坚战消除了绝对贫困，全面建成了小康社会，开启了实现共同富裕的新征程，其核心就是以人民为中心，让现代化发展成果惠及全体人民，实现人的解放。

另一方面，中国式现代化道路还以“天下一家”为根基，以所有人的解放作为价值目标，推动世界各国人民的解放。中国作为第三世界国家，始终站在发展中国家这边，同世界上所有爱好和平的国家与民族一道，推动人类的历史车轮向着美好的未来前进，谋求最终实现全人类的解放。

二、大学生责任担当素养培育的实践维度

（一）以理想信念教育塑造责任担当品格

理想信念是担当时代大任必备的人格品行。培养高校青年学生的责任担当品格，需要立足民族复兴伟业、人民幸福和个体健康成长，坚持以“为党育人、为国育才”的目标，围绕“为民族谋复兴的大德、为社会和人民奉献的公德、品行端正情怀广阔的私德”的高校青年学生理想信念教育内容，把社会主义核心价值观作为实践潮流，以志愿者活动、大型庆典活动、社区活动、国家重要节日等为抓手，将理想信念的宏观叙事融入高校青年学生的生活中，通过鼓励高校青年学生参加公益性活动、红色教育实践、志愿者服务活动、抗疫救灾、社会实践等工作，让高校青年学生在完成使命任务的过程中，体验和启发“道德意识”，感悟自我价值的升华，激发个体的责任担当动力，自觉自愿承担社会责任，肩负远大理想和共同理想的使命，培育责任担当品格。

（二）以创新创业教育增强责任担当能力

青年学生自我价值实现的平台在于干事创业，也只有在干事创业中才能检验自身学识是否扎实，做事能力是否具备，从而对照实践效果不断提升自我本领，增强担当责任的能力。而干事创业不能仅凭一腔热血，更需要稳扎稳打的学识和技能。青年学生只有科学文化知识过硬，专业技能水平过强，才能掌握服务社会生产力发展的要领，提高干事创业的成功率。因此，增强青年学生责任担当本领，先要加强专业知识教育，既要紧贴科技发展前沿强化专业设置、专业教学培养模式、人才培养方案、课程体系的建设，提升学生的专业技能，也要夯实科学文化基础知识教育，通过对基本原理的掌握，提升创新创造能力。“能不能干事”和“想不想干事”是能力因素和态度因素的两个维度问题。所以，还需要强化思想政治教育的激励作用和创新创业教育的孵化作用，构建二者的双向运行体系，提升责任担当能力的培育效果。

在理念上，建立通过创新创业教育着眼时代发展和社会经济发展方向，以社会主义核心价值观引导，培养一批以民族复兴大任为己任并具备创新创造意识和能力的时代新人；在实践上，通过创新创业教育培养高校青年学生的诚信意识、合作意识，增强高校青年学生的社会责任感，做到以诚信回馈社会，建立崇高的理想信念；在作风上，通过创业精神教育，培养高校青年学生吃苦耐劳，攻坚克难，坚持不懈，勇于突破的工作作风，发扬艰苦奋斗精神，培养诚实守信的品德，学会正确处理个人与集体、得与失的关系，从而建立

正确的三观，具备担当社会责任的综合能力。

（三）以健康发展教育强健责任担当身心

高校青年学生进行责任担当需要具备健康的体魄和稳定的心理。其中，健康的体魄是高校青年学生责任担当之本，稳定的心理是高校青年学生责任担当的内心支撑。只有身心得以有效的配合，才能让责任担当拥有基本的保障。

在体魄方面，培育高校青年学生的责任担当需要通过饱满的体育课程教育、体育精神教育和体育习惯教育，增强高校青年学生的身体素质、坚持品质和生命动力。首先，要重视体育课程，通过考试评价体制改革，加大体育课程的考量比重，提高学校、家庭、学生对体育课程的重视，转变重智轻体的教育理念，提升学生对身体健康的认知；其次，弘扬体育精神，通过参与体育竞赛、运动志愿者服务等活动，培育高校青年学生的吃苦耐劳、团结拼搏、热爱祖国的精神，学会主动把个人成长融入到中国梦的实现中；最后，建立体育锻炼习惯，通过定期组织体育运动活动，鼓舞高校青年学生强身健体，养成体育运动的习惯。

在心理方面，培育高校青年学生的责任担当需要通过科学的心理健康课程教育、心理辅导活动教育和心理素质锻炼，增强高校青年学生责任担当的心理抗挫力、承载力和抗压力。首先，要开好心理健康课程，建立高校青年学生对心理的正确关注，学会正确面对得失；其次，加强心理辅导活动，让高校青年学生正确接纳自己，强化心理的承载力；最后，加强心理素质锻炼，提升高校青年学生的抗压能力，能够承担重任。

（四）以审美素养教育提升责任担当情怀

对美的感受、鉴赏和创造的能力，构成了审美能力的三要素。拥有审美感受力的人能通过审美体验提升发现美的能力；拥有审美鉴赏力的人能够在审美体验中获得较高的趣味；拥有审美创造力的人能够激发自主的活动欲望和创新创造意识。“所以，具备审美能力能够激发高校青年学生对美的自觉追求，从而自愿担当责任。因此，培育高校青年学生的责任担当应从审美教育和审美能力的培养入手。

在审美教育方面：①通过审美教育启发高校青年学生的“道德意识”，建立正确的价值观，形成对事物的正确看法，培养崇善崇美的道德追求；②通过审美教育帮助高校青年学生建立饱满的精神，摒弃功利化的价值追求，把个人价值的实现融入到为他人、集体、社会做贡献的乐趣中，从而建立实现民族复兴的伟大信念；③通过审美教育提升高校青年学生的价值获得感，从而激发高校青年学生的干事创业热情，勇于投身社会主义现代化的伟大实践中。

在高校青年学生的审美能力培养方面：①需要完善审美教育的思想建设，以爱国主义教育引导审美方向；②提升教师的审美素养，通过教师的个人魅力及完善的知识结构促进思想政治教育的具体化、生动化，提升思想政治教育实效；③强化和谐校园建设，通过建设校园文化提升高校青年学生的家园责任感。

（五）以劳动教育强化责任担当做到知行合一

劳动教育在“五育”中具有先导性、全局性作用，是高校青年学生责任担当由“知”到“行”转换的重要途径，弘扬劳动精神，培育高校青年学生懂劳动、爱劳动，在劳动的体验中坚定理想信念，担当责任使命。

第一，通过劳动思想教育提升责任担当认知。劳动是个体对责任担当认知形成的重要场域，通过家务劳动，个体建立起家庭责任认知，通过学校劳动，个体建立起对集体利益、集体荣誉的认知，通过社会劳动，个体建立起对社会、他人责任的认知。加强劳动思想教育，需要家庭、学校、社会大力弘扬劳动精神、劳模精神，建立“劳动最光荣”的社会风貌，引导高校青年学生积极参与劳动，在劳动中增强责任担当认知。

第二，通过劳动技能学习建立责任担当价值认同。每位高校青年学生最终都要走向工作岗位，劳动技能的学习不仅提高了个人的岗位胜任能力，更是个人认识世界，建立世界观、人生观的基本途径。在劳动技能的学习中，高校青年学生不仅可以感受人类创造的奇妙，更能体会每一位优秀创造者的“技、道、艺”合一的忘我境界，从而激发高校青年学生的创造热情，建立起对劳动的价值认同。同时，劳动本就蕴含着责任担当精神，对劳动的认同，也就促进了高校青年学生责任担当价值的认同。

第三，通过劳动实践锻炼养成责任担当习惯。无论是劳动认知还是劳动技能，都需要在劳动实践中检验和习得。学校应加大劳动实践教育，通过建立劳动实践基地、劳动实践课程体系，引导高校青年学生走出教室，在劳动实践中养成责任担当习惯，培养主动作为的干事热情。同时家长也要加强高校青年学生的家务劳动参加比例，通过家务劳动习惯，培育高校青年学生的家庭责任担当习惯。

第四，通过劳动创新牵引坚定责任担当信念。劳动蕴含着创造，创造能够增加人的获得感和成就感。通过劳动创新教育，可以激发高校青年学生责任自豪感，让高校青年学生在担当责任的过程中，坚定责任担当信念。

参考文献

[1] 曾姝．如何培育当代大学生自我责任意识［J］．邢台职业技术学院学报，2020，37（02）：15-17.

[2] 陈敏．大学生社会责任认同的内涵把握与特点辨析［J］．思想教育研究，2018（6）：42-45.

[3] 陈小花．网络对大学生社会责任意识形成的影响及对策［J］．教育探索，2013（2）：102-103.

[4] 陈正祥．当代大学生的责任道德教育［J］．中国青年政治学院学报，2005，24（4）：36-40.

[5] 董维维．新时代大学生社会责任意识培育的三重路径［J］．思想教育研究，2020（8）：153-156.

[6] 韩承敏．青年大学生社会责任教育研究［J］．学校党建与思想教育（高教版），2011（9）：66-67.

[7] 胡保玲．家庭、同伴支持对大学生社会责任感的影响［J］．宁波大学学报（教育科学版），2017，39（04）：17-22.

[8] 姬广凯，陈文玉．论大学生社会责任意识的培养［J］．黑龙江高教研究，2016（6）：130-132.

[9] 姜良杰，周爽．"90后"大学生成就动机与社会责任意识关系调查研究［J］．学校党建与思想教育，2018（20）：74-76.

[10] 鞠忠美．谈中华优秀传统文化传承视域下大学生社会责任教育的路径［J］．中国成人教育，2018（5）：86-90.

[11] 李邦红．谈新形势下加强大学生道德责任教育的重要性［J］．教育与职业，2005（35）：57-58.

[12] 李华玲．回归责任：当代大学生道德教育的转向［J］．江苏高教，2012（4）：126-127，134.

[13] 李倩．论当代大学生道德责任教育的内容及途径［J］．山东农业工程学院学报，

2016，33（04）：9-10.

［14］李姝奕．探究新时代大学生责任担当意识培养［J］．百科论坛电子杂志，2021（6）：1001.

［15］李苑静，林伯海．习近平关于大学生社会责任意识培育思想探析［J］．思想政治教育研究，2016，32（5）：79-83.

［16］李苑静．改革开放以来我国大学生社会责任意识研究的回顾与展望［J］．中国成人教育，2014（17）：60-62.

［17］李苑静．新中国成立以来我国大学生社会责任意识的变迁和反思［J］．广西社会科学，2016（10）：203-206.

［18］梁文杰，张新英．抗击疫情中责任担当精神对大学生的启示［J］．现代商贸工业，2021，42（12）：12.

［19］林瑞青．论角色责任、角色道德与大学生责任教育［J］．教育学术月刊，2011（8）：27-29，44.

［20］凌新华．从社会化角度看当代大学生社会责任意识［J］．湖北社会科学，2006（5）：169-171.

［21］刘丹．新时代陕西高校大学生责任担当意识培育路径研究［J］．财富时代，2021（06）：172.

［22］论高校教师在大学生社会责任意识教育中的主导作用［J］．四川理工学院学报（社会科学版），2012（3）：98-101.

［23］罗朝安．新时代大学生责任意识培养研究［M］．北京：北京工业大学出版社，2019.

［24］马多秀．多元文化时代大学生道德教育的双重任务［J］．现代教育科学（高教研究），2014（6）：44-47，51.

［25］马娟．价值澄清视角下的当代青年大学生自我责任意识培养［J］．青年探索，2015（02）：102-108.

［26］孟宝芬．新时代大学生社会责任担当意识培育的思考［J］．现代商贸工业，2020（11）：5-6.

［27］孟凡辉，胡晓红．公共性视域下大学生社会责任的构建及其培育［J］．黑龙江高教研究，2018（8）：114-119.

［28］孟炎，汪琯琪．试论增强大学生社会责任意识的教育［J］．教育探索，2010（7）：121-123.

[29] 宁洁，苏兰．基于高校公共交往的大学生社会责任品质培育研究［J］．江西师范大学学报（哲学社会科学版），2020，53（3）：123-128.

[30] 佘双好．中华优秀传统文化与思想政治理论课教学［J］．理论与改革，2021（01）：30-35.

[31] 孙健，王越芬．志愿服务之于大学生社会责任认同的实然逻辑［J］．理论导刊，2017（9）：106-108.

[32] 陶本真．浅议知行合一的教育［J］．上海师范大学学报（哲学社会科学版），2000，29（9）：117-120.

[33] 田艳，武慧俊．新时代大学生责任担当意识培育研究［J］．佳木斯大学社会科学学报，2021，39（06）：95.

[34] 汪军，牛美芹．抗疫精神视域下青年大学生责任担当教育的逻辑内涵［J］．昭通学院学报，2022，44（01）：22.

[35] 王静波．大学生责任意识结构与水平研究——基于行为的视角［J］．社科纵横，2012，27（12）：151-152.

[36] 王鹂，张文标．论当代大学生责任意识的缺失及教育对策探究［J］．党史文苑，2014（02）：73-75+43.

[37] 王琦．中华优秀传统文化对大学生社会责任感培育的启示［J］．青春岁月，2014（22）：480.

[38] 王天民．发扬历史主动精神开创新未来［J］．人民论坛，2022（11）：42-45.

[39] 王瑜．新时代大学生责任担当意识培育研究［D］．济南：山东师范大学，2021：15-22，50-75.

[40] 王渊，邬海峰．以抗疫精神强化大学生责任担当教育的新向度［J］．学校党建与思想教育，2022（12）：19-21.

[41] 王中迪．新时代大学生责任担当意识培育研究［D］．泰安：山东农业大学，2021：12-20.

[42] 夏雅敏．基于系统思维的大学生社会责任意识培育路径研究［J］．中国青年研究，2013（11）：77-80.

[43] 肖俊英．当代大学生责任担当现状研究［J］．西部学刊，2021（22）：20-23.

[44] 谢玮，李锦红，曹军强．以志愿服务为载体的大学生社会责任培养机制研究——基于上海4所高校的实证调查［J］．思想教育研究，2016（7）：121-125.

[45] 熊晨，毛祥成．大学生社会责任意识与高校思政教育实效性探析［J］．决策探索

（中），2021（08）：61-62.

［46］徐家庆．大学责任：实现大学生社会适应与社会责任的统一［J］．教育与职业，2012（33）：17-19.

［47］徐盛栋，郑俊朋，戴怡萍，等．大学生家庭责任意识培育策略［J］．宁波经济（三江论坛），2021（09）：35-39.

［48］徐彦秋．大学生社会责任教育原则与对策分析［J］．中国成人教育，2015（12）：55-56.

［49］闫佳卉，于力．论大学生家庭责任意识的教育［J］．吉林省教育学院学报（中旬），2015，31（05）：57-58.

［50］严慧明．浅析大学生家庭责任意识的缺失与培养［J］．太原城市职业技术学院学报，2017（09）：81-83.

［51］杨飞，刘海华，王向华．从增强大学生社会责任角度谈高校思政课创新［J］．教育与职业，2015（31）：59-61.

［52］袁芳．新时代大学生社会责任教育的三个维度［J］．中国高等教育，2021（12）：42-43.

［53］朱磊．当代大学生社会责任状况调查研究与思考［J］．湖北社会科学，2016（6）：172-178.

［54］祝振强．融媒体时代主流媒体的社会责任担当［J］．兰州大学学报（社会科学版），2019，47（4）：17-21.

［55］邹贵波．道德责任：内涵、特征及体系建构［J］．湖南广播电视大学学报，2021（02）：44-49.